연구보고서 2024-06

북한의 시장가격체계 분석과 정책적 시사점

이석 · 남진욱 · 최지영

연구보고서 **2024-06**

북한의 시장가격체계 분석과 정책적 시사점

저　자

이　석 | 한국개발연구원 선임연구위원
남진욱 | 한국개발연구원 연구위원
최지영 | 통일연구원 연구위원

연구지원

노화정 | 한국개발연구원 연구원
전정길 | 한국개발연구원 연구원

발간사

외부세계의 북한경제 연구가 본격화된 지도 30여 년이 되었다. 1980년대 후반 이후 소비에트 등 舊 사회주의권의 붕괴와 독일의 통일 등으로 마지막 남은 전통적 사회주의 경제의 하나인 북한에 대한 관심이 한국과 국제사회를 중심으로 현재까지 꾸준히 이어진 결과이다. 그런데 그간의 30여 년 동안 북한경제에 대한 외부세계의 중요 연구는 꾸준히 변화하는 모습을 보였다. 1990년대 중후반 북한이 경제위기를 겪으면서 기근까지 경험하게 되자 북한의 농업과 식량에 대한 관심이 폭발한 것을 시작으로, 이후 북한경제의 정상화를 위한 개혁과 개방의 가능성 그리고 무역 등 대외 협력의 중요성에 대한 논의를 거쳐, 2000년대 중반 이후 북한경제 전반이 점차적으로 호전되는 기미를 보이면서는 북한의 거시경제 총량과 이의 발전 방향에 대한 검토 역시 활발해졌다. 그리고 2016년 국제사회의 대북제재가 본격화된 이후에는 제재의 효과와 북한경제의 내구력 또한 새로운 주목의 대상이었다. 물론 최근의 코로나19 사태에 따른 영향 역시 여기에서 빼놓을 수 없는 주제일 것이다.

그런데 이러한 모든 과정에도 불구하고, 아니 이들 모든 과정 안에서 공통적으로 언제나 주목을 받는 연구 영역이 존재하였다. 바로 북한의 시장에 관한 연구였다. 사회주의 경제의 실패로 북한경제 내부에서 급속도로 성장하기 시작한 시장경제 활동이야말로 북한의 모든 중요 경제 분야에 직접적인 영향을 미치는 것이었기 때문이다. 그리고 이러한 북한

발간사

시장에서의 가격변수들에 대한 관측치가 나타나기 시작하면서부터 북한의 시장가격 연구는 어느덧 외부세계의 북한경제 연구에서 가장 중요하고 신뢰성 있는 연구로 자리 잡았다. 외부세계의 북한경제 관찰자라면 누구나 같은 생각이겠지만, 이러한 북한의 시장 및 시장가격에 대한 연구 위상을 쉽게 허물어트려서는 안 된다. 이 경우 지난 30여 년간 많은 사람들이 함께 노력하여 이룩한 북한경제 연구의 전반적 위상 역시 함께 허물어질지 모르기 때문이다.

본 연구는 이처럼 오래된 연구주제를 다루지만 또한 새롭다. 여기에서 사용하는 데이터와 정보 그리고 태클하려는 세부 대상 주제가 이제까지와는 다르기 때문이다. 그러나 새롭다는 것이 언제나 좋은 것은 아니다. 새로운 만큼 실험적이며 모험적이어서, 갖가지 시행착오와 섣부른 결론에 부주의하게 다다를 위험이 있기 때문이다. 부디 본 연구가 이러한 위험성에도 불구하고 너그럽게 받아들여지기를 기대하며, 앞으로 본 연구를 더욱 발전시킬 수 있는 보다 진전된 연구 시도와 성과도 나타나기를 기대한다.

마지막으로 본 보고서에 제시된 견해는 집필자 개인의 의견이며, 본원의 공식 견해가 아님을 밝혀 두는 바이다.

2024년 12월

한국개발연구원 원장

조 동 철

목 차

Korea Development Institute

◈ 표 목 차

◈ 그 림 목 차

요 약

본 연구는 북한의 시장가격에 대한 연구를 새롭게 조명하여 이를 한 차원 더 높게 만들려는 목적으로 시도되었다. 그리고 이는 역설적으로 현재 외부세계의 북한 시장가격 연구가 당면한 어려움 또는 딜레마를 직접적으로 반영하는 것이었다. 실제로 현재 외부세계에서는 북한의 시장가격에 대한 우리의 관측치에 다양한 의구심을 제기하고 있으며, 북한의 시장가격 움직임 역시 이제까지 우리가 예측한 것과는 다른 양상을 보이는 것 아니냐는 질문을 제기하고 있다. 본 연구에서는 이러한 질문과 의구심들을 배경으로 하면서도, 외부세계의 북한 시장가격 연구의 중요성을 환기하고, 앞으로 더욱 이를 발전시킬 여지가 충분하다는 사실을 확인하는 것이 중요한 과제였다.

이를 위해 본 연구에서는 북한의 시장가격과 이에 대한 외부세계의 관측치 자체에 대한 본격적 논의를 시작으로 하여, 북한의 상품가격 결정 메커니즘을 분석하고, 더욱 나아가 이제까지 제대로 태클되지 않은 북한의 시장서비스가격에 대한 경제학적 분석 역시 시도하였다. 이러한 과정을 통해 본 연구에서 도달한 결론을 요약하면 다음과 같다.

첫째, 비록 북한 시장가격에 대한 외부세계의 관측치가 다양한 한계와 문제점들을 보유하고는 있지만 이를 토대로 북한의 시장가격을 분석하는 일은 가능하며, 또한 의미 있는 일이다. 표면적으로 이들 관측치에 나타나는 관측 결과의 불일치성 등과 같은 문제는 북한 시장가격의 특성 사체로 인해 얼마든지 발생 가능한 것이기 때문이다. 또한 이들의 신뢰성 역시 높다고 판단할 수 있다. 특히 2020년 이전, 코로나19 팬데믹 시기 이전에 생성된 관측치들의 신뢰성은 상대적으로 더욱 높다고 평가할 수 있기 때문이다. 주의할 점은 북한의 시장가격 형태이다. 실제로 북한의 시장가격과 관련하여 현재 우리가 잘 알고 있는 곡물과 같은 상품가격은 물론, 서비스의 가격, 노동에 대한 가격, (임금) 금융에 대한 가격 등이 형성되어 있는 것으로 파악된다. 여기에 더해 시장가격이라고 부를 수 있는지는 불확실하지만, 각종 장세와 사회적 과제 등과 같은 국가납부금 역시 본질적으로 시장에서 시장가격을 중심으로 형성되고 있는 것으로 파악된다. 이 외에도 국가가 무료로 제공하는 의료나 교육과 같은 공공 서비스 역시 정확한 시장가격이 형성되어 있는지는 불확실하지만 시장에서 일정한 비용이 지출되고 있음은 분명하다. 따라서 시장가격에 대한 분석은 단순한 상품가격에 대한 분석에 그쳐서는 안 된다. 오히려 이를 뛰어넘어 서비스나 금융, 임금, 각종 국가납부금과 기타 공공 인프라에 대한 사용 비용으로 확대될 필요가 있다.

문제는 이들 각각의 시장가격은 그것의 형성 메커니즘과 발전 방식이 서로 매우 차별적이라는 것이다. 당연한 말이지만, 북한을 비롯한 모든 시장가격은 수요와 공급에 의해 결정된다. 그러나 이러한 수요와 공급이 각각의 상품, 서비스, 금융, 노동 등 거래되는 품목에 있어 나타나는 방식은 매우 다르며, 특히 이러한 현실은 현재 북한의 시장에서 더욱 두드러진다. 다만, 현재 북한의 시장가격에 있어서는 상품의 가격 형성 과정이 서비스의 그것보다 더욱 안정적이며 경쟁적이고, 나머지의 가격들에 있어서는 이러한 불확실성이 더욱 크다고 볼 수 있다. 이에 따라 외부세계의 북한 시장가격 분석은 우선 시장의 핵심을 이루는 상품가격에 대한 정밀한 분석에서부터 시작하여, 이후 서비스가격에 대한 분석 그리고 나아가 여타의 가격에 대한 데이터의 집적과 정보의 분석으로 확대하는 것이 바람직할 것이다.

따라서 제3장에서는 북한 시장이 합법화된 후 상품가격이 어떻게 형성되고 변화해 왔는지를 분석한다. 그리고 이를 통해 국제가격 및 북한당국의 정책이 북한 시장 상품가격에 어떤 영향을 미쳤는지를 다룬다. 분석 결과, 지역별로 평양, 신의주, 혜산 등의 시장에서 가격 차이가 존재하는 것으로 드러났다. 이는 물류 및 지리적 요인에서 비롯되는데, 2020년 코로나19로 인한 국경봉쇄와 이동 제한은 지역 간 가격 격차를 심화시키는 결과를 초래했다. 그리고 수요 상품의 시장가격은 중국 시장가격과 유사한 추세를 보이며, 환율 변화와 긴밀히 연결되어 있었다. 제3장에서는 이를 시계열 분석을 통해 증명한다. 이는 북한의 상품가격에 대한 국제가격의 전이 현상이 뚜렷함을 나타내고, 이는 다시 북한 시장의 대외의존도를 반영한다고 볼 수 있다. 다만, 코로나19 팬데믹 기간 동안 국경봉쇄와 대북제재 강화로 인해 국제가격과의 연계가 약화되었으며, 상품 공급 부족으로 물가가 상승하고 가격 변동성이 증가했다.

마지막으로 제4장에서는 상품가격에 편중된 기존 연구를 보완하고, 북한 시장가격체계에 대한 종합적인 이해를 위해 비상품가격에 대한 조사와 분석을 시도했다. 북한 시장의 비상품가격은 서비스가격과 조세, 준조세로 구분하였으며, 평양, 신의주, 혜산 지역에서 2023년 9월~2024년 10월에 거래된 55개 서비스가격과 40여 개 조세, 준조세에 대해 조사했다. 본 연구에서 발견한 비상품가격의 특징들은 다음과 같다. 우선, 서비스가격은 비공식성의 정도에 따라 가격 수준과 외화 거래 여부가 결정되는 것으로 관찰되었다. 전기, 수도와 같은 생산자 서비스는 국정가격정보가, 의료, 교육과 같은 사회서비스는 '무료'라는 결과 등이 취합된 데 반해, 비공식화 수준이 높은 음식, 미용 등의 개인서비스, 물류·운송 서비스의 경우는 시장가격 정보가 취합되었다. 또한 이미 시장가격으로 거래되는 서비스들도 불법성이 높을수록 가격 수준이 높고, 외화 거래 비중이 높은 것으로 확인되었다. 다음으로, 비상품가격의 지역별 격차는 품목별로 상이했으나, 개인서비스와 국가납부금의 규모는 평양이 신의주, 혜산에 비해 상대적으로 높은 것으로 나타났다. 반면, 공식부문의 사용료, 사금융시장의 이자율, 수수료는 지역별 편차가 크지 않은 것으로 관찰되었다. 마지막으로, 북한에는 매우 다양한 종류의 준조세가 존재하는 것으로 확인되었다. 본 연구에서 1년여간 조사한 준조세의 종류는 약 35~40개에 달하며, '농번기 농촌활동', '8.3 비용', '외화벌이'와 같은 보편적 준조세 이외에도 월평균 약 4개, 약 3만 4천원~5만원의 기타 준조세가 부과되는 것으로 관찰되었다. 개별 준조세의 강제성 수준과 부과 대상을 구체적으로 파악하기는 어렵지만, 북한의 낮은 소득 수준을 감안할 때 준조세 부담이 생계비에 미치는 영향이 상당할 것으로 예상된다. 북한의 비상품가격은 상품가격과 함께 북한 가계지출의 수준과 구성을 파악하는 데 중요하다는 점에서 앞으로도 조사, 연구가 지속될 필요가 있다.

제1장

서 론

이 석 (한국개발연구원)

현재 외부세계의 북한경제 연구 가운데 가장 관심을 받는 분야를 꼽으라면, 아마도 그중 하나는 북한의 시장에 대한 연구, 특히 북한의 시장가격에 대한 연구를 떠올릴 수 있을 것이다. 1990년대 중후반의 경제위기 이후 어느덧 시장이 북한경제의 중심축으로 부상하면서 시장가격에 대한 연구는 북한경제의 현재와 미래를 객관적으로 평가하고 전망하는 데 핵심적 위치를 차지할 수밖에 없기 때문이다. 더욱이 북한의 시장가격에 대한 연구는 거의 모든 외부세계의 북한경제 연구가 공통적으로 직면하고 있는 데이터의 문제로부터 상대적으로 자유롭다는 이점이 있다. 이미 널리 알려져 있듯이, 북한경제에 대해서는 이용 가능한 데이터가 극히 희박하며, 일부 이용 가능한 데이터가 존재한다고 하더라도 신뢰성에 의문이 제기되기가 다반사이고, 무엇보다 이들이 간헐적이고 파편적으로만 존재하여 연구에 활용하기가 매우 어려운 실정이다. 그런데 북한의 시장가격에 대한 연구는 이와는 성격이 조금 다르다. 만일 특정 시기의 북한 시장가격이 궁금하다면 이를 북한전문조사기관에 문의하거나, 이들을 통해 북한의 현지 시장에서 알아볼 수 있기 때문이다. 이러한 조사는 월별, 분기별, 연별로 한 번만 가능한 것이 아니라, 필요하다면 매일매일이라도 가능하다. 그리고 무엇보다 이렇게 얻어진 데이터는 북한 관련 데이터에 꼬리표처럼 붙어 있는 신뢰성의 문제로부터도 상대적으로 자유롭다. 이러한 환경에 그간 외부세계의 북한경제 연구자 대부분은 북한의 시장가격에 대해 다양한 전문적 연구를 진행하거나, 설사 전문적 연구를 진행하지 않더라도 거의 일상적으로 북한의 시장가격 동향을 알아보는 것이 관행처럼 되었다.

연구의 배경

그런데 2016년 대북제재가 본격화되고 2020~23년 코로나19 사태가 발생하면서 북한의 시장가격에 대한 외부세계의 연구 분위기가 크게 변하기 시작하였다. 무엇보다 그간 승승장구하던 북한의 시장경제 활동이 국제사회의 대북제재를 기점으로 점차 위축되는 양상을 보이더니, 시장가격의 움직임 역시 이제까지 외부세계가 이해한 것과 매우 다른 모습을 보였기 때문이다. 예를 들어 그간 외부세계에서는 북한의 시장가격이 중국을 위시한 국제가격에 직접적인 영향을 받는다고 인식하였다. 그러나 코로나19 팬데믹 이후 북한의 시장환율은 몇 배씩 급등하는데도, 북한의 시장 쌀 가격 등 곡물가격의 오름폭은 상대적으로 작았고, 그 결과 달러로 표시한 북한의 곡물가격이 오히려 중국의 시장가격을 밑도는 기이한 현상이 지속된 것이다. 물론 이러한 현상들은 '코로나19'라는 이상 사태로 인해 북한의 대외무역이 전면 중단된 상황에서 발생한 일시적인 특이 현상으로 간주되는 경향이 있었다. 그러나 이러한 경향 역시 현재는 사라진 상태이다. 북한당국이 코로나19의 종식을 선언하면서 대외무역을 재개하기 시작한 2023년 이후에도 이러한 현상이 지속되고 있기 때문이다. 그 결과, 현재 외부세계에서는 그간 우리가 북한의 시장가격에 대해 축적해 온 여러 연구성과들이 여전히 유효한지에 대한 의구심이 발생하고 있다.

그리고 매우 역설적으로 이러한 의구심은 이제까지 외부세계의 북한 시장가격 연구의 신뢰성을 담보해 주던 데이터의 영역에서 더욱 드라마틱하게 나타나고 있다. 이들 시장가격 데이터가 정말 우리가 생각한 것처럼 신뢰성이 있는지에 대한 의문들이 제기되고 있는 것이다. 이러한 의문은 2020~23년의 코로나19 팬데믹 기간을 전후하여 북한의 시장가격에 대한 정보를 제공하는 북한전문조사기관의 수가 늘어나면서 시작되었다. 당시까지 한두 기관에서 집중적으로 제공하던 북한 시장가격 정보를 여러 기관에서 제공하기 시작하면서 이들 정보 사이에 상당한 불일치가 나타났기 때문이다. 물론 이러한 불일치는 처음에는 그렇게 크지 않아서 이를 크게 문제 삼지 않는 분위기가 지배적이었다. 오히려 과거보다 더욱 다양한 정보를 접할 수 있다는 환영의 분위기마저 있었다. 그러나 북한이 2020~23년 코로나19 봉쇄에 들어가면서 상황은 변화하였다. 북한 내부에 극심한 코로나19 사태가 발생하여 북한당국이 시장을 비롯한 사람들의 모임을 원천적으로 차단하는 상태가 수개월 동안 지속되었는데도 불구하고 여전히 이들 조사기관은 북한의 시장가격이 얼마인지에 대한 데이터를 제공하고 있었기 때문이다. 이에 외부세계의 관찰자들은 '수개월 동안 시장이 전면 중단된 상태에서 시장가격이 형성되었다'는 것이 무엇을 의미하는지에 대한 의구심을 갖게 되었다, 그리고 이러한 의구심은 당연히 '현재 우리가 가지고 있는 북한 시장가격에 대한 정보는 과연 무엇인가'라는 질문으로 연결되었다. 이러한 질문을 더욱 증폭시킨 것은 2023년 하반기부터 보고된 북한의 시장환율에 대한 정보였다. 이제까지 북한의 시장환율을 정기적으로 보고해 왔던 북한전문조사기관 대다수는 2023년 하반기는 물론 2024년 초에도 북한의 환율은 여전히 (상대적으로) 안정적이라는 정보와 데이터를 제공하였다. 그 결과, 대부분의 외부세계 관찰자들은 북한이 코로나19 이후 대외무역을 재개한 상황에서도 거시경제는 여전히 안정적이라는 주장을 내놓았다. 그러나 2024년 초에 밝혀진 실제의 상황은 이와 크게 달랐다. 북한이 대외무역을 재개하면서 북한의 시장환율이 폭등하기 시작했고, 2023년 하반기에 이르러서는 북한의 최고 지도부까지 관심을 기울이는 중요 사회경제적 사안으로 번져 있었기 때문이다. 그리고 이러한 실제의 상황이 알려지면서 북한전문조사기관들이 보고하는 북한의 시장환율 데이터와 정보도 부랴부랴 급등하기 시작하였다. 이러한 상황은 현재 외부세계가 가지고 있는 북한의 시장가격에 대한 데이터와 정보가 과연 무엇이고 얼마나 신뢰할 수 있는지에 대한 의구심을 증폭시키기에 충분한 것이었다.

당연한 말이지만, 만일 이러한 의구심이 지속된다면, 외부세계의 북한 시장가격 연구는 상당한 딜레마에 봉착할지 모른다. 자칫 이제까지 외부세계가 축적해 온 북한의 시장 및 시장가격에 대한 연구성과들이 무시되고, 앞으로의 이들에 대한 이야기 역시 별다른 관심도 주목도 끌지 못하는 '무시의 상태'가 나타날지도 모르기 때문이다.

연구의 목적

본 연구는 북한의 시장가격 연구와 관련된 이와 같은 현재의 어려운 분위기를 조금이나마 해소하고, 이를 토대로 가까운 시일 안에 발생할지도 모를 해당 연구 전체의 딜레마 가능성을 미연에 방지하기 위한 목적으로 시도된다. 이를 위해 본 연구에서는 기존의 북한 시장가격 연구를 원점에서부터 재점검하여, 이의 의미를 다시금 재확인하고, 동시에 그 외연을 확장할 수 있는 작업들을 실시한다. 보다 구체적으로 본 연구에서는 이제까지 외부세계의 북한 시장가격 연구에서는 거의 시도되지 않았던 새로운 연구작업 두 가지를 실행하며, 기존의 연구에서 실시되었던 작업을 새로운 시각에서 재조명하는 작업 한 가지를 실행한다.

새로운 시도 중 하나는 북한의 시장가격과 이에 대한 외부세계의 데이터 또는 관측치들의 체계와 구조, 특징 및 상호관계 등을 정면으로 분석하는 일이다. 이제까지 매우 당연하게 간주하여 본격적으로 논의하지 않았던 북한의 시장가격과 이에 대한 외부 관측치들의 성격을 근원부터 재점검하여 북한의 시장가격 연구에 대한 제반 의구심과 질문들에 대한 해답을 모색하는 것이다. 한편, 기존 시도에 대한 새로운 접근은 북한의 상품시장가격에 대한 본격적이고 계량적인 분석이다. 이제까지 외부세계의 북한 시장가격에 대한 연구는 주로 쌀을 위시한 곡물과 같은 상품의 시장가격에 집중하여 이루어졌다. 본 연구에서는 이러한 기존의 상품시장가격을 분석하지만, 이를 훨씬 더 정밀하고 발전된 새로운 경제학적 기법들을 통해 재분석하는 작업을 수행한다. 이를 통해 기존의 연구성과들이 얼마나 현실적인 것인지 판단하고, 이의 발전을 위해서는 어떤 노력이 이루어져야 하는지를 탐구한다. 마지막으로 새로운 시도의 나머지 하나는 북한의 시장서비스가격에 대해 본격적으로 분석하는 일이다. 이제까지 북한의 시장가격 연구는 서비스가격을 명시적으로 다루지 않는 경향이 있었다. 물론 북한의 시장에서 제반 서비스 활동이 크게 발전하고 있다는 사실은 공지의 사실이었다. 그러나 이에 대한 가격 정보도 제한적이었으며, 무엇보다 이의 경제학적 분석이 쉽지 않았다는 점 때문에 이를 정면으로 논의하는 경우는 많지 않았다. 이러한 현실을 극복하고자 본 연구에서는 북한 시장에서의 서비스 활동에 대한 다양한 정보와 데이터를 새롭게 축적하여 이를 정면으로 분석하는 작업을 실시한다.

연구의 구성과 방법 그리고 연구자

이처럼 본 연구는 서로 유기적으로 연결된 세 가지 부분으로 구성된다. 우선 제2장에서는 북한의 시장가격과 이에 대한 외부의 관측치들을 검토함으로써 외부세계가 과연 북한의 시장가격을 제대로 분석할 수 있는지, 그리고 이를 위해서는 어떤 노력이 이루어져야 하는지를 논의한다. 이를 토대로 제3장에서는 기존의 연구가 주로 집중했던 북한의 상품시장가격의 결정 메커니즘에 대해 보다 정밀하고 과학적인 기법을 동원하여 새롭게 분석한다. 이제까지의 연구성과를 어떻게 평가해야 하며, 이를 보다 발전시키기 위한 방법은 어떻게 찾을 수 있는지를 우회적으로 알아보는 것이다. 제4장에서는 이제까지 북한의 시장가격과 관련하여 본격적인 분석이 이루어지지 않았던 서비스가격에 대한 분석을 수행한다. 제2장과 제3장의 논의를 토대로 외부세계의 북한 시장가격 연구를 확장할 경우 어떤 추가적 연구성과가 축적될 수 있는지를 하나의 사례로 예증하는 것이다.

이러한 연구를 위해 본 연구는 세 명의 연구자와 이를 뒷받침하는 북한전문조사기관의 협업 또는 도움을 통해 진행한다. 우선 세 명의 연구자는 기존의 북한 시장가격 연구에 익숙하고 상대적으로 경험과 지식을 많이 축적한 숙련 연구자 두 명과 이에 새롭게 도전하는 신진 연구자 한 명으로 구성된다. 이 중 숙련된 연구자 두 명은 본 연구에서 기존에 이루어지지 않았던 새로운 시도 두 가지, 즉 북한 시장가격과 외부 관측치에 대한 논의 그리고 서비스가격 결정에 대한 논의를 각각 담당한다. 이들 주제가 기존에 논의되지 않았던 새로운 것들이라는 점에서, 그에 대한 시행착오를 가급적 최소화하기 위해서는, 해당 연구 전반에 대한 경험과 지식이 필수적이기 때문이다. 반면, 상대적으로 젊은 신진 연구자는 북한의 상품시장가격 분석에 집중한다. 기존의 연구가 어느 정도 진행되었다는 점에서 이를 새로운 시각과 방법으로 더욱 발전시키는 것이 무엇보다 중요하기 때문이다. 이제까지 외부세계가 축적해 온 북한의 시장가격 관련 정보와 데이터는 결코 충분한 것이 아니다. 새로운 주제와 방법을 적용한 분석을 진행하기 위해서는 그에 걸맞은 새로운 데이터와 정보의 확보가 필요하다. 이에 따라 본 연구에서는 북한전문조사기관으로부터 커다란 도움을 받았다. 실제로 본 연구에서는 이들 조사기관이 2023년 9월부터 2024년 10월까지 북한의 시장 및 시장가격과 관련하여 현지 실사를 통해 축적한 다양한 정보와 데이터를 사용한다. 물론 이에 투입된 비용과 시간, 인력의 한계로 인해 이러한 (현지) 조사 결과가 매우 방대하고 충분히 넉넉한 것은 아니었다. 그럼에도 불구하고 이는 현재 북한 시장이 당면하고 있는 현실의 일부를 직접 떼어 낸 결과라는 점에서 나름의 의미는 충분할 것이다.

제2장

북한의 시장가격 및 데이터의 기본 사항 분석

이 석 (한국개발연구원)

제1절 서 론

외부세계의 북한경제 관찰자들이 가장 널리 이용하는 데이터 가운데 하나는 북한의 시장가격에 대한 자료이다. 예를 들어 북한의 시장 쌀 가격과 옥수수 가격을 점검하는 방식으로 북한경제 전반의 흐름을 살펴보고, 북한에서 특이한 동향이 관찰될 경우 이에 따른 시장의 쌀 가격과 옥수수 가격의 변화가 어떻게 이루어지는지를 분석함으로써 이의 경제적 파급효과를 가늠하는 것이다. 이들 북한 시장가격 자료는 주로 북한에 대한 전문적 조사기관이 수집하여 일반에게 공개하는 관측치들에 기반을 둔다. 이에 따라 언뜻 보면 외부세계가 북한의 시장가격에 대해 매우 잘 이해하고 있으며, 이를 위한 데이터 역시 많이 축적한 것처럼 비추어질 수도 있다. 그러나 안타깝게도 현실은 이와 정반대이다.

실제로 외부세계가 보유한 북한의 시장가격 데이터 또는 관측치는 극히 제한적이며, 외부세계의 이에 대한 이해도 역시 이해라고 불리기 어려울 정도로 낮은 수준이다. 물론 외부세계는 북한의 시장 쌀 가격을 위시한 일부 식료품 가격과 경유와 휘발유 같은 일부 중요 품목에 대한 시장가격 관측치를 축적해 오고 있다. 그러나 그것이 전부이다. 예를 들어 일부 식료품 이외의 공산품이나 생필품, 가령 운동화의 시장가격이 얼마인가를 묻는다면 이에 대한 관측치는 축적되지 않고 있다고 말할 수밖에 없다. 이러한 상황은 서비스가격으로 넘어가면 더욱 심각하다. 만일 누군가 북한의 시장에서 국밥 한 그릇의 가격이 얼마인가라고 묻는다면, 이를 축적된 데이터를 가지고 설명할 수 있는 사람이 거의 없는 실정이다. 더욱이 북한 시장에서 이루어지는 노동의 가격, 다시 말해 시장에서 고용되는 인력의 임금이 어느 정도인지는 아예 잘 알지도 못하며, 북한 시장에서 '돈주'로부터 자금을 빌릴 때 어떤 정도의 금리를 부담해야 하는지에 대해서는 이에 대한 시장가격 자체가 존재하는지를 전혀 모르는 상황이다.

문제는 이처럼 축적된 데이터가 제한적인 상황에서, 그나마 외부세계가 축적하고 있는 일부 시장가격 데이터에 대한 이해 역시 극히 희박한 실정이라는 점이다. 사실 외부세계는 북한의 시장가격 관측치를 제공하는 북한 관련 전문기관들이 이들 관측치를 어떻게 만드는지 모른다. 따라서 현대의 모든 통계에 필수적으로 붙어 있는 이른바 'Glossary'를 북한의 시장가격 데이터에는 붙일 수 없는 형편이다. 만일 북한의 동일한 시장가격에 대해 해당 전문기관들이 서로 다른 관측치들을 제공하는 경우, 이 중 어떤 것이 과연 현실에 더욱 적합한지, 아니 보다 더 근본적으로 이들 관측치들이 정확히 해당 북한 시장가격에 대한 관측치들이라고 부를 수 있는 것인지에 대해서도 자신 있게 말할 수 없는 형편인 것이다. 그 결과, 현재 외부세계에서는, 조금 과장되게 표현하면, 북한 관련 전문기관들이 제공하는 북한 시장가격 관측치들 가운데 일부를 임의로 선정하여 임의 방식으로 해석한 결과를 생산하고 있는 중이다. 과연 이러한 현실이 합리적인 것일까?

제1장 서론에서 밝혔듯이 본 연구의 목적은 북한의 시장가격을 분석하는 것이다. 이를 위해서는 당연히 현재 외부세계가 가지고 있는 북한 시장가격에 대한 관측치들을 기본 자료로 이용할 수밖에 없다. 그리고 현재와 같은 상황에서는 본 연구 역시 이제까지와 마찬가지로 북한 관련 전문기관들이 제공하는 북한 시장가격 관측치들 가운데 일부를 임의로 선정하여 임의의 방식으로 분석해야 할지도 모른다. 그러나 본 연구는

이러한 접근방식이 결코 합리적이라고 믿지 않는다. 현실적으로 북한 시장가격 관측치들이 극히 일부만 존재하여 스스로가 확신하기 힘든 상황이지만, 그들 중 일부를 임의로 선정하여 그것이 허용하는 대상에 대해서만 분석을 진행하는 것을 정당화하기는 어렵다고 믿는 것이다.

이러한 믿음으로 인해 본 연구에서는 북한의 시장가격을 본격적으로 분석하기에 앞서 그에 선행해야 하는 가장 기초적인 작업 한 가지를 먼저 수행한다. 그것은 현재 외부세계가 축적하고 있고, 또한 각종 연구에서 직접적으로 활용하고 있는 북한 시장가격에 대한 외부의 관측치들 자체를 이해하는 일이다. 이들 관측치를 통해 북한의 시장가격을 분석하는 일 자체가 가능한 것인지, 이를 위해서는 북한 시장가격 가운데 주로 어떤 대상을 분석해야 하는지, 그리고 이러한 분석과 그에 따른 결과들에 대해 어떤 주의를 기울여야 하는지를 먼저 검토한다는 것이다. 이렇게 되면 자연히 본 연구에서 사용해야 할 외부세계의 북한 시장가격 관측치들은 어떤 것이 되어야 하는지 역시 분명해질 것이다.

본 장에서는 이러한 목적을 달성하기 위해 크게 세 가지의 작업을 진행한다. 첫째, 북한의 시장가격 자체를 이해하는 일이다. 이를 통해 현재 외부세계가 가지고 있는 이들 가격에 대한 관측치들이 어떤 특징을 가질 수밖에 없는지를 파악하고, 그 결과 본 연구에서 이를 합리적으로 이용하기 위해서는 어떻게 해야 하는지에 대한 시사점을 얻는 것이다. 둘째, 북한의 시장가격 자체의 구성과 체계를 분석하는 일이다. 이러한 분석을 근거로 현재 외부세계가 가지고 있는 관측치들이 실제의 북한 시장가격 체계에서 어떤 부분을 어떻게 관측하고 있는지를 파악하는 것이다. 그 결과, 북한의 시장가격을 제대로 분석하기 위해서는 현재의 관측 환경에서 주로 어떤 부분에 초점을 맞추어 분석을 진행해야 하며, 또한 앞으로 이를 더욱 개선하기 위해서는 어떤 부분에서 새로운 또는 추가적인 관측이 이루어져야 하는지를 알아보는 것이다. 셋째, 이들 두 가지의 작업을 배경으로 현재 외부세계가 가지고 있는 북한의 시장가격 관측치들 자체를 분석하여 이의 신뢰성 여부와 정도를 체크하는 일이다. 그 결과, 이들 관측치들 가운데 주로 어떤 부분을 분석에 활용해야 하며, 어떤 부분에 있어서는 더욱 세심한 주의를 기울여야 하는지를 검토하는 것이다.

본 장의 구성은 이들 세 가지의 작업을 각각 하나씩 수행하는 형식으로 되어 있다. 우선 제2절에서는 북한의 시장가격 자체를 이해함으로써 현재 외부세계가 가지고 있는 이의 관측치들에 대한 성격을 우회적으로 파악한다. 제3절에서는 북한 시장가격의 체계와 구성을 분석함으로써 이 중 외부세계 관측치들이 정확히 어떤 위치를 차지하는지 분석한다. 제4절에서는 이들 관측치 자체를 북한 시장환경의 변화라는 측면에서 검토하는 방식으로 이들의 신뢰성에 대해 논의한다. 마지막으로 제5절에서는 이상의 논의를 정리하는 것으로 맺음말을 대신한다.

그런데 본격적인 논의를 시작하기에 앞서 두 가지 사실을 분명히 해둘 필요가 있을 것이다. 첫째, 매우 의외일 수도 있지만, 본 장의 논의는 이제까지 북한의 시장가격과 관련하여 전혀 이루어지지 않았던 새로운 시도이다. 따라서 아주 독특하고 새로운 데이터와 정보들이 수집되고 활용될 수밖에 없었다. 북한의 시장가격이 형성되는 현재 북한의 (물리적) 시장구조를 관찰하고, 실제 시장 참여자들의 소비 및 경제 활동 내역을 기록하거나 특정 재화 혹은 서비스의 시장가격이 실제로 존재하는지의 유무를 체크할 수 있는 정보를 데이터의 형태로 수집하는 것 등이다. 그런데 매우 당연하게도 많은 비용과 인력, 그리고 기간이 소요되는 일이었다. 따라서 본 연구에서는 이러한 데이터와 정보의 수집을 매우 제한적인 규모에서 실험적인 방식으로밖에는 수행할 수 없었으며 이들에 대한 분석도 정밀하게 수행하기보다는 획득된 데이터와 정보를 그대로 드러내어 직관적으로 이해할 수 있는 방식으로 주로 진행되었다. 그 결과, 본 장의 연구가 모두 종료된 지금의 시점에서도, 본 장의 결과가 북한의 시장 전체에 비추어 볼 때 과연 얼마나 일반적인 것인지, 그리고 신뢰성은 얼마나 높은 것인지에 대한 판단이 여전히 불투명한 실정이다. 따라서 본 장의 연구는 절대적으로 신뢰할 수 있는 과학적 분석의 산물로 간주되기보다는, 여전히 불확실하지만 적어도 실험적인 시도로서 가치가 있는 분석의 결과 정도로 간주되는 것이 합리적일 것이다.

둘째, 위의 첫 번째 사실로 인해 본 장에서는 북한의 시장 및 시장가격과 관련된 서로 다른, 그렇지만 상호 보완적인, 세 가지의 데이터 또는 정보가 각각 차별적으로 사용된다. ① 하나는 북한전문조사기관인 Daily NK가 일반적으로 조사하여 제공하는 쌀과 옥수수 같은 북한의 식량가격 등에 대한 데이터이다. 본 연구에서는 2013년 1월부터 2024년 9월까지의 장기 시계열 데이터를 토대로 북한의 전반적인 시상 추세를 주로 제4절에서 분석한다. ② 다른 하나는 현재 북한에 실제 거주하고 있는 경제주체가 직접 본인의 소득과 소비에 관련된 다양한 시장가격을 관찰하여 제공하는 데이터이다. 이들 데이터는 앞에서의 장기 시계열 데이터와는 달리 2023년 9월부터 2024년 7월까지의 월간 데이터로만 존재한다. 그리고 이들 데이터의 항목은 앞에서의 쌀과 옥수수 같은 북한의 식량가격 등도 부분적으로 포함하지만, 대부분은 이제까지 Daily NK 등이 조사하여 발표한 항목과는 완전히 다른 것들로 구성된다. 본 연구에서는 이를 활용하여 주로 제3절에서 북한 시장가격의 체계와 구성을 토론한다. ③ 나머지 하나는 현재 북한에 거주하는 경제주체가 북한의 (물리적) 시장을 직접 육안으로 관찰한 정보이다. 이는 주로 제2절에서 북한의 물리적 시장 구조를 통해 시장가격 형성의 특징을 분석하는 데 사용된다. 물론 이들 데이터는 서로 다르다. 그렇지만 이들은 서로 상충된다기보다는 보완적이다.[1] 더욱이 본 연구에서는 이들 데이터의 상충성을 염려하여 이의 수집 출처를 Daily NK라는 단일 조사기관으로 통일하였다. 부디 이들 데이터와 이들을 활용하여 분석하는 본 장이 너그럽게 읽히기를 기대한다.

---

1 예를 들어 본문의 ①처럼 Daily NK가 일반적으로 조사하여 오랜 기간 동안 제공하는 쌀과 옥수수의 가격은 정확히 월별 또는 일별 가격의 형태로 되어 있지 않다. 어떤 경우는 대상 관찰 일수가 10일, 어떤 경우는 50일 등으로 들쑥날쑥한 것이다. 그런데 본 연구에서는 이를 일정한 기준에 따라 장기적인 월별 시계열 데이터로 전환하여 사용한다. 따라서 이러한 월별 데이터는 본문의 ②처럼 수집된 월별 쌀 및 옥수수 가격 데이터와 2023년 9월부터 2024년 7월의 기간 중 서로 겹친다. 당연하지만 이 두 가지 데이터 각각의 수치가 정확히 일치하는 것은 아니다. 그럼에도 불구하고 그것들의 추세와 여타 다른 요인들을 감안했을 때 사실상 양자는 거의 동일한 데이터인 것으로 나타난다. 이러한 이유에서 본문에서는 이들 데이터들이 상호 이질적이라기보다는 보완적이라고 표현하고 있으며, 이들을 동시에 하나의 장에서 모두 사용한다고 말하는 것이다.

제2절 미시 조사 분석: 시장의 구조와 데이터 그리고 관측치

2010년대 중반 북한의 시장 쌀 가격과 옥수수 가격에 대한 일부 기관의 정례적 조사 결과가 일반에게 공개되기 시작하면서 북한경제를 바라보는 외부 관찰자들에게는 매일매일 북한의 시장가격 데이터를 체크하는 일이 일상사가 되었다. 그런데 이렇게 제공되는 북한의 시장가격 데이터, 더욱 정확히 표현하면, 북한의 시장가격에 대한 외부의 관측치들은 조금 특이하다. 동일한 대상, 동일한 시점에 대한 관측치들이 서로 일치하지 않는다는 것이다. 어떤 관측치는 북한의 시장 쌀 가격이 1kg에 8,000원이라고 하고, 다른 관측치는 8,200원, 그리고 또 다른 관측치는 7,900원이라고 하는 식이다. 이러한 차이는 지역별 시장가격 관측치에 있어서는 더욱 커지는 경향이 있다. 특히 2023년 이후에는 이러한 관측치들의 차이가 너무 벌어져서 이들 사이의 일반적 추세에도 영향을 줄 정도이다. 왜 북한의 시장가격 관측치들은 이러한 특징을 가지고 있을까? 그리고 이들이 외부세계에서 일반적으로 통용된 지도 10여 년을 훌쩍 넘어가는데, 왜 아직도 이러한 특징은 없어지지 않는 것일까? 이들로 인해 북한의 시장가격을 본격적으로 분석할 때 가장 근본적인 데이터에 대한 질문 하나가 제기된다. 우리가 가지고 있는 북한의 시장가격 데이터 또는 관측치는 정확히 무엇인가 하는 질문이 바로 그것이다.

1. 분석 방법과 데이터

이러한 질문에 대답하는 가장 효율적이고 직접적인 방법은 이들 관측치들을 생산하여 제공하는 기관들에서 각각의 관측치의 대상과 작성 방법 등을 상세히 밝히는 것이다. 예를 들어 과거 WFP(World Food Program, 세계식량계획)에서는 평양의 특정 시장에, 특정 요일, 특정 시간, 특정 거래자를 방문하여 특정 상품에 대한 동일한 질문을 반복하여 쌀과 옥수수 같은 북한의 시장 식량가격을 조사하였다. 물론 이러한 가격 조사 방법이 일반적이기는 하지만, 북한의 시장에서도 가장 적절하고 효율적인 방법인지에 대해서는 토론의 여지가 있다. 그럼에도 불구하고 이러한 방법이 공개되어 있다면, 이를 통해 얻어진 관측치들이 과연 무엇이고, 이들의 결함을 줄이고 신뢰성을 높이기 위해서는 무엇이 고려되어야 하는지를 충분히 논의할 수 있다. 그러나 매우 안타깝게도 현재 우리가 보고 있는 북한의 시장가격 관측치에 대해서는 이러한 사항들이 전혀 공개되지 않고 있다. 오히려 이들 관측치를 생산하고 제공하는 기관들은 북한의 특수성과 예민함을 들어 이를 일종의 '영업 비밀'로 간주하여 보호하는 경향이 있다. 따라서 이들 관측치들이 정확히 무엇인가를 알아내기 위해 이를 제공하는 기관들의 직접적인 도움을 받기란 쉽지 않다.

이러한 한계로 인해 여기에서는 조금 다른 방법을 사용한다. 그것은 북한의 시장가격이 형성되는 객관적인 환경에 대한 추가적인 조사를 통해 우리가 가지고 있는 관측치가 과연 무엇인지를 우회적으로 파악하는 것이다. 보다 구체적으로, 북한의 시장가격 데이터를 생산하여 제공하는 외부 기관의 도움을 얻어 북한의 시장가격과 관련된 세 가지의 직접 조사 자료 및 데이터를 분석한다. 첫째, 북한의 시장가격이 형성되는 (종합)시장과 이와는 차별화되는 비공식적 시장의 물리적 형태를 직접 눈으로 관찰한 자료이다. 이를 위해 북한 현지의 시장에 들어서는 순간부터 보이는 모든 것을 상세히 관찰하여 기록한다. 둘째, 북한의 시장에 참여하는 공급자, 다시 말해 북한 시장에서 장사하는 사람을 선정하여 일정 기간 동안 영업(장사)과 관련된 일체의 자금 유출입 경위와 가격, 규모 등을 보고하는 데이터를 활용하는 것이다. 물론 이에 대해서도 적절한 피드백을 통해 최종적으로는 그 결과를 외부세계의 언어로 정리한다. 셋째, 북한 시장을 실제로 이용하는 수요자 또는 소비자의 입장에서 일정 기간 동안 가계의 수입과 지출에 대한 항목, 가격, 수입 지출 규모 등을 포함하는 가계부 작성용 데이터를 분석하는 것이다. 물론 이 역시 앞의 방법과 동일한 과정을 통해 외부세계의 언어로 최종 번역하여 정리한다.

그런데 이러한 방법은 효율적이기는 하지만 한편으로는 민감하고, 다른 한편으로는 매우 커다란 비용이 소요되는 것이다. 따라서 이를 북한 전역에 걸쳐 대규모로 수행하기가 사실상 불가능하였다. 실제로 이러한 한계로 인해 여기에서는 ① 규모가 크지 않아 소수의 사람이 육안으로 시장의 모든 물리적 상태를 직접 관찰할 수 있는 북한의 특정 시장 한 곳을 선정하여 이에 대한 육안 관찰 결과를 검토하고, ② 해당 시장에서 장사를 하는 사람 1인(해당 인물은 가급적 서비스 업종에 종사)이 2024년 9월 이후 본인의 영업과 관련한 자금 유출입을 기록한 데이터를 분석하며, ③ 해당 시장을 이용하는 소비자 한 사람(만일 그가 해당 시장에서 영업을 하고 있다면, 서비스가 아닌 상품을 판매하는 사람)이 같은 기간 동안 본인 가구의 가계부를 작성하기 위해 기록한 데이터를 활용하는 방식을 사용한다. 당연히 이러한 방식은 조사 규모가 극도로 제약됨으로 인해 이로부터 얻어진 결과들을 전적으로 신뢰하기는 힘들다. 그럼에도 불구하고 이러한 조사는 같은 목적으로 이루어지는 북한 시장에 대한 최초의 직접 조사라는 점에서 그 결과는 충분히 참고가 될 것이 분명하다.

실제로 여기에서는 이러한 조사 방법과 결과를 통해 얻어진 논의들을 바탕으로 앞서 언급한 현재 우리가 가지고 있는 북한의 시장가격 데이터 또는 관측치들이 과연 무엇인지를 파악한다.

2. 시장의 구조 분석과 함의

[그림 2-1]은 2024년 9~10월 현재 북한 평안도 지역의 한 종합시장과 이의 인근에서 형성되는 비공식시장을 육안으로 관찰한 결과를 보여준다. 우선 [그림 2-1]은 종합시장의 물리적 구조에 관한 관찰 결과이다. 이에 따르면 해당 시장은 한국의 주거지역에 위치한 대형마트처럼 북한의 아파트가 밀집한 주거지역에 존재하여, 아파트와 각종 도로 및 출입문, 심지어는 아파트 창고를 시장활동에 활용하는 등 물리적으로 매우 밀접히 연계되어 있다. 이는 해당 시장이 새로 발생한 곳이라기보다는 상대적으로 역사가 오래된 기존의 시장 또는 거래 공간을 활용한 것이라는 사실을 시사한다.

[그림 2-1] 북한 시장의 구조: 2024년 9월 현재 종합시장 A의 경우

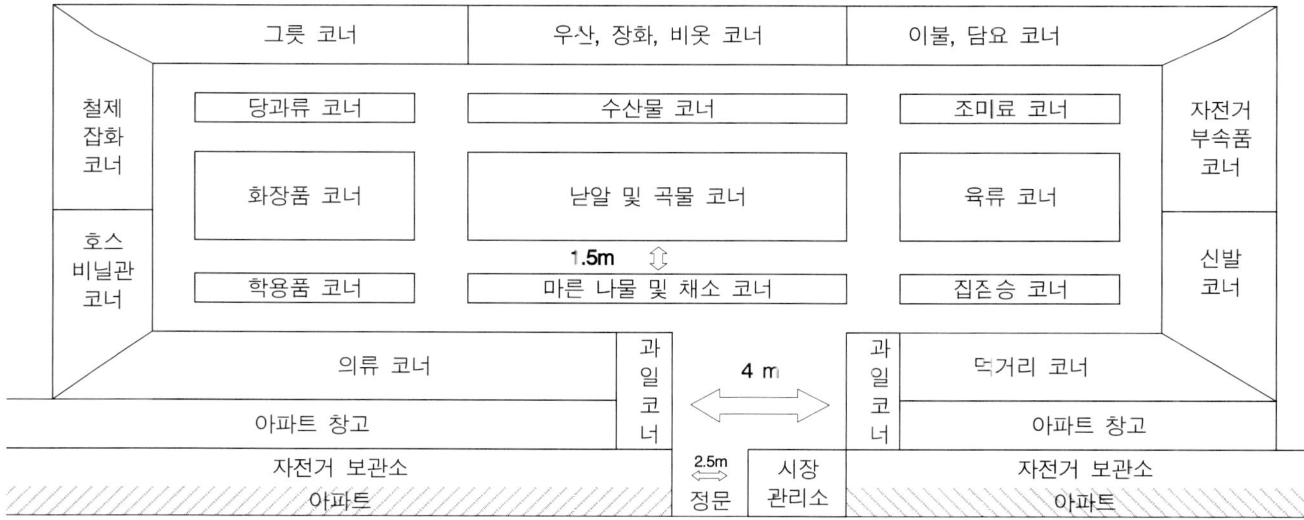

주: 1) 장날에는 장마당 안보다 바깥에 장사꾼들과 사람들이 더 많음.
2) 장마당의 크기가 작아서, 장날에는 사람들이 장마당에 들어오는 길바닥을 꽉 메움.
3) 집짐승: 새끼 돼지, 강아지, 병아리, 오리, 게사니(거위), 고양이, 닭, 토끼.
4) 먹다리: 국수, 인조밥, 두부밥, 밥/두부국, 술, 불고기.
5) 남새: 배추, 빨간 무, 오이, 호박, 토마토.
6) 낟알: 쌀, 강냉이, 콩알, 땅콩, 강냉이 가루.
7) 철제 잡화: 중고 망치, 뻰치, 탄집개, 구루마 바퀴, 베어링, 호미, 낫, 거라대, 빗자루.

자료: Daily NK 조사 자료를 바탕으로 저자 작성.

해당 시장을 출입하려면 도로와 인접한 아파트 살림집들 사이의 골목 또는 중간 길을 거쳐야 하므로 시장 참여자들은 관련 아파트 인근의 정류장을 이용하거나, 도보 또는 자전거 등을 사용해 해당 아파트를 주위에 끼고 시장에 들어가야만 한다. 이러한 사실을 반영하여 시장의 외곽에는 자전거 보관소가 양옆에 설치되어 있으며, 이들 보관소 벽을 시작으로 시장에서 활용하는 아파트 창고와 본격적인 매대들이 나타난다. 시장의 정문 길은 폭이 약 2.5m 정도로 크지 않다는 점에서 한국의 재래시장 정도의 분위기이고, 정문 바로 안쪽에 시장관리소가 존재하여 전체 시장활동을 모니터링하고 통제하는 역할을 수행한다. 시장관리소 바깥에는 두 가지의 공지 사항이 적혀 있는데, 하나는 자전거와 손수레 등 물품 이동 수단은 개장이나 파장 때에만 사용할 수 있고 시장 안에서 보관할 수 없다는 것이며, 다른 하나는 시장의 개장 시간은 관리소가 제정한 시간에 한한다는 것이다.

관리소를 지나 시장 안으로 들어가면 양옆의 과일 코너를 중심으로 다양한 상품 판매 매대들이 나타난다. 이 매대들은 판매하는 상품의 종류에 따라 코너별로 나누어져 있는데, 대략 해당 시장의 상품 코너는 ① 과일, ② 육류, ③ 수산물, ④ 당과류, ⑤ 학용품, ⑥ 화장대, ⑦ 조미료, ⑧ 채소, ⑨ 곡물, ⑩ 마른 나물, ⑪ 집짐승 등 11개의 식료품 코너와 ① 철제 잡화, ② 호스 비닐관, ③ 자전거 부속품, ④ 신발, ⑤ 우산, 장화, 비옷, ⑥ 그릇, ⑦ 옷, ⑧ 이불, 담요 등 8개의 생필품 공산품 코너, 그리고 각종 음식을 판매하는 먹거리 코너 등 총 20여 개의 상품과 서비스 코너로 나누어진다. 이들 매대의 배치 구조는 우선 정문을 통해 들어서면 그 안쪽에 수산물, 과일, 당과, 곡물 등 주로 식료품 매대들이 자리 잡고 있으며, 이의 주위를 각종 생필품 및 공산품 매대들이 둘러싸고 있다. 그리고 각종 음식 등 먹거리를 파는 식당(한국으로 치면 일종의 Food Court)들이 오른쪽 옆에 배치되어 있다. 따라서 정문으로 들어가 식료품 매대들과 공산품 매대들 사이의 주변으로 한 바퀴를 돌면 전체 매대들을 모두 살펴보고 마지막으로 먹거리 코너를 통해 다시 정문으로 시장을 나올 수 있는 구조인 것이다.

그런데 시장 안의 각각의 매대 코너와 코너 사이의 폭은 매우 좁다. 실제로 이 폭은 1.5m밖에 되지 않아 사람과 물건이 함께 움직이기는 쉽지 않다. 이에 따라 사람들을 대상으로 물건을 판매하는 행위와 이들 물건을 매대로 이동하거나 정리 배치하는 행위는 일종의 시차를 두고 별도로 진행될 수밖에 없는 구조이다. 또한 매대 하나의 크기도 3.3m 정도로 크지 않아 하나의 매대에서 이루어지는 거래규모 역시 크지 않을 것으로 판단된다. 그리고 뒤에서 조금 더 자세하게 설명하겠지만 각각의 매대에는 단 1명의 봉사원, 즉 판매자가 근무하는 것으로 나타난다. 이러한 물리적 구조를 갖는 북한의 해당 시장은 여기에서 형성되는 시장가격과 관련하여 다음과 같은 매우 중요한 특징들을 내포하고 있다.

[A-1] 해당 시장 어디에도 판매되는 상품의 가격표가 붙어 있지 않다. 각각의 매대에서 판매되는 물품이나 서비스의 가격을 공개적으로 볼 수 있도록 하는 가격표가 없으며, 심지어는 북한당국이 각각의 상품가격에 대해 만들어 놓은 일종의 가격지침 또는 지도가격 등도 시장관리소를 비롯하여 어느 곳에서도 공시되어 있지 않다. 이는 상품의 가격이 소비자 누구나 볼 수 있도록 정확히 공시되어 있는 (선진) 시장경제에서와는 크게 다른 일이며, 과거 사회주의 경제에서의 시장의 모습과도 괴리가 있고, 무엇보다 일정한 가격표를 명확히 내보이고 있는 북한의 백화점이나 주요 공식 상점에 비추어 보아도 특이한 일이다.

[A-2] 해당 시장 각각의 매대에는 매대의 상호 또는 여타의 명칭 역시 별도로 붙어 있지 않다. 그리고 각각의 매대는 모두 별도의 한 명의 판매인이 점유하여 영업을 수행한다. 한 명의 상인이 두 개 이상의 매대를 운영하는 경우는 없다. 물론 이것이 북한에서 얼마나 일반적인 것인지는 불분명하다. 해당 시장에서도 과거에는 한 명이 두 개 이상의 매대를 사용하여 영업을 수행했던 사례가 있는 것으로 보고되고 있기 때문이다. 그러나 현재는 모든 시장 영업인들이 각각 하나의 매대만을 점유하여 운영하고 있다. 그리고 영업시간에 각 매대에서 영업을 수행하는 사람의 수는 정확히 1명으로 제한된다. 물론 각각의 매대에 가족 등 여러 명이 영업을 함께 수행할 수는 있다. 그러나 시장관리소에서 발행하는 매대의

봉사원증은 매대당 1명으로 제한되어 있으며, 시장 개장시간에는 동 봉사원증을 소지한 사람 1명만이 매대에 들어와 영업을 수행할 수 있다.

[A-3] 해당 시장 안에는 영업자금을 빌려주거나 이와 관련된 여러 금융서비스를 사적으로 제공・중개해 주는 돈주 등 별도의 경제활동 주체가 존재하지 않는다. 달러와 위안화 등 해외의 경화로 거래가 이루어지기도 하지만, 시장 안 어디에서도 외화를 환전하는 공식적인 창구는 존재하지 않는다. 다시 말해, 시장활동에 필요한 금융 및 외환 관련 활동들은 시장 내 별도의 장에서 이루어지는 것이 아니라, '돈주' 또는 '돈네코'와 같은 경제주체들의 집이나 여타의 장소에서 이루어진다. 따라서 시장에서 나타나는 상품 및 서비스의 거래 가격이 집단적인 장내 거래의 산물이라고 한다면, 이에 연관된 자금의 공여 및 외환의 거래 가격은 '돈주' 또는 '돈네코'와 이의 수요자가 별도로 만나 이루어지는 일종의 장외점두 거래의 산물이라고 보아도 크게 틀리지 않을 것이다.

[A-4] 해당 시장에서 거래되는 가장 중요한 상품은 곡물을 비롯한 식료품이며, 그 다음은 일상생활에 필요한 공산품 위주의 여러 생필품이다. 물론 이 밖에도 약간의 서비스 거래가 존재한다. 그러나 이들 서비스 거래는 주로 음식 등 먹거리 및 시장거래 상품의 이동 등과 관련된 것에 집중되어 있다.

한편, [그림 2-2]는 이러한 종합시장의 밖에서 주민들에 의해 자발적으로 형성된 비공식시장의 물리적 구조를 나타내고 있다. 이에 따르면 해당 비공식시장은 앞서의 종합시장과 바로 길 하나를 두고 맞은편 아파트 살림집 앞의 도로에 펼쳐져 있다. 따라서 이들 비공식시장은 앞서의 종합시장을 찾는 사람들이 어떤 이유에서건 만족스러운 거래를 하지 못했거나, 이외의 추가적인 다른 거래를 찾고자 하는 경우 곧바로 연결될 수 있는 위치에 존재하고 있다. 물리적으로 해당 종합시장과 이에 대한 비공식시장이 서로 연결될 수밖에 없는 구조를 갖고 있다는 뜻이다. 그런데 북한의 시장가격 형성과 관련하여 이러한 비공식시장 역시 두 가지의 중요한 특징을 보유하고 있다.

[B-1] 비공식시장에서는 종합시장처럼 다양한 물품이 거래되지 않는다.

[그림 2-2] 북한 시장의 구조: 2024년 9월 현재 종합시장 A와 연관된 주변 비공식시장의 경우

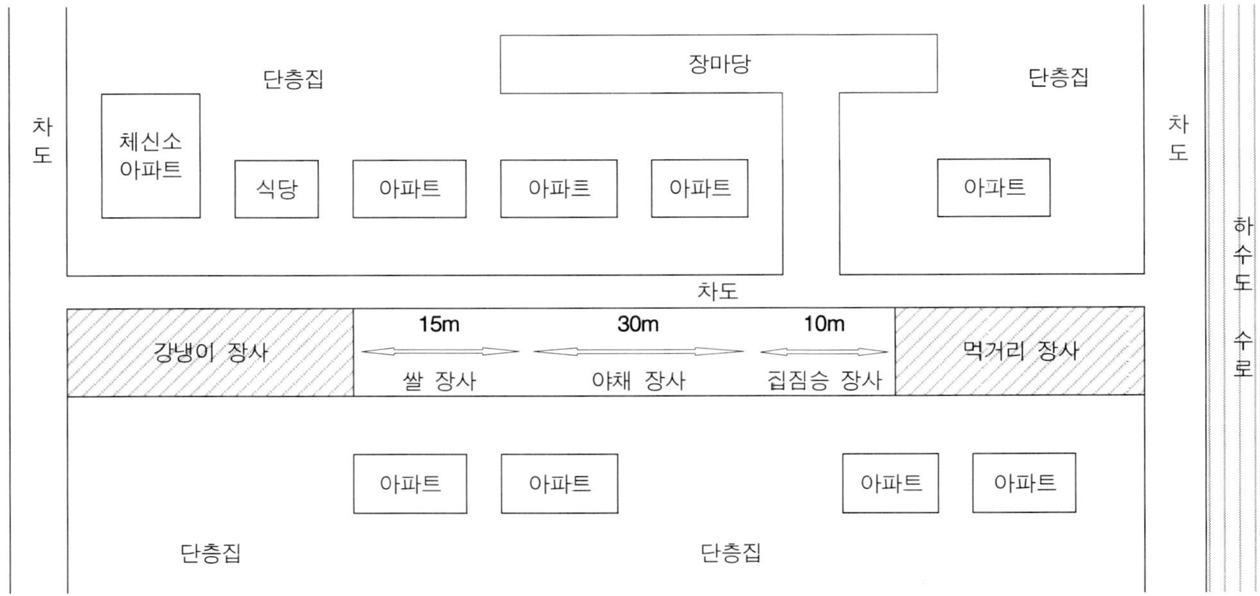

자료: Daily NK 조사 자료를 바탕으로 저자 작성.

오히려 여기에서의 거래는 쌀과 옥수수 같은 곡물 그리고 채소나 가축과 같이 개별 가구에서 생산하는 식료품들에 집중되어 있다. 그럼에도 불구하고 이들 비공식시장이 매우 한산한 것은 아니라는 판단이다. 왜냐하면 앞서의 종합시장에서와 마찬가지로 비공식시장의 주위에서도 바로 길 건너에 일종의 먹거리 코너, 다시 말해 음식 등 먹거리 장사를 수행하는 행위가 따라붙고 있기 때문이다.

[B-2] 비공식시장에서 거래되는 상품의 질과 형태, 가격은 종합시장과 다르다. 비록 곡물처럼 동일한 상품을 거래한다고 하더라도 비공식시장에서는 상품의 질이 종합시장처럼 상대적으로 균질적이지도 않으며, 가격 역시 종합시장과는 일정한 차이를 보이는 것이 현실이다. 이에 따라 종합시장과 비공식시장은 한편으로는 서로 경쟁적이지만, 다른 한편으로는 서로가 더욱 보완적이라는 의미가 클 수도 있다.

이처럼 북한의 시장가격이 형성되는 시장의 물리적 구조는 조금 흥미롭게 되어 있다. 그런데 이러한 시장의 물리적 구조에 대한 정보를 종합해 보면, 북한의 시장가격에서 매우 흥미로운 결과들을 도출해 낼 수 있다. 특히 이러한 결과들 가운데에서도 아마 다음과 같은 것들은 특별한 주목을 필요로 할 것이다.

첫째, 북한의 시장가격은 한국과 같은 선진 시장경제권에서와는 달리 정가(定價)의 형태로 존재하지 않으며, 심지어는 단일가의 형태로도 존재하지 않을 가능성이 높다. 그리고 이러한 가능성은 거래가 빈번하고 더욱 경쟁적인 시장환경에서 가격이 형성되는 물품의 시장가격에서보다는, 일종의 독점적 경쟁환경에서 가격이 형성되는 서비스의 시장가격에서 더욱 높을지 모른다. 이미 언급한 것처럼 북한의 시장가격이 형성되는 시장에서는 가격에 대한 어떤 표시나 정보를 공개적이고 객관적으로 제공하지 않는다. 즉, 거래 진행 시 구매자는 '가격이 얼마인가?'라는 질문을 판매자에게 하고, 판매자의 답변에 따라 거래 여부를 결정하게 된다. 이 경우 모든 판매자가 모든 (잠재) 구매자에게, 모든 상황에서 동일한 가격으로 대답할 이유는 없다. 판매자에 따라, 또는 동일한 판매자라고 하더라도 상황에 따라 다른 가격을 제시할 유인이 얼마든지 존재하기 때문이다. 물론 그렇다고 각 판매자의 호가, 즉 부르는 가격이 상황에 따라 천차만별일 수는 없다. 앞서의 시장구조에서 보듯이, 동일(유사)한 상품을 판매하는 판매자의 경우 같은 매대 코너에서 영업을 하게 되므로 제시하는 가격에 대한 일종의 강력한 동료 압력(Peer Pressure)이 존재할 것이기 때문이다. 이는 북한의 시장가격이 비록 난일한 것은 아니지만, 그렇다고 하더라도 개별적으로 관찰되는 각각의 가격 수치들이 모두 의미가 없는 것은 아니라는 사실을 시사한다. 설사 상황에 따라 시장가격이 일정한 변화를 보인다고 하더라도 이러한 변화는 결국 특정 범위 안에 있을 가능성이 크며, 개별적으로 관찰되는 시장가격들은 모두 이들 범위 안에 속할 것이기 때문이다.

둘째, 조금 역설적으로 들릴지 모르지만, 북한의 시장가격은 북한당국에 의해서 직접적이고도 커다란 영향을 받을 수밖에 없다. 앞서 언급한 것처럼 북한 시장에서는 시장관리소가 각 매대를 한 명의 사람에게 분배하여 운영하도록 한다. 그리고 여기에는 어떤 상호 등 운영자의 명의나 권리가 표현되는 표식도 나타내지 못하도록 하고 있다. 매대의 운영 역시 복수의 사람들이 수행하는 경우라도 1명에게만 봉사증을 발급하여 해당 인원만이 개장시간 동안 매대에서 영업할 수 있도록 조치한다. 이는 매대의 분배나 운영, 다시 말해 시장에서의 영업활동에 있어 개별 경제주체의 자금 동원력이나 효율성, 수익성 등 여타의 요인들보다 시장관리소, 즉 북한당국의 정책적 영향력이 더욱 결정적인 역할을 할 수밖에 없음을 의미한다. 문제는, 이미 널리 알려진 것처럼, 북한당국은 거의 언제나 시장가격에 영향을 미치고자 하는 유인을 보유한다는 점이다. 실제로 북한당국은 특정 상품의 시장가격에 대해 상한을 정하거나 아예 일정한 권장가격을 제시하고, 유사 물품은 일정한 가격에 국영 상점에서 판매하도록 하는 등 다양한 방법으로 시장가격을 통제하려는 모습을 보여 왔다. 그런데 시장의 물리적 구조라는 측면에서 시장 판매자는 이러한 북한당국의 노력을 결코 도외시할 수 없다. 그리고 북한의 시장가격은 이러한 시장 판매자의 가격(호가)을 기점으로 출발한다. 다른 어떤 시장경제에 비해서도 북한의 시장가격이 당국에 의해 더욱 직접적으로 통제될 가능성이 있다는 의미이다. 외부에서 관찰하는 북한의 시장가격이 비단 객관적인 수요와 공급만으로 결정되는 것은 아니라는 의미이기도 하다.

셋째, 북한의 시장에서는 단순히 상품과 서비스의 가격만이 나타나는 것이 아니라 다양한 여타 범주들의 가격 역시 결정되는 것이 분명하다. 예를 들어 북한 시장의 물리적 구조를 보면, 시장과 매대를 운영하는 데에는 앞서 언급한 인원 이외에도 여타의 많은 다른 인력들이 존재하는 것이 필수적이다. 매대에서의 운영자(판매자)는 1명이지만 이를 위해 물품을 운반하고 정리하며 보관하는 등의 업무는 판매자가 결코 동시에 수행할 수 없는 일이기 때문이다. 시장의 구조상 이러한 작업들은 매대와는 별도의 공간에서 이루어질 수밖에 없는데, 매대의 운영자는 1명으로 제한되어 매대를 결코 벗어날 수 없는 구조이기 때문이다. 따라서 매대의 실질적인 운영에는 복수의 인력이 개입할 수밖에 없으며, 그 결과 매대 운영자는 이들 여타의 복수 인력에 대한 대가, 즉 노동의 가격 또는 임금의 문제를 해결해야만 할 것이다. 주목할 점은 이러한 대가는 시장에서 시장가격을 중심으로 결정될 수밖에 없다는 것이다. 이러한 대가의 지불 원천이 해당 상품의 시장가격에 근거하는 판매 수입이 될 수밖에 없기 때문이다. 이는 북한의 시장에서는 당연히 노동에 대한 시장가격, 즉 임금 역시 형성될 수밖에 없음을 시사한다. 더욱이 매대를 운영하기 위한 사적인 자금의 대출 등 개별적인 금융행위가 일어난다면 이에 소요되는 금융가격 역시 시장에서 형성될 수밖에 없다. 여기에 더해, 다음 절에서 자세히 설명하겠지만, 이른바 국가납부금 등 가격이라고 부르기 불분명한 여타 경제변수들에 대한 값들 역시 시장에서 결정될 수밖에 없다. 이른바 북한의 시장가격은 우리가 관찰하는 상품과 서비스가격이 전부가 아니라는 의미이다.

넷째, 그런데 이처럼 시장에서 형성되는 가격들은 그것의 결정 방식이 서로 다를 수밖에 없다. 예를 들어 앞서 언급한 시장의 구조를 살펴보자. 이 경우 각각의 매대는 종류별로 하나의 코너에 집약하여 배치되어 있다. 따라서 동일한 상품에 대해 설사 어떤 판매자가 다른 가격을 호가한다고 해도 그것의 차이는 크지 않을 수밖에 없다. 바로 옆의 판매자들이 동일한 제품을 다른 가격으로 판매하는 등 동료 압력이 클 것이기 때문이다. 이러한 의미에서 북한 시장에서의 상품 판매자들은 상대적으로 더욱 경쟁적인 시장환경에 놓여 있다고 볼 수 있다. 그러나 서비스의 경우에는 사정이 조금 다르다. 예를 들어 음식을 판매하는 먹거리 코너에 식당이 같이 있다고 해도 각각의 판매자는 한편에서는 국밥, 다른 편에서는 만두, 또 다른 편에서는 순대 등 전혀 다른 상품을 판매하기 때문이다. 따라서 서비스는 경쟁적인 시장이라기보다는 독점적 경쟁시장에 더욱 가까울지도 모른다. 이러한 상황에서 형성되는 서비스의 시장가격은 당연히 상품의 시장가격과는 성격이 다를 것이다. 실제로 앞서 언급한 시장에서 먹거리 매대 식당의 경우 종종 구매자가 누군가에 따라 가격을 다르게 책정하는 현상이 발생한다는 보고가 있다. 국밥 한 그릇을 거의 주기적으로 오는 손님에게는 10,000원에 판매하지만, 처음 오는 뜨내기 손님에게는 12,000원을 받기도 한다는 뜻이다. 한편, 이러한 서비스가격과는 또 다르게 금융행위에 대한 가격은 전혀 차별적인 환경에서 결정된다. 상품이나 서비스처럼 집합적인 장내 거래가 아닌 개별적으로 분사된 점두 거래의 형태로 거래가 수행되기 때문이다. 이처럼 북한의 시장에서 결정되는 가격은 다양하지만 이의 결정 방식은 가격의 종류(범주)별로 서로 다르게 나타날 가능성이 있다.

다섯째, 북한 시장가격의 중심 또는 기준점이 되는 가격은 쌀과 같은 곡물의 가격이 될 수밖에 없다. 우선 이들 상품들은 북한의 시장에서 가장 집중적으로 거래되는 중심 상품들이다. 따라서 동시에 이들 상품의 시장가격은 자체적인 불확실성 또는 불투명성이 가장 낮게 결정될 가능성이 크다. 이들 상품의 거래가 매우 많이 일어나므로 판매자에 따라 이를 별도의 가격으로 호가할 가능성이 그만큼 줄어든다는 의미이다. 더욱이 이들 상품은 종합시장에서는 물론 비공식적 시장에서도 항상 거래되는 상품들이다. 종합시장에서 형성되는 이들의 가격이 이와는 다른 형식으로 기능하는 비공식시장에서의 가격으로 언제나 검증될 가능성이 높다는 것이다. 따라서 쌀과 같은 곡물의 시장가격은 거래량이라는 측면에서는 물론, 가격의 신뢰성이라는 측면에서도 북한의 시장가격 전체를 대표할 수 있는 기초 상품으로 볼 수 있다.

물론 북한 시장의 물리적 구조에 대한 이러한 설명과 추론에 대해서는 다양한 의문이 제기될 수 있다. 이들이 과연 얼마나 객관적이고 정확한 것인지, 그리고 이를 쉽게 일반화하여 설명할 수 있을 것인지 등에 대한 의문들이 대표적이다. 이들은 북한에 거주하는 매우 소수 인원들이 특정 북한 시장을 육안에 의해 직접 관찰한 결과에 의존하기 때문이다. 따라서 이러한 관찰이 정확하지 않거나 특이할 경우 이에 기초한 앞서와 같은 설명과 추론은 설득력이 떨어질 것이다. 당연히 본고에서는 가능한 여러 방법을 동원하여 이들의 관찰 결과들을 엄밀하게 리뷰하고 상호 검증하는 과정을 거쳤다. 그럼에도 불구하고 현재의 수준에서는 이들 관찰 결과의 신뢰성을 완전히 담보할 수 있는 방법은 없다. 따라서 위의 추론과 설명을 절대적인 것으로 받아들여서는 안 될 것이다. 아직까지 이는 특정 방식으로 특정 북한 시장을 관찰할 때 형성될 수 있는 일종의 참고적 사항으로만 간주하는 것이 보다 현실적이라는 의미이다. 다만, 앞으로 이러한 방식에 따른 관찰 시도가 더욱 확대될 경우 이를 통한 북한 시장에 대한 분석 결과들의 신뢰성은 지금보다 훨씬 더 높아질지도 모른다.

3. 북한 경제주체들의 소비 및 시장 영업활동 분석과 함의

그렇다면 이러한 성격을 갖는 북한의 시장가격은 북한경제에 얼마나 중요한 것일까? 아니, 이러한 시장가격은 북한주민들의 경제적 생활 가운데 어떤 부분에서 어느 정도의 영향력을 행사하는 것일까? 이러한 질문과 관련하여 여기에서는 앞서의 [그림 2-1]에 나타난 시장과 관련이 있는 두 명의 인물을 선정한다. 한 명은 해당 시장을 이용하는 가정주부 A이며, 다른 한 명은 같은 시장에서 식당을 운영하는 영업인 B이다. 그리고 이들에게 2024년 9월 이후 본인들이 수입과 지출에 대한 내역을 일일이 기록하여 제출할 것을 요청한다. 가정주부 A에게는 본인 가구의 생활을 위해 소요된 모든 지출 내역과 벌어들인 제반 수입 내역 모두가 기록된 일종의 가계부 작성을 요청하였으며, 영업인 B에게는 (가계 생활이 아닌) 식당 운영과 관련하여 지출된 모든 자금의 유·출입 내역을 일자별로 기록한 일종의 영업자금 유·출입부 작성을 요청한 것이다. 그런데 이렇게 확보된 가계부와 영업자금 유·출입부는 이들의 경제적 삶에 있어 시장가격의 위치뿐만 아니라 북한의 시장가격 그 자체에 대해서도 아주 흥미로운 정보를 제공하는 것들이었다.

우선 가정주부 A가 기록한 가계부를 간단히 축약 정리하고 있는 <표 2-1>을 보자. 이에 따르면 가정주부 A의 가정은 2명의 취학 자녀와 남편 등 모두 4명으로 구성되어 있다. 그리고 남편은 원래는 국영기업에 소속되어 있지만 이른바 '8.3 비용'을 바치고 소속 기업에는 출근하지 않고, 대신 시장에서 고용직 노동자로 생활하고 있다. 그리고 가정주부 A 역시 시장에서 조그마한 장사를 하면서 부수입을 올리고 있다. 이에 따라 2024년 9월의 경우 가정주부 A의 가정은 남편의 시장에서의 노동으로 일일 평균 3달러, 한 달 평균 90달러의 수입을 올리고 있으며, 본인의 장사를 통해서도 25만원의 부수입을 올린 것으로 나타난다.

당시 환율을 달러당 16,111원으로 적용하면 남편의 수입은 145만원으로, 가정주부 A의 부수입을 합쳐 가구의 전체 수입은 총 170만원에 달했다는 의미이다. 그런데 가구의 수입에 이러한 화폐 수입만 있었던 것은 아니었다. 실제로 남편이 일해 주는 곳의 주인이 이달 오이 한 마대, 약 50kg의 현물을 남편에게 지급하였으며, 이에 더해 주인의 기념일이 있다고 해서 콩기름 한 병도 지급한 것이다. 이렇게 보면 2024년 9월 가정주부 A의 가구 수입은 크게 화폐 수입과 실물 수입 모두로 구성되었으며, 화폐 수입에 있어서는 원화 표시 수입과 외화 표시 수입 등이 모두 존재했다는 사실을 알 수 있다.

이러한 수입 형태와 구조의 의미는 명확하다. 적어도 가정주부 A의 경우에 있어서는 시장가격이 전체 수입 모두를 'Regulate'한다는 것이다. 이들 수입 모두가 시장으로부터 유래하며, 이의 계산 및 평가 기준을 전부 시장가격과 환율이 담당하기 때문이다. 그런데 이러한 수입 형태는 북한의 시장가격 자체에 대해서도 중요한 정보를 제공한다. 우선 무엇보다 북한의 시장가격에는 노동의 가격, 즉 임금이 포함된다는 사실이다. 실제로

<표 2-1> 북한 가정주부 A의 2024년 9월 요약 가계부

(단위: 북한원)

날짜		지출		수입	
		액수	세부내용	액수	세부내용
9월	일별 지출	4,000	(아이들: 2명 학교에서 파철 값) 2,000원씩		(남편이 일해 주는 주인 제공) 오이 1마대
					(집 지어 주는 주인 명절 기념 제공) 콩기름 1병
		18,000	(9.9절 명절 준비) 돼지고기 1kg		
		7,800	(9.9절 명절 준비) 두부 6모		
		20,000	(명절돈(용돈)) 아들, 딸에게 만원씩		
		18,000	(추석명절 장보기) 돼지고기 1kg		
		20,000	(추석명절 장보기) 밀가루 1kg		
		8,000	(추석명절 장보기) 분탕 2봉지		
		7,000	(추석명절 장보기) 술 2병		
		3,800	(이비인후과 방문) 과장에게 고향 담배 한 곽 줌		
		10,000	(수해 복구 지원금) 세대당 만원		
		75,000	(남편네 지배인 부탁) 담배(아침) 한 막대기		
		32,500	(장보기) 입쌀 5kg		
		105,000	(장보기) 강냉이 30kg		
		76,000	(장보기) 국수 20kg		
		35,000	(시아버지 생일) 술 5kg		
		7,000	(남편네 동무 2명 방문) 술 2병		
		3,900	(남편네 동무 2명 방문) 두부 3모		
		4,000	(아이들: 2명 학교) 불로크 한 장씩 모음		
	고정 지출/ 수입	64,000	매일 장세	1,450,000	(남편 일공비) 하루에 $3, 한달 평균 $90 = 약 145만원
		200,000	남편 8.3비 1년에 $150 (한 달에 200,000원)	250,000	(장사) 수입 한달 평균 25만원
		20,000	남편 담배(풍년) 한 달에 1막대기		
	9월 계	739,000		1,700,000	

자료: Daily NK 조사 자료를 바탕으로 저자 작성.

가정주부 A의 남편은 시장에서 영업을 하는 곳 가운데 하나와 사실상 정기적인 고용 관계를 맺고 일을 하고 있으며, 이에 대한 임금은 2주에 한 번씩 일괄 지급한다는 계약을 형성하고 있다. 이러한 임금 및 임금 지급 조건은 당연히 시장에서 결정되는 것이며, 이는 다시 현재의 북한 시장에서는 다른 시장경제에서와 마찬가지로 임노농 관계에 따른 노동의 가격이 형성되어 있음을 시사한다. 그런데 이러한 노동의 가격은 두 가지 측면에서 매우 흥미롭다. 하나는 이러한 가격이 기본적으로 달러화로 표시된다는 점이다. 물론 가정주부 A는 이를 북한 원화로 종합하고 있지만, 이는 달러화로 표시된 임금을 당시의 북한 환율로 환산한 것이다. 다른 하나는 노동의 가격이 화폐임금만으로 전부 표시되는 것이 아니라 여기에 실물 지급 또는 여분의 실물임금 지급이 더해진다는 것이다. 실제로 가정주부 A의 남편의 경우 거의 매월 일한 곳의 주인으로부터 일정한 실물을 수령하는 것으로 보고되어 있다. 이는 그가 받는 실물 지급분이 주인의 선의로 공여하는 임금 이외의 어떤 다른 것이 아님을 증명한다. 실제로 뒤의 영업인 B의 경우에서 다시 언급하겠지만 [그림 2-1]에 나타난 북한 시장에서는 화폐임금의 지급 없이 실물 지급만으로 이루어지는 고용 형태 역시 존재한다. 이는 가정주부 A의 남편이 받는 임금, 다시 말해 해당 시장에서 결정되는 노동의 가격이 '화폐임금 + 실물임금'의 구조로 되어 있음을 의미한다. 물론 이 경우의 실물임금은 화폐임금처럼 그 형태와 규모가 고정적이지 않다. 어떤 경우에는 식료품으로, 어떤 경우에는 기름으로, 이외의 경우에는 또 다른 실물의 형태로 지급되어 그것의 시장가치 역시 일률적이지 않은 것이다. 그럼에도 불구하고 [그림 2-1]의 북한 시장에서는 '일정량의 달러로 표시된 화폐임금에 더해 일정 수준의 실물 지급으로 구성되는 노동의 가격'이 존재하는 것만큼은 분명해 보인다.

가정주부 A가 속한 가구의 소비, 즉 지출 내역 역시 흥미롭기는 마찬가지이다. 2024년 9월 해당 가구는 크게 두 가지 형태의 소비 또는 자금 지출만을 수행하였다. 하나는 생활에 필요한 생필품의 구입과 소비였으며, 다른 하나는 국가 및 관련 공공기관에 내한 자금의 납부 및 지출이있다. 이 외에는 다른 문화생활이나 여가생활 또는 기타 다른 형태의 소비와 자금 지출이 사실상 전무하였다. 이는 해당 가구의 경제적 생활이 일반적인 시장경제에서에 비해 매우 단순하고 제약적이라는 사실을 의미한다. 실제로 해당 가구의 생필품 소비 역시 매우 제한적이었다.

그런데 주목할 점은 이러한 소비가 전부 시장을 통해 시장가격 베이스로 이루어졌으며 국가가 배급이나 공식 상업 네트워크를 통해 국영가격으로 제공하는 생필품의 구입 및 소비는 전무하였다는 점이다. 이는 시장가격이 해당 가구의 생필품 소비생활을 100% 'Regulate'하였다는 뜻이다. 그런데 흥미롭게도 이러한 시장가격은 해당 가구가 국가 및 국가 관련 기관들에 납부하는 자금 또는 지불금 역시 동일하게 'Regulate'한 것으로 나타난다. 실제로 2024년 9월 동안 해당 가구는 국가 및 국가 관련 기관에 네 가지 형태의 자금을 납부하였다. ① 장세, ② (남편 직장에 대한) 8.3 비용, ③ 수해 복구 지원금, ④ 무상을 표방하는 의료기관(이비인후과 진료에 따른 담배) 및 교육기관(파철 값 및 블록)에 대한 납부금 등이 그것이었다. 실제로 이들 국가 및 국가 관련 기관들에 납부하는 납부금은 2024년 9월 동안 무려 30만원에 육박하였다. 이는 해당 가구의 전체 월간 지출액 74만원의 거의 40%에 달하는 수준이다.

이렇게 보면 해당 가구의 소비생활 또는 자금 지출은 생필품 구입과 국가납부금이 약 6:4 비율로 구성됨을 알 수 있다. 따라서 만일 이 중 국가납부금이 사회주의 경제를 표방하는 국가의 공식가격 기준으로 책정된다면 북한의 시장가격의 중요성은 전체 경제생활에서 60% 수준이라고 말할 수밖에 없을 것이다. 그런데 흥미롭게도 이러한 국가납부금은 모두 북한의 공식가격 기준이 아닌 시장가격 기준으로 책정되어 지불된 것으로 나타난다. 예를 들어 가정주부 A의 남편이 원소속 직장에 8.3 비용으로 지불하는 금액은 연간 150달러, 월간 약 12.5달러로 설정되어 있다. 당연히 이는 북한의 공식임금이나 어떤 다른 공식가격과도 관련이 없다. 그 수준이 정확히 시장에서 시장 상황을 반영하여 결정되어 있는 것이다. 이러한 사실은 다른 모든 국가납부금의 경우에도 적용된다. 그리고 이는 실제로 북한의 시장가격이 가정주부 A가 속한 가구의 소비생활 거의 대부분을 'Regulate'한다는 사실을 의미한다. 물론 이 경우 '전부'가 아니라 '대부분'이라는 용어를 쓴 것에는 그만한 이유가 있다. 해당 가구의 경우 사회주의 경제에서 생활하므로, 아예 (화폐) 지출이 존재하지 않는 여러 소비항목들이 존재하고, 만일 이들 소비항목들의 공식가격이 '영(zero)'이 아니라면 이들의 2024년 9월 소비지출 형태는 날라졌을 것이기 때문이다. 대표적으로 주거비와 전력 등 국가가 무상으로 제공하는 기본생활 인프라와 관련된 것들이 있다. 이들의 존재는 여전히 국가의 공식가격이 일정 부분 가구의 소비에 영향을 미친다는 사실을 의미한다. <표 2-1>의 의미는 분명하다. 현재 북한경제에서 주민들의 실제 경제적 삶을 좌우하는 가격은 공식가격이 아니라 시장가격이라는 것이다.

또한 가정주부 A가 속한 가구의 소비 형태는 앞서의 수입 형태와 마찬가지로 북한의 시장가격 자체에 대한 두 가지의 중요한 시사점을 제공한다. 하나는 북한의 시장가격 안에 국가납부금에 대한 가격체계가 존재할 가능성이 있다는 점이다. 북한의 시장경제 활동 자체가 사회주의 정부의 통제를 전제로 하고, 이를 반영하여 국가납부금이 시장경제 활동에서 매우 중요한 위치를 차지하는데, 이들 납부금은 사회주의적인 공식가격이 아니라 시장가격에 기반하고 있는 것이 분명하기 때문이다. 따라서 이러한 납부금 가격체계가 어떻게 형성되고 결정되는지는 아직 불분명하지만, 그것은 본질적으로 공식가격체계가 아닌 시장가격체계의 하나로 보는 것이 옳다. 다른 하나는 북한의 시장가격체계에 국가가 공식적으로 무상 또는 공식가격으로 제공하는 각종 사회적 인프라 서비스에 대한 가격체계 역시 존재할 가능성이 크다는 것이다. 예를 들어 북한에서는 사회주의적 교육과 의료 서비스를 표방하므로 이는 모두 무상으로 제공한다고 주장한다. 그러나 <표 2-1>에 나타나 있는 것처럼 가정주부 A는 국가의 교육 및 의료 서비스와 관련하여 일종의 가격을 지불하고 있다. 만일 이러한 경우가 가정주부 A에게 고유한 것이 아니고 북한주민들 대다수에게 공통적인 것이라면 북한의 사회주의 정부가 제공하는 사회적 인프라 서비스에 대해서도 사실상 일정한 시장가격체계가 존재함이 분명할 것이다. 실제로 통상 외부세계에 북한의 사회적 부패 현상으로 일려진 것들이 바로 이러한 국가 인프라 서비스에 대한 시장가격체계를 반영한 것일지도 모른다.

한편, <표 2-2>는 영업인 B의 2024년 10월 영업자금 유·출입 내역을 간단히 정리하고 있다. 이에 따르면 영업인 B는 이 기간 중 254만원의 비용을 지출하여 총 360만원의 매출을 올림으로써 약 106만원 정도의 수익을 기록한 것으로 나타난다. 그런데 이러한 유·출입 내역 모두 앞서 <표 2-1>에서 도출되었던 북한의 시장가격에 대한 결론들을 지지하는 것들이다. 따라서 여기에서 이를 반복할 필요는 없을 것이다. 다만, 그럼에도 불구하고 한 가지는 유념할 필요가 있을 것이다. 바로 북한 시장에서의 노동의 가격, 즉 임금에 관한 것이다. 실제로 영업인 B는 이 기간 중 총 4명의 인원을 고용한 것으로 나타난다. 이 중 3명은 식당에서 봉사원으로 일하는 사람들로서 영업인 B가 계속하여 일을 시키는 사람들이다.

반면, 1명은 해당 기간 중 단 하루만을 영업인 B가 고용하여 이미 구매한 석탄을 연탄(?)의 형태로 바꾸는 '구멍 찍기' 작업을 의뢰한 사람이다. 주목할 점은 영업인 B가 전자인 3명의 봉사원에게는 어떤 화폐임금도 지급하지 않은 반면, 후자인 1명의 고용원에게는 30만원의 임금(일공비)을 정확히 지불했다는 점이다. 그에 따르면 식당 안에서 일을 도와주는 종업원의 경우 화폐임금을 지급하지 않으며, 대신 하루 두 끼의 식사를 제공하고 일정한 물품을 제공하는 것으로 되어 있다. 실제로 영업인 B는 식당 봉사원 3명에게 매월 각자 25kg의 중국산 쌀을 지급한 것으로 나타난다. 이러한 사실은 북한 시장에서 노동의 가격(임금)에 대한 앞서의 결론을 보다 명확히 해준다.

우선 북한 시장에서 노동의 가격은 ① 화폐임금, ② 실물임금 또는 ③ 이 두 가지의 결합 등 세 가지 형태로 존재한다. 이 중 ①은 하루 일당 등 매우 단기적인 계약이거나 비교적 기술을 요하는 숙련된 노동 등에서 지배적인 형태일 가능성이 있다. 반면, ②의 형태만으로 임금이 책정될 경우 이는 주로 (중장기 계약 위주의) 저숙련 노동에 적용될 가능성이 있다. 그리고 대부분의 임금은 주로 ③의 형태를 가질 가능성이 있다. 노동에 대한 대가를 주로 화폐임금의 형태로 지불하지만, 어떤 형태로든

<표 2-2> 북한 시장 영업인 B의 2024년 10월 영업자금 유·출입 요약

(단위: 북한원)

	지출	세부 내용	비고	수입
일별	950,000	[직원들에게 들인 돈] - 직원 3명: 중국쌀 한 지대(25kg)씩 제공	- 로임 없음 - 하루 두 끼(점심, 저녁 제공) - 국가적 4개 큰 명절 때 입쌀 한 지대 제공 * 이번 조사 기준, 쌀 1지대: 312,000원으로 1년에 약 374만 4천원 지출(명절 4회*3인*쌀 25kg) 추정 * 지난 조사 때는 쌀 가격을 6,800원/kg 기준으로 산정하여 1년에 약 총 204만원 지출(명절 4회*3인*쌀 25kg)이라 추정함.	일별 매출 수입 총계는 3,600,000원
고정 지출/ 수입	300,000	사업비 저축	매달 발생. 지출일자 불명	
	300,000	석탄 구멍탄 찍기 일공비		
	200,000	(지난번 조사_다음달 식자재비) 돼지 한 마리 내포 가격	10월은 가을철이라 농장에서 많이 가져가서 9월보다 값이 오름	
	285,000	(지난번 조사_다음달 식자재비) 돼지고기 15kg	도매가격 19,000원 / 소매가격 21,000원	
	135,000	(지난번 조사_다음달 식자재비) 쌀 20kg	1kg = 6,750원	
	210,000	(지난번 조사_다음달 식자재비) 술 30리터	1리터 = 7,000원	
	70,000	(지난번 조사_다음달 식자재비) 남새(순대용, 김치용)	남새 = 채소	
	90,000	(지난번 조사_다음달 식자재비) 조미료(고추, 맛내기, 마늘, 파, 기름, 소금)	소금은 김장철에 구입(현재 1kg=650원), 소금값은 지역별로 다르며 소금밭이 가까우면 저렴함.	
	한 주에 99만원 지출			
합계	2,540,000	(지난번 조사 기준) 다음달 식자재비(고기, 쌀 등 세부내역 합산)		3,600,000

자료: Daily NK 조사 자료를 바탕으로 저자 작성.

이 중 일부는 실물 지급의 형태로 보완 또는 보정하는 것이다.

그런데 이러한 측면에서 보면 북한 시장에서 관찰되는 노동의 가격 또는 임금에 대해서는 매우 주의할 필요가 있다. 설사 어떤 노동에 대한 화폐임금이 A로 책정되어 있다고 해도, 실질임금은 여기에 실물 지급이 더해지므로 A보다 더욱 크게 될 가능성이 높기 때문이다. 더욱이 실물 지급의 경우 관찰이 사실상 불가능한 데다, 이의 실질적 가치 역시 매번 동일하다는 보장이 없다는 점에서 그 가치를 확정하기가 어려울 수밖에 없다. 이는 설사 북한의 시장에서 임금이 관찰된다고 해도 그것이 정확히 북한의 노동가격을 반영하는 것인지는 불확실하다는 의미이다. 따라서 북한의 임금 또는 노동의 시장가격에 대한 관측치는 여타 상품이나 서비스가격에 대한 관측치와는 다르게 취급되어야 한다는 뜻이기도 하다.

이처럼 북한의 시장 참여자들의 경제행위들을 잠시라도 들여다보면 북한의 시장가격이 사실상 이들의 경제행위 전반을 전일적으로 지배한다는 사실을 알 수 있다. 그러나 동시에 그것의 종류와 형태에 따라 그 성격이 매우 다를 것이라는 점 역시 더욱더 분명해진다. 북한의 시장에서 관찰되는 상품이나 서비스가격과, 아직 충분한 관찰이 이루어지지 않은 임금이나 여타의 시장가격의 특징은 매우 다를 수도 있다는 뜻이다.

4. 외부세계의 북한 시장가격 관측치에 대한 해석과 함의

이상에서 우리는 북한 시장의 물리적 구조를 살펴보고, 이에 참여하는 경제주체들의 실제 거래 행위를 잠시 들여다보는 방식으로 북한 시장가격의 기본적 성격을 이해하고자 시도하였다. 그 결과, 북한의 시장가격은 우리에게 익숙한 시장경제의 가격과는 매우 다르다는 사실을 발견하였다. 그렇다면 이러한 결론에 비추어 볼 때 현재 우리가 관찰하고 있는 북한의 시장가격 및 시장가격 데이터는 과연 어떻게 평가할 수 있을까? 물론 이에 대한 정확한 답변을 내리기 위해서는 보다 많은 정보와 논의가 축적되어야만 할 것이다. 그럼에도 불구하고 현재의 수준에서도 다음과 같은 사항들만은 충분한 주의가 필요해 보인다.

첫째, 현재 북한의 시장가격에 대한 외부세계의 관측치들이 관측자와 관측 지역에 따라 서로 다르게 나타나는 현상은 북한의 시장가격 성격에 비추어 볼 때 매우 자연스러운 현상일 수 있다. 따라서 이들이 서로 다르다고 해서 결코 현실을 왜곡하고 있거나, 또는 사용이 불가능하다고 간주하는 일은 현명하지 못하다. 이들 관측치는 북한 시장가격의 특성을 고려하며 주의 깊게 사용된다면 얼마든지 의미 있는 결과를 말해 줄 수 있기 때문이다. 북한의 시장가격은 시장경제에서와 같이 정가나 단일가격의 형태로 존재하지 않는다. 오히려 그것은 각각의 시장거래자들이 시장 상황을 반영하여 형성하는 호가와 그에 대한 반응이 지속적으로 변화하는 과정에서 나타난다. 따라서 외부세계가 관찰하는 시장거래자와 시장 상황, 지역 그리고 조사 시점 등에 따라 시장가격은 얼마든지 다를 수 있다. 외부세계가 관찰하는 북한의 시장가격이 실제의 시장가격을 정확히 대변한다는 보장은 없지만, 동시에 이와 상관없을 정도로 멀리 떨어져 있는 것도 아님이 분명하다. 따라서 외부세계가 현재 가지고 있는 북한 시장가격 관측치들 각각의 절대적 수준에 대한 집착을 완화하고 이의 전반적 추세와 변화 과정에 더욱 집중한다면 이들 관측치들은 충분히 유의미한 정보를 제공해 줄 수 있다.

둘째, 그러나 시장경제에서의 가격처럼 북한의 시장가격에 대한 관측치 역시 아무런 주의 없이 무분별하게 사용하는 것은 전혀 바람직하지 않다. 이들 관측치에 대해서는 다른 어떤 북한의 데이터들처럼, 아니 경우에 따라서는 그보다 더욱 세심한 주의가 요구된다. 우선 이들 관측치의 기준이 무엇인가에 대한 주의가 필요하다. 뒤에서 조금 더 현실적인 방법으로 논의하겠지만, 북한의 시장가격 가운데 어떤 것은 북한 원화로 표기되고, 어떤 것은 달러화 등 해외의 경화로 표기되고, 어떤 것은 달러화로 표기된 것을 시장환율을 이용하여 북한 원화로 환전한 값으로 표기된다. 또한 임금과 같이 이들 가운데 어떤 것은 화폐가격에 더해 추가로 실물가격을 합산하여야만 정확한 가격을 파악할 수 있는 것도 있다. 그러나 현재 외부세계의 북한 시장가격 관측치는 대부분 북한 원화로 표기되어 있다. 그리고 시장가격과 관련한 실물의 지급 등에 대해서는 아예 관심이 없다. 따라서 북한 시장가격 관측치를 사용하는 경우 이러한 기준에 대해 충분한 주의를 기울일 필요가 있다. 비록 이들 관측치가 북한 원화로 표기되어 있지만, 이를 달러 등 해외의 경화로 표시하면 어떤 변화가 발생하는지, 그리고 이러한 관측치에는 포함되어 있지 않은 별도의 가격 증감 요인이 존재하여 실제의 가격이 관측치와 차이가 벌어질 가능성이 있는지에 대한 분석적 검토가 관측치의 사용과 함께 이루어져야 한다는 의미이다.

셋째, 북한의 시장가격은 가격의 형태에 따라서도 성격이 매우 다르다는 점에서 서로 다른 형태의 가격에 대한 관측치에 있어서는 별도의 주의 역시 필요하다. 예를 들어 앞서 살펴본 것처럼, 북한의 경우 상품의 시장가격과 서비스의 시장가격은 가격 형성 환경이 서로 차별적인바, 각각의 관측치가 내포하는 불확실성의 정도 역시 서로 다를 것이 분명하다. 상품가격에 대한 관측치보다는 서비스가격에 대한 관측치가 더욱 불확실할 것이라는 의미이다. 더욱이 환율이나 금리와 같은 금융가격의 형성 환경과 과정, 참여자들은 상품 및 서비스의 그것과는 완전히 차별화된다. 이러한 상황에서 대상이 서로 다른 북한 시장가격에 대한 관측치들을 모두 하나로 간주하여 동일하게 취급하는 것은 현명하지 못하다. 외부세계가 관찰하는 북한의 시장 쌀 가격이 1kg당 8,000원, 국밥 한 그릇은 12,000원, 그리고 지역 간 송금 수수료는 5%로 나타났을 때, 이들 관측치들이 모두 동일한 성격을 갖는 것으로 간주하여 동일한 방식으로 취급하거나 분석하는 일은 별로 현명하지 못하다는 의미이다.

넷째, 이러한 측면에서 북한의 시장가격을 보다 체계적으로 이해하고 활용하기 위해서는 비단 상품의 시장가격뿐만 아니라 서비스와 금융, 임금 등 여타의 시장가격에 대한 관찰이 더욱 활발하게 일어나야 하는데, 현재까지 외부세계의 북한 시장가격 관측은 주로 상품가격을 중심으로 진행되고 있다는 한계가 존재한다. 예를 들어 앞서의 논의에서 분명해진 것처럼, 북한 시장에는 사실상 노동의 가격, 즉 임금이 존재한다. 그리고 당연히 이러한 임금의 변화는 상품을 포함한 북한의 전반적 시장가격에 영향을 미칠 것이다. 그러나 현재 외부세계의 관측치는 북한의 상품시장가격에 대해서는 일부 존재하지만, 북한의 서비스가격에 대해서는 매우 적고, 임금과 같은 노동의 가격에 대해서는 거의 존재하지 않는다. 이러한 상황에서는 상대적으로 더욱 많이 존재하는 상품가격에 대한 관측치조차 체계적으로 이해하는 데 많은 어려움이 있을 수밖에 없는 것이다.

다섯째, 불과 몇 년 전까지 북한 시장가격의 중심점, 즉 전체 시장가격을 이해하기 위한 출발점은 쌀과 옥수수 같은 곡물가격이 분명하였다. 이제까지 살펴본 것처럼 이들 상품이 상대적으로 북한에서 가장 경쟁적인 환경에서, 가장 광범위하게, 따라서 가장 안정적인 형태로 거래되며, 그 결과 이에 대한 외부세계 관측치 역시 불확실성이 가장 적을 수밖에 없었을 것이기 때문이다. 이러한 측면에서 그간 외부세계가 북한의 쌀 등 곡물가격을 중심으로 기본적인 시장가격의 변화를 추적하고, 여기에 더해 여타 가격들의 변화를 추가로 고려하여 시장가격의 변화에 입체감을 주는 방식을 사용해 온 것은 매우 당연하고도 합리적인 것이었다고 평가할 수 있다. 그런데 문제는 2020~23년 코로나19 사태를 전후하여 이러한 상황에 변화가 발생했을지도 모른다는 점이다. 왜냐하면 북한당국이 쌀과 같은 곡물을 양곡판매소라는 국가기관에서 판매·분배하게 하고, 이에 대한 시장의 거래를 점점 더 강력하게 통제하기 시작했기 때문이다. 실제로 이러한 북한의 정책은 2024년 현재까지 매우 잘 기능하여 시장의 곡물 거래 기능은 상당히 위축된 것으로 알려지고 있다. 이는 앞으로 외부세계의 입장에서 북한 시장가격의 움직임을 대변하여 정확하게 포착할 수 있게 해주는 가격 아이템이 과연 무엇인가에 대한 질문을 제기하게 만든다. 향후 북한의 시장가격을 보다 더 체계적으로 이해하기 위해서는, 한편으로 이제까지 곡물가격 위주로 관찰되던 북한의 시장가격 아이템을 더욱 확대하는 동시에, 다른 한편으로는 시장가격 전체를 대변할 수 있는 곡물가격 이외의 아이템을 설정할 필요가 있을지도 모른다는 뜻이다.

제3절 비교 분석: 북한 시장가격의 체계와 구성 및 특징

이미 언급하였듯이 북한의 시장가격에 대한 외부세계의 관찰은 주로 쌀과 옥수수 같은 곡물가격에 집중되어 있다. 그리고 제2절에서 살펴보았듯이 이러한 곡물가격은 북한주민들의 일상적 삶은 물론 전체 시장가격체계에서 중심적 역할을 수행하고 있다. 그러나 동시에 북한의 시장가격에는 곡물가격 이외에도 다양한 가격이 존재하는 것이 분명하다. 그렇다면 이들 곡물 이외의 시장가격에는 무엇이 존재하고, 이들을 어떻게 분류할 수 있을까? 이러한 전체 시장가격체계에서 우리가 관찰하는 곡물가격은 또한 어떤 위치를 차지하고 있는 것일까? 북한은 사회주의 경제체제를 표방하고 있어 시장가격체계와는 매우 다른 계획(공식)가격체계를 동시에 가지고 있는데, 북한의 시장가격은 이들 공식가격과는 얼마나 다른 것일까? 또한 그것은 한국과 같은 다른 시장경제의 가격체계와 비교해서 어떤 특징을 가지고 있을까? 본 절에서는 북한의 시장가격을 본격적으로 분석하기에 앞서 미리 제기되는 기초적인 질문들 가운데 두 번째로 이들 북한 시장가격의 체계와 구성 그리고 특징에 관해 논의한다.

1. 분석 방법과 데이터

외부세계가 주로 관찰하는 북한의 시장가격은 쌀과 같은 곡물가격에 집중되어 있지만, 실제 북한 시장에서는 이보다 훨씬 더 다양하고 많은 상품들이 거래되고 있음이 분명하다. 북한의 시장이 현재처럼 발전하기 시작한 것은 1990년대 중반의 경제위기를 겪으면서부터였다는 점을 상기하면, 현재의 시점에서 북한 시장의 본격적 발전 기간은 무려 30년이 넘어가기 때문이다. 더욱이 2000년대 이후, 무엇보다 김정은 정권의 등장 이후 북한의 시장은 매우 급속하게 발전하여 북한주민들의 일상적 경제활동 거의 전부를 떠받치는 역할을 수행해 왔기 때문이다. 이러한 사실에 착안하여 KDI 북한경제연구팀은 북한에 대한 전문적 조사기관과 협력하여 2023년 9월부터 2024년 7월 현재까지 북한의 시장에서는 어떤 형태의 상품이 거래되며, 이를 토대로 어떤 종류의 시장가격이 형성되어 있는지를 조사하였다. 물론 이에 동원되는 시간과 비용의 한계로 인해 이러한 조사가 북한의 시장가격 전부를 일일이 파악하는 것을 목적으로 한 것은 아니었다. 오히려 그보다는 북한의 시장에서 주로 어떤 종류의 가격들이 형성되어 유지되고 있는지 그 가격의 범주를 파악하여 정리하는 것이 목적이었다.

이를 위한 조사의 방법은 아주 간단하였다. 우선 우리는 한국과 같은 시장경제의 가격형태 또는 범주를 고려하여, 각 범주에 속한 대표적인 세부 가격 아이템을 조사하였다. 그리고 이렇게 제시된 가격 아이템에 대해 실질적인 가격들이 매월 보고되는지를 관찰하였다. 만일 특정 범주에 속한 모든 가격 아이템의 실제 가격들이 정기적으로 끊임없이 보고된다면 해당 범주에 대해서는 북한에 확고한 시장가격이 존재한다고 판단하였다. 반대로 어떤 범주에 속한 특정 가격 아이템의 실제 가격이 정기적으로 보고되지 않거나, 아예 보고되지 않는 경우, 또는 가격이 상황에 따라 천차만별이라 이를 특정하기 힘든 경우 해당 범주에 대해서는 북한의 시장가격이 아직 충분히 발전하지 못했거나 존재하지 않는 것으로 보았다.

2. 시장가격체계와 구성

<표 2-3>은 이러한 조사 결과를 간단히 요약하고 있다. 이에 따르면 북한의 시장가격에는 크게 세 가지 또는 네 가지 범주가 존재하는 것으로 나타났다. 상품(재화)가격, (일반)서비스가격, 금융(서비스)가격, 노동(임금)가격 그리고 각종 세금을 포함한 국가납부금과 관련한 가격들이 바로 그것이다. 그리고 이들 네 가지 범주들 가운데 상품과 일반서비스가격, 임금 등에 관해서는 시장경제에서와 유사한 시장가격들이 확고하게 형성되어 기능하고 있는 반면, 상대적으로 금융(서비스) 등과 관련해서는 아직 해당 가격 아이템들을 대표할 만한 확고한 시장가격이 형성되

어 있지 않은 부분이 존재하거나, 이의 기능 역시 충분하다고 보기에는 미흡한 점들이 있었다.

우선 북한 시장에서 거래되는 모든 재화들은 확고한 시장가격이 형성되어 있는 것으로 나타났다. 이는 쌀이나 옥수수와 같은 곡물은 물론, 여타 식료품과 생필품 그리고 소비재를 위주로 하는 각종 공업제품들에 이르기까지 모두 해당되는 것이었다. 이들 제품의 경우 동일한 기준의 동일한 물량에 대해서는 동일한 가격이 일률적으로 적용되고 있었고, 실제로 이러한 가격이 정기적으로 빠짐없이 보고되었다. 물론 이러한 범주에 속하는 대표적인 시장가격은 거의 대부분 소비재들이었으며, 중간재 및 생산재에 대한 가격들은 찾아보기 힘들었다. 예를 들어 쌀과 옥수수 같은 곡물이나 돼지고기와 같은 식량 제품 그리고 휘발유나 경유와 같은 수입 에너지 소비품들에 대한 가격이다. 반면, 이들 소비재를 제외한 각종 중간재나 생산재의 경우 시장가격이 확고하게 형성되어 기능하는지 여부는 확실하지 않았다. 그럼에도 불구하고 소비재의 시장가격이 분명하게 존재하고 기능한다는 사실을 감안하면, 이들을 생산하기 위한 각종 중간재와 생산재에서도 유사한 시장가격이 존재할 수밖에 없다고 판단할 수 있을 것이다.

(일반)서비스에 있어서도 시장가격이 형성되어 기능하고 있었지만, 여기에는 상품에 대한 시장가격과는 또 다른 특징들이 나타났다. 우선 서비스의 시장가격은 매월 끊임없이 변동하는 상품시장가격과는 달리 일정 기간 동안 변동 없이 특정 수준을 유지하는 것으로 보고되었다. 예를 들어 북한의 휘발유 시장가격의 경우 2023년 9월에는 리터당 13,717원에서 10월에는 13,956원, 그리고 11월에는 14,642원 등으로 조금씩 변동하였지만, 대표적인 서비스가격이라 할 수 있는 개인 이발비용의 경우 2023년 9월부터 2024년 2월까지 남성 1인당 10,000원으로 변동 없이 유지되었다. 물론 당연하지만 이러한 특징은 북한에 고유한 것이 아니라 서비스라는 상품 자체의 성격에서 유래하는 것이다. 또한 시장가격이란 측면에서 보면 북한 시장의 서비스는 크게 세 가지로 나누어 볼 수 있다. ① 시장가격이 확고하게 존재하여 기능하는 서비스 상품, ② 부분적으로는 시장

<표 2-3> 북한의 시장가격: 구성 체계와 가격 사례(2023. 9~2024. 7)

(단위: 북한원)

		2023. 9	2023. 10	2023. 11	2023. 12	2024. 1	2024. 2
상품 가격	쌀(kg당)	6,268	5,633	4,975	4,812	5,043	5,125
	옥수수(kg당)	3,117	2,694	2,150	2,072	2,442	2,667
	휘발유(리터당)	13,717	13,956	14,642	13,217	12,800	13,300
	경유(리터당)	12,050	12,911	13,312	12,150	11,633	12,350
	돼지고기(kg당)	15,233	15,322	15,117	15,017	15,033	15,367
서비스 가격	이발비(남자)	10,000	10,000	10,000	10,000	10,000	10,000
	영화 관람료	2,000	2,000	2,000	2,000	2,000	2,000
	버스 이용료	1,003	1,003	1,003	1,003	1,337	1,670
	택시 이용료 (km당)	500	500	500	250	250	250
	대중목욕탕	2,333	2,333	2,333	2,333	2,333	2,333
금융 가격	해외송금 수수료	10.00%	10.00%		12.50%	15.00%	15.00%
	국내송금 수수료		6.67%	7.33%	10.00%	10.00%	10.00%
	대미 달러 환율(원/달러)	**8,390**	**8,493**	**8,388**	**8,405**	**8,375**	**8,477**
	대중국 위안 환율(원/위안)	**1,270**	**1,275**	**1,235**	**1,222**	**1,260**	**1,318**
	금리	**종류에 따라 가변적**					
임금 (일당)	기술 노동	100,000	73,333	76,667	76,667	76,667	80,000
	운반	43,333	30,000	35,000	35,000	35,000	40,000
	기술 보조	33,333	28,333	33,333	36,667	36,667	36,667
	개인영업	10,000	10,000	10,000	15,000	15,000	20,000
국가 납부금 (세금)	장세	2,667	2,667	2,667	2,667	2,667	2,667
	국가납부금 (e.g., 식당)	233,333	173,333	190,000	166,667	190,000	210,000
	(e.g., 미용)	300,000	216,667	200,000	150,000	156,667	150,000
	(e.g., 사진)	200,000	166,667	153,333	106,667	136,667	160,000
	사회적 과제 및 기타	종류에 따라 극히 가변적					

<표 2-3>의 계속

(단위: 북한원)

		2024. 3	2024. 4	2024. 5	2024. 6	2024. 7	평균
상품 가격	쌀(kg당)	5,367	5,708	5,953	6,090	6,053	5,548
	옥수수(kg당)	2,819	3,125	3,017	3,052	2,935	2,735
	휘발유(리터당)	13,000	13,000	15,717	16,417	16,067	14,166
	경유(리터당)	11,400	11,200	14,422	14,683	13,533	12,695
	돼지고기(kg당)	15,423	16,908	17,700	17,433	17,350	15,991
서비스 가격	이발비(남자)	10,000	10,000	10,000			10,000
	영화 관람료	2,000	2,000	2,000			2,000
	버스 이용료	2,003	2,003	2,003	3,337	3,337	1,791
	택시 이용료 (km당)	250	250	250			334
	대중목욕탕	2,333	2,333	2,333			2,333
금융 가격	해외송금 수수료	15.00%	15.00%	15.00%	15.00%	15.00%	13.75%
	국내송금 수수료	10.00%	10.00%	10.00%	10.00%	10.00%	9.40%
	대미 달러 환율(원/달러)	**8,588**	**8,742**	**8,890**	**13,133**	**14,225**	**9,464**
	대중국 위안 환율(원/위안)	**1,429**	**1,782**	**1,775**	**1,882**	**1,823**	**1,479**
	금리	**종류에 따라 가변적**					
임금 (일당)	기술 노동	73,333	76,667	66,667	76,667	76,667	77,576
	운반	40,000	40,000	35,000	40,000	40,000	37,576
	기술 보조	36,667	36,667	36,667	36,667	36,667	35,303
	개인영업	20,000	20,000	20,000			15,556
국가 납부금 (세금)	장세	2,667	2,667	2,667	2,667	2,667	2,667
	국가납부금 (e.g., 식당)	190,000	216,667	173,333	200,000	206,667	195,455
	(e.g., 미용)	133,333	146,667	120,000	123,333	103,333	163,636
	(e.g., 사진)	120,000	160,000	123,333	100,000	83,333	137,273
	사회적 과제 및 기타	종류에 따라 극히 가변적					

자료: Daily NK 조사 자료를 바탕으로 저자 작성.

[그림 2-3] 북한 시장가격체계의 구성

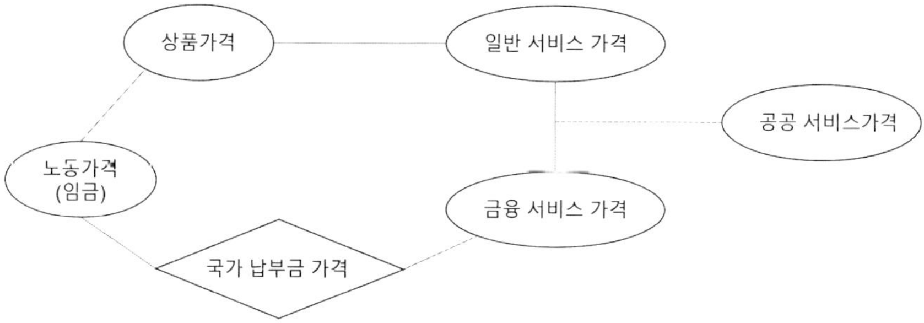

자료: 저자 작성.

가격이 확고하게 존재하지만, 부분적으로는 시장가격이 존재한다고 보기 어려운 서비스 상품, ③ 아예 확고한 시장가격이 존재한다고 보기 어려운 서비스 상품 등이 그것이다. 예를 들어 ①의 경우 앞서 언급한 이발료와 목욕탕 요금, 영화 관람료, 버스 및 택시 이용요금, 그리고 식당 음식값과 같이 개인 또는 개별 기업 및 집단에서 자발적으로 제공하는 일반서비스 요금이 대표적이다. 반면, ②의 경우 주로 금융서비스가 이에 속한다. 사적인 금융거래에서의 이자율이나 송금 수수료와 같은 금융행위에 대해 어떤 항목의 경우 시장가격이 존재하지만, 다른 경우에는 그렇지 않은 경우가 빈번하게 관찰되는 것이다. ③의 대표적인 경우는 의료 및 교육 서비스와 같이 명목상으로는 국가가 무상 제공하지만 실제로는 시장에서 수혜자에게 일정한 가격을 지불하게 만드는 서비스이다. 대표적으로 각각의 학교에서 학생들과 학부모를 상대로 일종의 납부금을 공공연하게 부과하여 걷거나, 의료시설 이용의 경우 환자 스스로가 의사에게 일정한 대가를 지불하는 경우 등이 있다. 그런데 이러한 서비스의 경우 그에 소요되는 비용은 상황과 참여자, 그리고 각종 환경에 따라 극히 가변적이다. 따라서 이에 대한 시장가격이 존재한다고 보기 어렵다는 판단이다. 이렇게 보면 북한의 경우 서비스에 대한 시장가격 역시 존재하지만 이는 거의 대부분 개인(들)이 제공하는 일반서비스에 통용되는 것이라고 해도 크게 틀린 말이 아닐 것이다.

이러한 이유에서 제반 금융서비스에 대한 시장가격은 조금 독특하다고 볼 수 있다. 우선 본 연구에서 조사한 금융항목들과 관련된 국내에서의 송금이나 해외로의 송금(물론 공식 금융기관이 아닌 사적인 금융 네트워크를 통한 송금)의 경우 확고한 시장가격이 존재하는 것으로 판단되었다. 이에 대한 수수료가 일정 수준으로 명확하게 제시되었으며, 또한 매월 정기적으로 보고되었기 때문이다. 반면, 개인 간 자금 거래와 관련된 이자율의 경우에는 사정이 달랐다. 이 경우 돈을 빌리고 빌려주는 주체가 누구인지, 어떤 상황에서 어떤 목적으로 금융거래가 이루어지는지, 어느 정도의 자금이 거래되는지, 거래 당시의 북한의 시장환경은 어떤지 등에 따라 이자율의 수준이 매우 다른 것으로 보고되었기 때문이다. 이는 북한의 시장에서 사적인 금융거래가 일어나고 이에 따른 이자율 역시 분명히 존재하지만, 이에 대한 시장가격 또는 지배적인 시장금리는 아직 충분히 형성되어 있지 못하다는 점을 시사한다. 1990년대 경제위기 이후 북한의 시장이 상품 및 서비스 거래를 위주로 빠르게 성장하고 이에 연관되어 자연스럽게 금융행위 및 관련 서비스 역시 성장하기는 했지만, 아직 금융행위와 관련된 경제적 거래활동은 상품 및 서비스 거래에 비해 크게 뒤처져 있다는 의미이다.

한편, 북한 시장에서 노동의 가격, 다시 말해 임금과 관련된 시장가격은 매우 확고하게 형성되어 기능하는 것으로 보고되었다. 무엇보다 노동의 질에 따른 임금의 격차가 뚜렷하고, 동일한 노동의 질에 대해서는 동일한 수준의 임금이 비교적 확고하게 적용되는 것으로 나타났다. 예를 들어 북한 시장에서 기술이 높은 기능공의 경우 평균적으로 하루 10만원을 보수로 받는 반면, 기술이 아예 없는 보조인력이나 식당과 같은 개인 서비스 업체에서의 아르바이트 같은 경우에는 하루 일당이 1~3만원에 불과하여 기술인력 임금의 1/10~1/3 수준인 것으로 밝혀진 것이다. 일체의 사적인 고용 노동을 불허하고, 모든 고용과 임금 결정은 국가에 의해서만 행해진다는 사회주의 경제에서 이처럼 광범위한 사적 고용 노동이 존재하고 이에 대한 시장가격 역시 확고하게 존재한다는 사실은 매우 아이러니할 수밖에 없다.

이처럼 북한의 시장가격체계는 크게 보아 상품가격, 서비스가격 그리고 노동가격 등 세 가지로 구분된다. 이 중 서비스가격의 경우 일반서비스는 확고한 시장가격이 존재하지만, 상대적으로 금융 관련 서비스는 시장가격을 정확히 특정하기 힘든 항목들이 부분적으로 존재하였다. 무엇보다 의료와 교육 등 국가가 제공하는 공공 인프라 서비스의 경우, 전면 무상이라는 북한당국의 주장과 달리 실제로 북한주민들이 시장에서 일정한 사용료를 지불하고 있는 것으로 나타났음에도 불구하고 해당 서비스의 사용료가 어느 정도인지를 특정하거나 평균하기 어려웠다. 이는 이들 기타 공공서비스의 경우 사실상 확고한 시장가격이 존재하지 않음을 의미한다. 따라서 여기에서는 앞의 세 가지 범주에서 서비스 부분을 일반서비스와 금융서비스로 나누어 북한의 시장가격체계를 네 가지로 판단하였으며, 공공인프라와 같은 국가 관련 서비스에서는 시장가격이 관찰되지 않는다는 의미로 이를 아예 분류에서 제외하였다.

그런데 이러한 북한의 시장가격체계는 북한 시장의 발전 정도를 그대로 반영하고 있을 가능성이 높다. 실제로 북한의 시장은 1990년대 중후반의 경제위기로 본격화되었다. 이러한 위기에서 생존하기 위해 곡물과 식량을 위주로 하는 생필품 등의 상품거래로부터 모든 발전이 시작된 것이다. 이에 따라 이후 30여 년의 시장 발전을 겪으면서 무엇보다 이러한 상품 거래가 확산되고, 그 결과 북한에서 거래되는 모든 상품의 시장가격이 확고하게 형성되었다는 것은 어떻게 보면 매우 당연한 현상이다. 또한 이러한 상품 거래의 확산을 배경으로 이를 뒷받침하기 위한 새로운 서비스 거래가 나타나고 이것이 북한 시장의 중심적 기능을 차지하게 된 것도 당연하다는 판단이다. 문제는 이러한 서비스 가운데 금융서비스 및 국가가 제공하는 공공 인프라 서비스의 경우이다. 이들 항목은 모두 사회주의 경제에서 국가가 강력한 통제력을 보유하는 것들이며, 경제발전 수준이 높지 않은 국가에서는 여전히 급속한 발전이 어려운 분야이기 때문이다. 이에 따라 아직 북한의 시장에서 상대적으로 금융서비스와 관련해서는 시장가격이 제한적으로 형성되는 수준에 머물고 있다는 판단이다. 그리고 국가의 공공 인프라 서비스를 이용하는 경우 이에 대한 확고한 시장가격이 형성되어 있다고 보기보다는 그때그때의 상황에 따른 뇌물 또는 기타 유사 세금의 형태로 비용이 지불된다고 보는 것이 더욱 합리적일 것이다. 요컨대 현재 북한의 시장가격체계로 볼 때 북한 시장의 발전 정도는 상품과 (일반)서비스 거래를 주축으로 점차 금융이나 기타 경제 관련 행위 전반으로 그 영역이 조금씩 확대되는 단계에 와 있다고 볼 수 있다.

그런데 이와 관련하여 북한의 시장가격이라는 측면에서 매우 특이한 가격이 존재한다. 그것은 바로 유사 세금 또는 국가납부금이라고 부를 수 있는 경제적 항목에 대한 가격이다. 과거 북한은 사회주의 경제를 표방하면서 세금이 존재하지 않는다고 주장해 왔지만, 현재 북한경제의 현실은 이와 차이가 크다. 이를 정확히 세금으로 규정할 수 있는지는 불분명하지만, 시장활동을 영위하는 개별 경제주체들이 국가에 각종 명목으로 자금을 납부해야 하며, 이들 자금은 바로 시장가격체계에 근거해서 책정되고 있다. 예를 들어 공식적으로 시장활동을 하는 상인들은 장세를 내야 하며, 본인들의 시장활동 내역에 따라 일정 금액을 정기적으로 국가에 납부하는 것으로 파악된다. 2023년 9월부터 2024년 7월의 기간 동안 시장활동을 한 상인들의 경우 매대에 따라 일률적으로 매월 2,700원 가량을 국가에 납부한 것으로 나타나며, 본인의 시장활동 형태에 따라 또 다른 국가납부금 역시 지불한 것으로 조사되었다. 시장에서 식당을 운영하는 경우 월평균 19~23만원, 미용실의 경우에는 10~30만원, 사진관의 경우 8~20만원가량의 국가납부금을 부담한 것이다. 주의할 점은 이들 납부금의 규모가 철저히 시장가격체계에 기반하고 있다는 점이다. 북한 공식가격체계에 따르면 매월 수십 만원을 상회하는 국가납부금을 지불할 수 있을 정도로 커다란 매상을 올리는 것이 불가능하기 때문이다. 더욱이 이러한 국가납부금 중에는 매우 특이한 형태의 납부금 역시 존재하는데, 그중 대표적인 것이 바로 사회적 과제와 8.3 비용이다.

우선 사회적 과제란 본래 북한의 국영기업 등이 자체의 자금과 능력을 통해 주변 지역의 사회적 필요 수요를 자발적으로 충족하는 사업을 의미하였다. 예를 들어 농번기에 주요 국영기업들이 주변 협동농장의 일손을 돕기 위해 자체 노동력을 일시적으로 해당 협동농장에 파견하고, 이에 소요되는 제반 비용 역시 부담함으로써 지역사회에 공헌하는 일이 빈번하였다. 그리고 이와 유사한 일들이 지역의 도시 미관사업을 진행하거나 자그마한 도로를 내는 등의 여타 분야에서도 다양하게 일어난 것이 사실이다. 그런데 현재의 북한에서는 이러한 사회적 과제가 시장활동을 영위하는 개별 경제주체들은 물론 지역에 존재하는 거의 모든 경제주체들에게 일괄적으로 화폐적인 형태로 부과되는 경향이 존재한다. 그리고 이의 대상 경제 영역 역시 농번기 농촌 일손 돕기에서부터 외화벌이 노동자의 (국가/지역) 기여에 이르기까지 매우 다양한 것으로 나타난다. 실제로 2023년 농번기 동안 시장에서 활동한 북한의 개별 경제주체들은 일일 약 5,000원, 총 15만원 정도를 농촌 돕기 사회적 과제를 위해 납부한 것으로 조사되있다. 또한 비록 부정기적이기는 하지만 외화벌이 노동자의 경우 수십 만원에 해당하는 자금을 사회적 과제로 부여받아 납부한 것으로도 파악되었다. 더욱 흥미로운 것은 이러한 자금 가운데에는 국가가 아닌, 본인이 공식적으로 소속된 직장 또는 국영기업에 납부하는 자금 역시 존재한다는 것이다. 이것이 이른바 8.3 비용으로, 해당 경제주체가 본인이 소속된 직장에 출근하지 않고 시장활동 등을 통해 소득을 올릴 경우, 직장에서 월급을 받는 대신 오히려 정반대로 직장에 대한 결근일만큼을 보상하는 자금을 해당 직장에 납부하는 것이다.

물론 이들 사회적 과제를 비롯한 국가납부금을 시장에서 거래되는 상품의 수요와 공급에 의해 결정되는 시장가격이라고 부르는 것은 적절하지 않을 것이다. 이들 납부금은 결국 국가가 (거의 일방적으로) 결정하여 개별 경제주체에게 부과하기 때문이다. 그럼에도 불구하고 한 가지 확실한 것은, 이미 언급한 것처럼, 이들 국가납부금이 모두 북한의 공식가격이 아닌 시장가격체계를 근간으로 하여 형성되고 있다는 점이다. 따라서 이를 정확하게 분석하기 위해서는 이러한 국가납부금 체계를 시장가격체계에 연동시켜 이해하는 일이 필수적일 것이다.

한편, 북한의 시장가격체계 안에는 북한정부가 공급하는 상품과 서비스에 대해 정부가 책정한 공식적인 가격이 그대로 시장가격으로 통용되는 경우 역시 존재하며, 어떤 시장가격의 경우에는 정부가 별도로 설정한

<표 2-4> 북한의 국가납부금 중 사회적 과제의 통상적 구성 사례와 지불 가격 (2023. 9~2024. 7)

사회적 과제 부과	2023. 9	2023. 10	2023. 11	2023. 12	2024. 1	2024. 2
농번기(하루당)	₩5,000	₩3,000				
농번기(전체)	₩150,000					
이동 작업(6개월)	₩200,000					
이동 작업(1년)	₩50					
노동자 결근(한 달)	₩50					
노동자 외화벌이	₩275,000		₩50,000			
그 외 이번 달에 낸 각종 부과금(북한원)	₩22,333	₩33,333	₩56,000	₩40,000	₩38,333	₩47,333
그 외 이번 달에 낸 각종 부과금(달러)	$50	$10				

사회적 과제 부과	2024. 3	2024. 4	2024. 5	2024. 6	2024. 7	
농번기(하루당)						
농번기(전체)						
이동 작업(6개월)						
이동 작업(1년)						
노동자 결근(한 달)						
노동자 외화벌이						
그 외 이번 달에 낸 각종 부과금(북한원)	₩50,000	₩56,667	₩48,333	₩45,000	₩43,333	
그 외 이번 달에 낸 각종 부과금(달러)						

자료: Daily NK 조사 자료를 바탕으로 저자 작성.

일종의 지도가격 또는 공공가격에 의해 그 수준이 직접적으로 결정되는 경우 역시 존재한다. 전자의 사례는 지하철이나 개인 전력 사용과 같이 정부가 공급을 독점하면서 정책적으로 가격을 매우 낮게 책정해 놓는 경우가 대표적이다. 반면, 후자의 사례는 정부가 양곡판매소 등 일정한 공공가격으로 곡물을 개별 경제주체들에게 판매하면서 시장의 거래 역시 이러한 공공가격에서 크게 벗어나지 않도록 강력한 행정지도를 수행하는 경우가 대표적이다.

3. 시장가격체계의 특징

이렇게 보면 북한 시장가격체계는 매우 개략적으로 다음과 같이 묘사할 수 있을 것이다. 우선 북한의 가격에는 크게 세 가지 또는 네 가지의 서로 다른 종류가 있다. 첫째는 당연히 사회주의적 공식(계획)가격이며, 둘째는 시장에서 수요와 공급의 원리에 따라 결정되는 시장가격이다. 셋째는 이러한 시장가격을 일정한 정책적인 방향으로 유도하거나, 아예 정부가 이러한 정책적 목표를 직접 달성하기 위해 스스로 특정 가격을 제정하여 여타의 경제주체와 거래하는 지도가격 또는 공공가격이다. 마지막으로 넷째는, 과연 가격이라고 부를 수 있는지조차 불확실하지만, 적어도 시장가격체계에 근거하고 있는 것만큼은 분명한 사회적 과제 등 북한의 국가납부금 가격이다. 따라서 북한의 시장가격은 시장경제에서의 그것처럼 전체 경제를 스스로가 홀로 전일적으로 지배한다기보다는 여타 가격 형태들과 상호 작용함으로써 북한경제를 이끌어 가고 있다고 보는 것이 더욱 현실적일 것이다.

그런데 현재 이러한 북한의 시장가격은 여타의 공식가격이나 지도/공공 가격과는 본질적으로 다른 세 가지의 특징을 가지고 있다. 첫째, 가격

[그림 2-4] 북한의 가격체계: 공식 vs. 지도/공공 vs. 시장

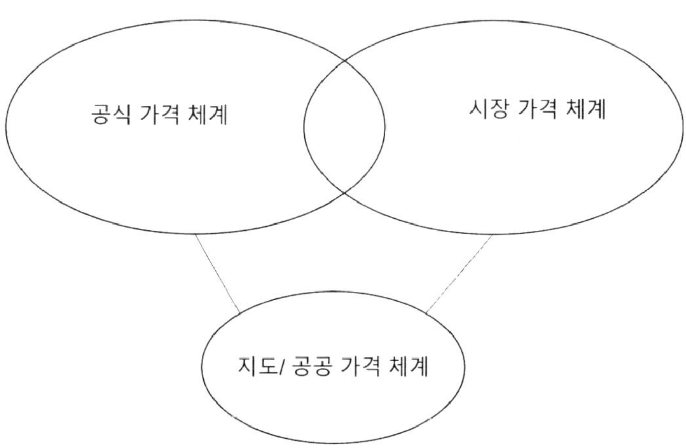

자료: 저자 작성.

의 표시가 북한 원화는 물론 경우에 따라 달러 등 해외의 경화를 기준으로도 표기된다. 이는 북한 원화로만 표기되는 공식가격이나 지도/공공 가격과는 본질적으로 다른 것이다. 예를 들어 북한의 공식가격에서는 쌀 1kg과 승리자동차 1대의 가격이 각각 8,000원과 50만원으로 모두 북한 원화로만 표시된다, 한편, 시장가격에서는 쌀 1kg은 여전히 8,000원이지만 평야의 30평 아파트 가격은 50만달러로 표시된다. 이러한 달러 등 해외 경화로의 가격 표시는 주로 북한에서는 생산되지 않고 전적으로 수입에 의존하는 상품, 북한의 국영기업이나 공공부문에서는 공급되지 않고 전적으로 민간 개별 경제주체들에 의해 공급되는 상품, 그리고 부동산과 같이 가격이 매우 높게 책정되는 상품들에서 빈번히 관찰된다. 둘째, 북한의 시장가격은 지역별로 서로 차이가 나는 것이 일반적이지만 여타의 공식가격이나 지도/공공 가격은 그렇지 않다. 예를 들어 쌀 1kg의 시장가격은 평양이 8,000원, 신의주가 7,900원, 혜산이 8,100원 등으로 지역별로 차이가 있는 것이 매우 당연하고 일반적이다. 반면, 쌀 1kg의 공식가격은 100원, 양곡 판매소에서 거래되는 지도/공공 가격은 7,000원으로 전국 어디서나 동일하게 적용되어 차이가 날 수 없다. 셋째, 시장가격은 수시로 변화하지만 나머지 가격들은 변화가 없거나, 설사 존재한다고 하더라도 매우 분절적으로 일어난다. 실제로 북한의 시장 쌀 가격은 매일매일 변화하지만 이의 공식가격은 정부가 정책적으로 변화시키지 않는 한 1년이고 10년이고 변화 없이 유지된다.

이러한 북한 시장가격의 특징은 매우 당연한 것들이다. 왜냐하면 북한의 시장가격은 여타의 가격과는 달리 시장에서 수시로 변화하는 수요와 공급에 의해 결정되며, 이러한 수요와 공급은 북한처럼 달러라이제이션이 진행된 경제에서는 북한 통화가 아니라 달러 등 해외의 경화로 광범위하게 표현되는 경향이 있기 때문이다. 그리고 이의 의미 역시 매우 분명하다. 현재의 북한경제를 진지하게 분석하기 위해서는 공식가격이나 지도/공공 가격과 같은 여타의 가격이 아니라 바로 북한의 시장가격에 초점을 맞추어야 한다는 점이다. 이 경우에만 매일매일 변화하는 북한경제의 참모습을 그대로 투영하는 일이 가능해지기 때문이다.

4. 비교 분석 A: 북한의 시장가격 vs. 공식가격

그런데 이러한 결론이 정말 타당한 것일까? 예를 들어 북한의 시장가격이 사회주의 공식(계획)가격과 매우 체계적이며 밀접한 연관을 맺고 있다고 가정하자. 극단적으로 북한의 상품 A에 대한 시장가격 y는 이에 대한 공식가격 x의 특정 배수 a로 표현될 수 있다. 즉, $y = ax$이고 이 경우 a는 모든 상품에 대해 동일하거나, 상품 및 이의 가격에 따라 매우 체계적으로 변화하는 특징을 보인다고 가정하는 것이다. 그렇다면 북한 경제를 분석하기 위해서는 시장가격이 중심이 되어야 한다는 위의 결론은 수정될 필요가 있을 것이다. 시장가격은 물론 이의 배후에서 시장가격을 통제하는 공식가격에 대한 분석이 어쩌면 더욱 필요할지도 모르기 때문이다

이러한 의문으로 인해 여기에서는 북한의 공식가격과 시장가격이 실제로 과연 어떤 연관을 맺고 있는지를 검토한다. 물론 이러한 작업은 쉽지 않다. 이에 소요되는 데이터의 제약이 극심하기 때문이다. 실제로 사용 가능한 북한의 시장가격 데이터는 극히 제한적이며, 이에 대한 공식가격 데이터 역시 마찬가지이다. 그 결과, 이들 양자를 비교할 수 있는 동일(또는 유사) 시점, 동일(또는 유사) 상품의 공식가격 및 시장가격 데이터가 동시에 존재하는 경우는 사실상 거의 없다. 다만, 현실적으로 이에 가장 근접한 데이터로 한국의 통계청이 1990년대 초반 제공한 북한 일부 제품의 공식가격과 암시장가격 데이터가 존재한다. 따라서 여기에서는, 비록 현재의 시점과 너무 동떨어져 있기는 하지만, 이들 1990년대 초반의 데이터를 사용하여 공식가격과 시장가격의 관계를 검토한다. 그리고 이를 토대로 현재의 시점에 대한 어떤 확정적인 결론을 내리기보다는 하나의 참고 결과로 활용한다.

우선 <표 2-5>는 이들 가격을 하나의 평면 위에서 비교하여 양자 사이의 배수를 구하고 있다. 이에 따르면 모든 시장가격은 공식가격에 비해 더욱 높으며, 양자의 차이는 최소 2배에서 최대 250배 이상에 이르는 것으로 나타난다. 그리고 직관적으로 보면 곡물과 같은 식량의 경우가 여타

<표 2-5> 북한의 공식가격과 암시장가격(1991년 가격 기준)

품목	단위	북한 공식가격 (북한원)(A)	북한 암시장가격 (북한원)(B)	북한 공식/암시장 가격 격차(B/A)	cf. 한국 시장가격(2003) (한국원)
쌀	kg	27	6,820	252.59	4,078
두부	모	41	1,023	24.95	1,662
달걀	개	58	1,023	17.64	574
사이다	병	409	1,705	4.17	175
칫솔	개	409	2,332	5.70	3,144
치약	개	477	2,728	5.72	2,580
양말	족	512	1,705	3.33	14,900
담배	갑	614	6,820	11.11	4,500
밀크로션	병	682	1,364	2.00	3,883
소주	병	818	6,820	8.34	1,620
운동화	족	1,159	6,820	5.88	71,200
돼지고기	kg	2,387	10,230	4.29	35,280
쇠고기	kg	2,558	13,640	5.33	131,070
라디오	대	34,100	255,750	7.50	103,210
양복	벌	40,920	136,400	3.33	86,000
카세트	대	88,600	272,800	3.08	60,280
자전거	대	136,400	1,364,000	10.00	346,000
카메라	대	136,400	341,000	2.50	48,070

자료: 통계청(1995), pp.251~257을 바탕으로 저자 작성.

공산품의 경우보다 이러한 배수가 더욱 큰 것처럼 보이며, 공산품에서는 생필품의 경우가 상대적으로 다른 제품들보다 배수가 더욱 큰 것으로 나타난다. 예를 들어 쌀의 공식가격과 시장가격의 차이는 무려 250배를 상회하는데, 카메라의 경우 양자의 차이는 2배를 조금 넘는 수준에 불과하다. 그리고 공산품의 경우에 한정해 볼 때에도 치약과 칫솔, 운동화 등 생필품의 가격 격차가 카세트나 카메라와 같은 전자제품의 가격 격차보다 더욱 극심하다. 이는 직관적으로 북한의 공식가격과 시장가격 사이에 어느 정도의 연관성이 있을지도 모른다는 추론으로 연결된다.

더욱이 <표 2-6>에서 볼 수 있듯이 양자 사이의 상관계수를 구해보면 그 결과는 0.9를 훨씬 초과하는 높은 수치로 나타난다. 이는 양자의 현실적 연관성에 대한 추론을 더욱 강화시켜 주는 수치이다. 그런데 매우

<표 2-6> 북한의 공식가격과 암시장가격의 상관계수

	북한 암시장가격	북한 공식가격	한국 시장가격
북한 암시장가격	1		
북한 공식가격	0.970	1	
한국 시장가격	0.912	0.905	1

주: 1) 북한 가격은 1991년 가격 기준.
2) 한국 가격은 2023년 가격 기준.
자료: 통계청(1995), pp.251~257 및 KOSIS 국가통계포털 자료를 바탕으로 저자 작성.

흥미롭게도 같은 <표 2-6>에는 조금 이상한 수치가 동시에 존재한다. 그것은 2023년 현재 한국의 시장가격과 1990년대 초반 북한의 공식가격의 상관계수를 구한 값이다. 당연한 말이지만, 2023년 현재 한국의 시장가격과 1990년대 초반 북한의 공식가격은 아무런 연관이 없어야 마땅할 것이다. 세계 10위권의 선진경제를 유지하고 있는 현재의 한국과 이미 피폐화된 사회주의 경제를 유지했던 1990년대 초반 북한의 계획가격이 어떤 연관이 있다면 오히려 그것이 이상한 일이 될 것이기 때문이다. 그런데 양자 사이의 상관계수는 놀랍게도 0.9를 초과한다. 이러한 결과를 이해하는 길은 한 가지뿐이다. 그것은 경제수준과 경제체제의 상이성을 막론하고 거래되는 각 상품의 성격에 따라 이들 상품들 사이에는 일정한 가격 질서가 존재할지도 모른다는 것이다. 예를 들어 농산품의 가격은 상대적으로 공산품의 가격보다 저렴하고, 저기술 위주의 생필품 가격보다는 고기술 위주의 여타 공산품의 가격이 더욱 높을 것이다. 이러한 상품들 자체의 특성에 따른 가격 질서가 존재할 때에만 1990년대 초반 북한의 공식가격과 시장가격 사이에서, 그리고 이들 북한의 1990년대 초반 가격과 2023년 한국의 가격 사이에서 동시에 0.9를 상회하는 높은 상관계수가 나올 수 있기 때문이다. 그런데 이러한 가능성은 <표 2-5>에서 나타난 우리의 직관이나 <표 2-6>에서 도출된 상관계수의 값들이 시사하는 북한 공식가격과 시장가격 사이의 연관성이 사실은 상당히 왜곡된 것일 수도 있음을 시사한다. 이들 사이에는 실제로 별다른 연관이 없어도 상품들 자체의 속성으로 인해 이러한 연관이 존재하는 것으로 보일 수도 있기 때문이다.

<표 2-7> 북한의 공식가격과 암시장가격 차이에 대한 회귀분석 결과

(분석 A)

변수	계숫값	표준오차	t-값	확률
상수항	4.238588	28.46395	0.148911	0.8837
가격	1.43E-06	1.00E-05	0.143403	0.888
더미변수				
(식료품)	47.24793	37.29689	1.266806	0.2259
(산업) 생필품	5.474085	50.55604	0.108278	0.9153
(기호식품)	0.512126	38.7343	0.013222	0.9896
R-squared			0.147899	
F-statistic			0.607496	

(분석 B)

변수	계숫값	표준오차	t-값	확률
상수항	4.249831	2.703285	1.572099	0.1399
가격	1.43E-06	9.49E-07	1.5021	0.157
더미변수				
(쌀)	248.333	6.230414	39.85819	0
(식료품)	7.017463	3.687616	1.902981	0.0794
(산업) 생필품	5.462893	4.801421	1.137766	0.2758
(기호식품)	0.501106	3.678684	0.136219	0.8937
R-squared			0.992863	
F-statistic			361.7121	

자료: 통계청(1995), pp.251~257을 바탕으로 저자 작성.

이를 조금 더 정밀하게 알아보기 위해 <표 2-7>에서는 1990년대 초반 북한의 공식가격과 시장가격의 차이(배수)를 종속변수로 하고, 각 상품군과 상품가격을 독립변수로 하는 회귀분석을 실시하였다. 이들 가격과 상품군들이 양 가격의 격차에 어떤 영향을 주는지를 알아보기 위해서였다. 그런데 그 결과는 놀랍다. 이들 상품가격과 상품군들 모두가 양 가격의 격차에는 통계적으로 유의미한 어떤 영향도 미치지 못하는 것으로 나타났기 때문이다. 다만, 한 가지 예외적인 경우는 쌀 가격이었다. 모든 상품들 가운데 쌀 가격에 있어서만 공식가격과 시장가격의 차이가 통계적으로 유의미하게 더욱 큰 것으로 나타난 것이다. 그리고 이는 북한경제 및 북한주민들의 삶에서 차지하는 쌀의 위치를 상기하면 그렇게 놀라운 일이 아니었다. 북한당국이 쌀에 있어서만은 그 어떤 다른 상품보다도 더욱 공식가격을 낮게 정하려는 강력한 정책적 의미를 가지고 있었다는 것이다.

그럼에도 불구하고 <표 2-7>의 결과는 명확하다. 1990년대 초반 북한의 공식가격과 시장가격 사이에는 어떤 체계적이며 특징적인 연관도 존재하지 않는다는 것이다. 즉, 앞서 <표 2-5>의 직관이나 <표 2-6>의 상관계수 값은 북한의 공식가격과 시장가격 사이에 어떤 분명한 관계가 존재해서 나타난 것이 아니며, 실제로는 이들 사이에 별다른 연관이 없다는 것이다. 물론 이는 1990년대 초반의 데이터를 사용한 결과라는 점에서 2023~24년 현재에도 동일한 결과가 나타날지는 미지수이다. 그럼에도 불구하고 현재의 북한경제에서 공식가격과 시장가격이 어떤 체계적인 관련이 있다고 가정하는 것은 합리적이지 않다는 판단이다. 이미 이에 반하는 1990년대 초반의 결과가 존재하고, 무엇보다 정책적 의지만으로 책정되는 공식가격과 시장의 수요 및 공급으로 결정되는 시장가격의 본질적인 차이가 1990년대 이후 2024년까지 30여 년의 발전을 이룬 북한의 현재 시장에서 더욱 두드러질 것이 분명하기 때문이다.

5. 비교 분석 B: 북한의 시장가격 vs. 한국의 시장가격

그렇다면 북한의 시장가격은 그 자체로 어떤 고유한 특징을 가지고 있을까? 이러한 질문에 대답하기 위해 여기에서는 2023년 9월부터 2024년 7월까지 조사된 북한의 주요 상품 및 서비스의 시장가격과 그에 상응하는 한국의 시장가격을 서로 비교하는 작업을 수행한다. 북한의 가격을 북한 원화 환율을 적용하여 달러 기준으로 환산한 다음 이를 동일한 방법으로 환산한 한국의 가격과 비교한 것이다. 물론 여기에는 두 가지의 본질적 어려움이 존재한다. 하나는 북한의 특정 시장가격이 대상으로 하는 상품과 한국의 그것이 과연 동일한 것인가 하는 점이다. 당연히 이는 동일하지 않다. 명목상 동일한 상품이라도 실제에서는 한국의 상품이 질과 디자인, 포장 등 거의 모든 면에서 우월할 것이기 때문이다. 이러한 측면에서 과연 북한과 한국의 가격이 정확히 비교되는 것인지가 의문시될 수 있다. 다른 하나의 어려움은 노동의 가격 또는 임금에 관한 것이다. 현대 경제에서는 임금의 종류가 무수히 많고, 이는 앞서 파악된 북한의 시장에서도 크게 다르지 않다. 문제는 북한의 시장에서 파악된 임금의 평균치가 어느 정도인지, 또는 각각의 임금이 어느 정도의 중요성 및 점유율을 가지고 있는지를 전혀 알 수 없다는 점이다. 이에 따라 여기에서는 한국의 경우에는 앞서 언급된 기간의 법정 최저임금을 기준으로 하였고, 북한의 경우에는 <표 2-3>에 나타난 각각의 임금을 단순 평균한 값을 기준으로 하여 한국의 최저임금과 비교하였다. 당연한 말이지만 이렇게 되면, 한국의 임금은 상대적으로 전체 임금체계에서 가장 낮은 층위의 임금이 사용되는 반면 북한의 경우에는 이보다 훨씬 높은 층위의 임금이 사용된다. 이러한 비교가 적절한지는 의문이다. 이처럼 한국과 북한의 시장가격을 직접 비교하는 일은 두 가지의 근본적인 어려움을 갖는데, 이를 적절히 해결하거나 우회하는 방식이 별달리 존재하지 않는다. 따라서 여기에서는 일단 앞서 언급한 방식으로 남북한의 가격을 비교하되 이를 통해 얻어진 결론을 확신하기보다는 일종의 참고자료 정도로 간주한다.

이러한 가격의 비교 결과는 <표 2-8>에 보고되어 있다. 그 결과는 매우 흥미롭다. 이에 따르면 임금을 포함한 북한의 대부분의 시장가격은 한국의 가격보다 낮은 것으로 나타났다. 실제로 남북한 가격의 배수를 구해보면 양자 사이에는 평균 4~20배 정도 차이가 나는 것을 알 수 있다(배수의 중앙값: 4.9, 평균값: 20.1). 남북한의 경제 및 소득 수준의 차이를 감안하면 이러한 격차는 매우 당연하다.[2] 그런데 이들 가운데 북한의

2 물론 <표 2-8>에 나타난 남북한의 임금 격차는 실제의 현실을 축소하고 있을 가능성이 매우 높다. 통상 남북한의 소득 차이는 30~50배 정도인 것으로 파악되는데, 여기에서의 임금 차이는 약 13배에 불과하기 때문이다. 당연히 이는 사용된 임금의 기준이 서로 다르기 때문일 것이다. 본문에서 언급하고 있듯이 한국의 경우 최저임금을 사용하는 데 반해, 북한의 경우에는 시장임금 평균치를 사용하였다.

<표 2-8> 북한과 한국의 시장가격 비교(2023. 9~2024. 7 평균)

(단위: 달러)

	북한 가격(A)	한국 가격(B)	B/A
쌀(kg당)	0.586	2.041	3.481971
옥수수(kg당)	0.289	5.219	18.05839
휘발유(리터당)	1.497	1.242	0.830074
경유(리터당)	1.341	1.160	0.864538
돼지고기(kg당)	1.690	18.400	10.88982
이발비(남자)	1.057	13.369	12.65232
영화 관람료	0.211	11.141	52.71801
버스 이용료	0.189	1.040	5.493874
택시 이용료(km당)	0.035	3.565	101.168
대중목욕탕	0.247	6.575	26.66846
해외송금 수수료	0.603	2.228	3.695232
국내송금 수수료	0.094	0.928	9.876347
임금(북한: 기능별 임금 평균, 한국: 최저임금)	4.385	58.066	13.24125
중앙값	0.586	2.897	4.941098
평균	0.940	9.980	20.132

자료: Daily NK 조사 자료 및 KOSIS 국가통계포털 자료를 바탕으로 저자 작성.

가격이 오히려 한국의 가격을 능가하는 품목이 존재한다. 경유와 휘발유 등의 가격이 그것이다. 이들 가격은 남북한의 가격이 비슷하기는 하지만, 북한이 조금 더 높은 것이 현실이다. 주목할 점은 이들 제품들이 남북한 모두 해외로부터의 수입에 절대적으로 의존한다는 사실이다. 이에 따라 남북한 가격 모두 이들의 국제시장가격에 연동될 수밖에 없는데, 이 경우 상대적으로 대량의 에너지를 다양한 국가와 방법으로 수입하여 교섭력이 크며, 무엇보다 국내에서 보유하고 있는 대규모 정제시설을 통해 휘발유와 경유를 보다 효율적으로 생산해 낼 수 있는 한국의 가격이 북한보다 더욱 저렴할 가능성이 존재한다.

경유와 휘발유를 제외한 모든 가격은 북한의 가격이 한국의 가격보다 훨씬 낮은 것으로 나타난다. 그런데 이를 상품(주로 식료품)과 서비스의 가격으로 구분하면 후자가 전자보다 상대적으로 훨씬 더 저렴한 것으로 판단된다. 예를 들어 쌀의 경우 한국의 가격이 북한보다 3배 정도 높은데 반해, 택시 이용료나 영화 관람료 등은 한국이 북한보다 50~100배 이상 높다. 이는 남북한의 시장가격 차이가 주로 상품보다 서비스에서 더욱 크다는 사실을 시사한다. 물론 이의 원인에 대해서는 다양한 의견이 존재할 수 있다. 남북한의 소득 격차가 극심하므로 상대적으로 적은 소득을 올리는 북한의 서비스가격이 크게 낮을 수밖에 없는 반면, 동일한 물품의 경우에는 설사 남북한이라고 하더라도 이러한 차이가 제한될 수밖에 없다고 볼 수도 있다. 이와는 달리 북한이 그간 줄곧 사회주의 경제를 표방하여 왔으며, 사회주의 경제에서는 상대적으로 서비스의 가치를 인정하지 않거나, 특히 공공서비스의 경우 이를 가능한 한 최대한 저렴하게 공급하는 경향이 있어, 이러한 관행이 북한의 시장에서도 여전히 영향을 미치고 있다고 볼 수도 있다. 물론 그 정확한 원인은 아직 분명히 알기 힘들다. 그럼에도 불구하고 <표 2-8>의 결과를 그대로 해석하면, 북한의 시장가격은 크게 세 가지로 구분된다.

첫째는 완전 교역재 또는 해외와의 교역의 영향을 매우 크게 받는 상품의 가격이다. 이들 상품의 가격은 국제시장가격에 직접 연동되는 경향이 있으므로 북한의 경우에도 다른 나라의 가격과 커다란 차이를 보이지 않는다. 두 번째는 일반 상품의 가격이다. 북한의 시장에서 일반 상품의 가격은 한국과 같은 선진국 시장과 비교해 보면 상당히 낮은 수준에서 유지되고 있다. 이는 북한의 소득 수준을 감안하면 당연한 현상이다. 다만, 상품은 동일한 실체가 존재하므로 북한의 소득이 낮다고 하더라도 이러한 가격의 차이에는 일정한 제한이 존재할 수밖에 없을 것이다. 셋째는 서비스가격이다. 이 경우 북한의 가격은 한국과 비교할 때 가장 낮은 것으로 나타난다. 이는 북한의 낮은 소득수준과 임금, 심지어는 과거 사회주의 관행과 같은 여러 요인들의 영향을 받았을 것이라고 짐작해 볼 수 있다.

한편, <표 2-9>는 북한 시장가격의 특징을 조금 다른 시각에서 조명하고 있다. 여기에서는 북한의 일일 임금으로 각각의 상품을 어느 정도나 구매할 수 있는지, 즉 실질구매력을 한국과 비교하고 있다. 이를 위해

<표 2-9> 일일 임금으로 구매 가능한 시장 상품 및 서비스: 한국 vs. 북한 (2023. 9~2024. 7 평균)

	북한 가격(A)	한국 가격(B)	B/A
쌀(kg당)	7.481	28.447	3.802803
옥수수(kg당)	15.173	11.125	0.733246
휘발유(리터당)	2.930	46.733	15.95188
경유(리터당)	3.269	50.071	15.31599
돼지고기(kg당)	2.595	3.156	1.215929
이발비(남자)	4.150	4.343	1.046547
영화 관람료	20.751	5.212	0.251171
버스 이용료	23.170	55.844	2.410184
택시 이용료(km당)	124.445	16.288	0.130884
대중목욕탕	17.787	8.831	0.496513
해외송금 수수료	7.273	26.061	3.583333
국내송금 수수료	46.651	62.545	1.340703
중앙값	11.327	26.061	2.300801
평균	22.973	27.958	4.141

주: 1) 북한 임금은 기능별 일일 시장임금 평균치를 기준으로 하여 적용.
2) 한국은 시간당 최저임금을 1일 8시간 노동 기준으로 환산하여 작성.
자료: Daily NK 조사 자료 및 KOSIS 국가통계포털 자료를 바탕으로 저자 작성.

한국과 북한의 각 시장가격을 각각의 임금으로 나눈 뒤, 그 수치들이 남북한 사이에서 어떻게 나타나는지를 비교하였다. 그런데 그 결과는 당연하지만 앞에서 제시된 결과와 정반대이다. 우선 북한의 일일 임금으로 구매할 수 있는 휘발유와 경유 같은 완전 교역재의 수량은 남북 간에 무려 15배 이상 차이가 난다. 다시 말해 남한 소득의 실질구매력을 휘발유와 경유의 구입량으로 표현하면 북한보다 무려 15배 이상 높다는 것이다. 이는 이들 상품의 시장가격이 남북한 사이에서 크게 차이가 나지 않는 상황에서 북한의 소득이 한국보다 상당히 적기 때문에 발생하는 당연한 현상이다. 반면, 쌀이나 돼지고기 등 여타 생필품의 경우 여전히 한국의 구매력이 북한보다 높기는 하지만 그 차이는 크지 않다. 한국의 구매력이 1~3배 정도로 나타나는 것이다. 그런데 흥미롭게도 서비스로 환산한 구매력은 오히려 북한이 높은 경우가 다수 발생했다. 하루 임금으로 구매할 수 있는 서비스의 규모가 영화 관람이나 목욕탕 이용, 택시 이용 등의 경우 북한에서 더욱 높다고 판명된 것이다.

이러한 결과가 의미하는 바는 매우 분명하다. 북한의 시장가격은 국제시장가격에 의존하는 교역재의 경우 상대적으로 높게 형성되어 있는 반면, 그렇지 않은 경우 한국과 같은 선진국에 비해 낮은 수준이며, 특히 서비스의 가격은 낮은 소득수준을 반영하여 매우 저렴하게 형성되어 있다. 이로 인해 하루의 임금으로 구매할 수 있는 상품의 양은 교역재, 생필품 등의 순으로 높아지며, 특히 서비스의 경우에는 오히려 한국과 같은 선진국에 비해서도 더욱 많이 구매할 수 있는 것으로 나타난다. 이러한 가격체계는 일반적인 개발도상국과 매우 흡사하다는 판단이다.

이상에서 살펴본 것처럼 북한의 시장가격은 크게 ① 상품가격, ② 서비스가격, ③ 금융서비스가격, ④ 노동가격(임금) 등으로 구성되는 것으로 판단된다. 다만, 의료와 교육 등 국가가 제공하는 공공 인프라 서비스나 개별 경제주체 간 자금의 대차와 같은 금융행위에 대한 가격 역시 시장에서 나타나고 있으나, 이들이 얼마나 확고한 시장가격을 형성하고 있는지는 여전히 의문이다. 한편, 북한의 시장가격과 관련해서는 각종 사회적 과제를 비롯한 세금 또는 국가납부금이 연계되어 있는 것으로 나타난다. 물론 이러한 납부금에 대한 지불 규모를 시장가격이라고 부를 수 있는지는 여전히 미지수이지만 이들이 현재 북한의 시장에서 각종 가격을 형성하는 데 중요한 영향을 미치고 있음은 부정하기 힘들다. 그런데 이러한 북한의 시장가격체계는 국가의 공식가격체계와는 크게 관련이 없다고 판단하는 것이 현명할 것이다. 현재까지 이용 가능한 데이터 분석의 결과는 물론, 기본적으로 전자는 수요와 공급에서 그리고 후자는 국가의 정책적 의지에서 결정된다는 차이점이 북한 시장이 발전함에 따라 더욱 분명하게 나타날 개연성이 있기 때문이다. 마지막으로 이러한 북한의 시장가격체계는 여타 선진적 시장경제의 가격체계와 비교했을 때 교역재보다는 비교역재에서 차이가 날 가능성이 크며, 특히 서비스의 가격에서는 매우 커다란 차이가 존재할 가능성이 있는 것으로 판단된다.

제4절 추세 분석: 북한 시장가격 관측치의 신뢰성

이제까지 우리는 북한의 시장가격이 어떤 환경에서 만들어져, 어떤 체계로 구성되어 있고, 그 특징은 무엇인지를 살펴보았다. 그리고 이를 토대로 외부세계가 생산하고 있는 북한 시장가격에 대한 관측치들은 어떤 특징을 가질 수밖에 없는지도 알아보았다. 그런데 이러한 외부세계의 관측치는 북한의 시장가격과 관련하여 얼마나 현실을 제대로 반영하고 있는 것일까? 보통의 시장경제에서 우리가 관찰하는 시장가격은 해당 경제의 경제적 현실을 가장 정확하고도 직접적으로 반영하는 지표이다. 이는 수많은 거래자들 사이에서 무수히 많은 거래를 통해 형성되어 경제의 객관적 현실을 그대로 보여줄 뿐만 아니라, 이를 관찰하고 정리하여 제공하는 방식과 과정 역시 정밀하게 제도화되어 있기 때문이다. 그런데 과연 북한의 시장가격은 그럴까? 그리고 외부세계가 만들어 내는 이에 대한 관측치는 또 어떨까? 이러한 의문들은 사실 북한의 시장가격을 본격적으로 분석하기 위해 제기되는 마지막 세 번째의 기초적인 질문을 다른 형태로 서술한 것이다. 그 질문이란 간단히 말해 북한의 시장가격 분석을 위해 동원될 수밖에 없는 외부세계의 관측치가 정말 신뢰할 만한 것인가 하는 점이다.

1. 분석 방법

안타깝게도 우리가 관찰하여 보유하고 있는 북한의 시장가격은 통상적인 시장경제에서의 그것과는 상당한 차이를 보이고 있다. 북한의 시장가격을 형성하는 데 얼마나 많은 거래자들이 얼마나 다양하고도 빈번한 거래를 수행하는지 미지수이다. 또한 이미 언급하였듯이 이러한 거래에 북한당국의 개입과 같은 비(非)시장적 요소가 어느 정도 포함되어 있는지 역시 미지수이다. 더욱이 이렇게 형성된 시장가격을 관찰하고 정리하여 제공하는 방식과 과정 역시 불분명하다. 따라서 이들 가격이 시장경제

[그림 2-5] 북한의 가격체계: 공식 vs. 지도/공공 vs. 시장

자료: 저자 작성.

에서처럼 북한의 경제현실을 정확히 반영하고 있다고 쉽게 결론 내리기가 힘든 상황이다.

물론 이러한 의문에 대해 가장 직접적으로 대답할 수 있는 길은 북한의 시장거래량 또는 거래의 빈도수를 체크하는 일이다. 만일 우리가 관찰하는 북한의 시장가격이 정말로 무수히 많은 북한의 거래자들 사이에서 매우 빈번하게 거래된 결과물로서 나타난 것이라면, 설사 이를 관찰하고 정리하는 데 있어 어느 정도의 기술적 문제점이 존재하더라도 이들이 북한의 경제 현실을 비교적 정확하게 반영한다고 믿을 수 있기 때문이다. 특히 이러한 거래의 빈도수 또는 거래량이 추세적으로 상승하는 경향이 있다면 이들 가격에 대한 신뢰성 역시 점차 증가할 것이므로 이에 대한 의문은 현실적으로 커다란 의미를 갖지 않는 것일 수도 있다. 그런데 불행하게도 우리는 이러한 거래량 또는 거래 빈도수에 대해 아무런 정보와 데이터도 가지고 있지 못하다.

이러한 현실을 감안하여 여기에서는 북한 시장가격의 현실 적합성 유무에 대한 신뢰성을 판단하기 위해 약간의 우회적인 세 가지 방법을 고려한다. 첫째는 북한 시장가격의 지역적 격차의 추이를 살펴보는 것이며, 둘째는 북한 시장가격과 국제가격의 차이를 검토하는 것이고, 셋째는 북한의 시장환율 움직임을 분석하는 일이다.

2. 지역 간 가격 격차 분석과 시장가격 관측치의 신뢰성 분석

우선 북한 시장가격의 지역적 격차에 대해 생각해 보자. 만일 북한의

시장거래에 더욱더 많은 경제주체들이 참여하여 거래가 증가한다면, 당연히 북한의 시장은 지역적으로도 확대되어 각 지역의 시장이 하나로 통합될 것이 분명하다. 그 결과, 북한의 시장가격 역시 지역별로 차이가 나기보다는 하나로 통합된 단일가격이 모든 지역의 가격을 지배할 가능성이 높다. 북한의 시장거래가 늘고 시장이 발전할수록, 지역별 시장의 통합 정도와 가격의 일치 정도 역시 높아질 것이라는 의미이다. 이렇게 보면 북한에 있어 시장의 거래량, 시장의 발전, 지역별 시장가격의 격차는 비록 완전히 동일한 것은 아닐지라도 서로가 매우 밀접한 연관이 있는 지표들임이 분명하다. 이에 착안하여 여기에서는 북한의 지역별 시장가격의 격차를 분석함으로써 역으로 북한의 시장 발전 정도 및 거래량의 추이를 알아본다.

이를 위해 [그림 2-6]은 김정은 정권이 등장하여 본격적으로 경제정책을 실시하기 시작한 2013년 1월부터 2024년 9월 현재까지 북한 시장가격의 지역적 격차가 어떤 추세를 보여 왔는지를 쌀 가격을 중심으로 표시하고 있다. 우선 여기에서 우리는 이 기간 동안 북한의 평양, 혜산, 신의주 등 세 지역에서 월별 시장 쌀 가격이 어느 정도였는지를 관찰하였다.

[그림 2-6] 시장 쌀 가격의 지역별 (표준)편차 추이

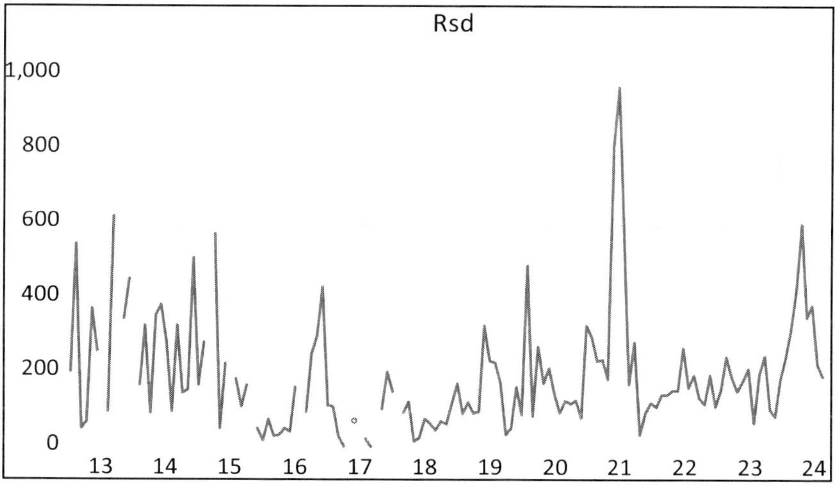

자료: Daily NK 시장가격 자료를 바탕으로 저자 작성.

그리고 이렇게 관찰된 세 지역의 월별 쌀 가격의 표준편차를 계산하였다. 만일 이러한 표준편차가 증대하는 경향이 있다면 세 지역의 쌀 가격 격차는 더욱 벌어질 것이며, 반대의 경우는 격차가 축소될 것이기 때문이다. <표 2-10>은 이렇게 계산된 표준편차의 추이를 보여준다.

그런데 [그림 2-6]은 매우 흥미롭다. 왜냐하면 월별·지역별 시장 쌀 가격의 표준편차는 2013년 이후 2016년까지는 전반적으로 하락하는 추세처럼 보이는 반면, 2017년부터 2024년 9월 현재까지는 오히려 증대하는 경향이 있는 것처럼 나타나기 때문이다. 주목해야 할 점은 2016년을 기점으로 국제사회의 대북제재가 본격화되었다는 점이다. 이러한 대북제재는 과거와 달리 북한경제 전반은 물론 북한의 시장활동에도 상당한 영향을 미쳤다는 것이 일반적 평가이다. 이는 <표 2-10>의 지역별 시장가격 격차의 추세가 결코 우연적인 것이 아닐 수도 있음을 시사한다.

따라서 대북제재가 본격화된 2016년 3월을 기점으로 그 이전과 이후에 각각 북한 시장가격의 지역별 격차가 어떤 추세를 보였는지 분석하였다. 그 결과는 <표 2-10>, <표 2-11>, [그림 2-7], [그림 2-8]에 보고되어 있다. 우선 <표 2-10>과 [그림 2-7]에 제시되어 있는 것처럼, 북한 시장가격의 지역별 격차는 2013년 1월부터 대북제재가 실시되기 이전인 2016년 3월까지는 점진적으로 감소하는 경향이 뚜렷이 나타났다. 이 기간 중 지역별 시장가격의 표준편차를 시간의 함수로 회귀분석하면, 그 결과는 우하향하는 기울기를 갖는 선형의 추세선으로 나타나기 때문이다. 특히 이때 우하향하는 기울기의 추정값(표 2-10의 시간 변수에 대한 추정계수 값: -5.19)은 95% 신뢰수준에서 통계적으로 유의미한 것으로 밝혀졌다. 이는 대북제재 이전까지만 하더라도 북한 시장가격의 지역별 격차는 추세적으로 하락하는 경향이 존재했고, 이러한 경향은 통계적으로 유의미했다는 것을 의미한다.

그런데 흥미로운 것은 대북제재가 본격화된 2016년 3월 이후의 추세이다. 이 경우에는 북한 시장가격의 지역별 격차가 이전과는 전혀 다른 모습을 보여 오히려 시간이 갈수록 격차가 증대하는 경향이 존재했던 것이다. 실제로 <표 2-11>에 제시되어 있듯이, 북한 시장 쌀 가격의 지역별

<표 2-10> 시장 쌀 가격의 지역별 표준편차에 대한 추세 방정식 도출 결과 A (2013. 1~2016. 3)

변수	계숫값	표준오차	t-값	확률
상수항	553.275	150.472	3.676931	0.0009
시간	-5.19406	2.46802	-2.10455	0.0435
R-squared		0.125013		
S.E. of regression		160.4541		

자료: Daily NK 시장가격 자료를 바탕으로 저자 작성.

[그림 2-7] 시장 쌀 가격의 지역별 표준편차에 대한 추세 방정식 도출 결과 A (2013. 1~2016. 3)

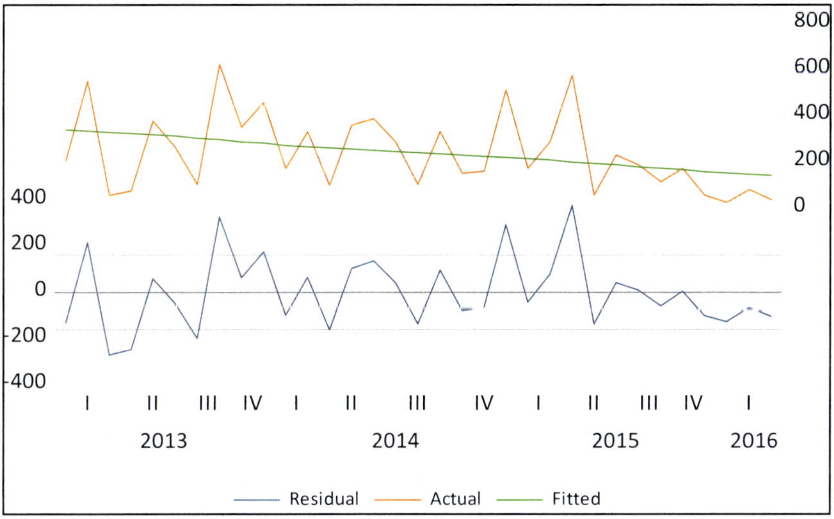

자료: Daily NK 시장가격 자료를 바탕으로 저자 작성.

<표 2-11> 시장 쌀 가격의 지역별 표준편차에 대한 추세 방정식 도출 결과 B (2016. 4~2024. 9)

변수	계숫값	표준오차	t-값	확률
상수항	-36.1031	69.92516	-0.51631	0.6068
시간	1.687492	0.516078	3.269842	0.0015
R-squared		0.101161		
S.E. of regression		147.2336		

자료: Daily NK 시장가격 자료를 바탕으로 저자 작성.

[그림 2-8] 시장 쌀 가격의 지역별 표준편차에 대한 추세 방정식 도출 결과 B (2016. 4~2024. 9)

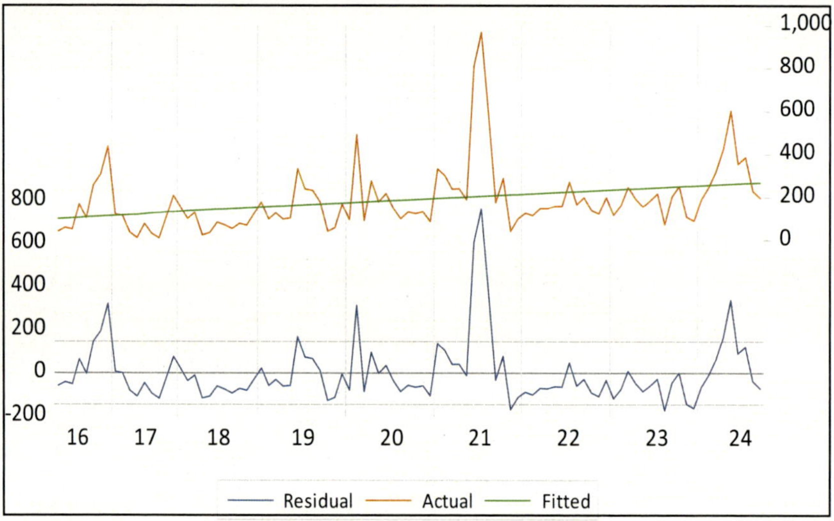

자료: Daily NK 시장가격 자료를 바탕으로 저자 작성.

표준편차를 시간 변수로 회귀분석하면 그 결과는 우상향의 기울기를 갖는 선형의 추세선으로 나타난다. 또한 이때 추정된 우상향하는 기울기의 추정값(표 2-11의 시간 변수에 대한 추정계수 값: 1.68)은 99% 신뢰수준에서 통계적으로 유의미하였다. 이는 대북제재 이후 2024년 9월 현재까지는 과거와 같이 북한 시장가격의 지역별 격차가 좁혀지기보다는 오히려 정반대로 더욱 확대되는 경향이 있었고, 이것이 통계적으로도 유의미했다는 의미이다.

더욱 흥미로운 것은 <표 2-12>이다. 먼저 우리는 대북제재 이후의 시기인 2016년 4월부터 2024년 9월 현재까지 북한 시장가격의 지역별 격차 추세에 어떤 단절 또는 변화가 있는지를 알아보고자 하였다. 이에 우리는 <표 2-11>을 토대로 다중단절검증(Multiple Breakpoint Test)을 실시하였다. 이를 통해 대북제재 이후 북한 시장가격의 지역별 격차 추세는 2021년 11월을 기점으로 뚜렷한 단절을 경험하는 것으로 밝혀졌다(부표 2-1 참조). 이에 따라 우리는 <표 2-11>의 기간을 다시 2016년 4월부터 2021년 11월까지의 기간과 2021년 12월부터 2024년 9월까지의 두 기간으로 나누어 앞에서의 작업을 반복하였다. 그 결과가 <표 2-12>이다.

그런데 이에 따르면 이 두 기간 모두에서 북한 시장가격의 지역별 표준편차는 공히 우상향의 기울기를 갖는 선형의 추세선을 보유하지만, 각 추세선의 기울기는 서로 크게 차이가 나는 것으로 판명되었다. 2016. 3 ~2021. 11 추세선의 기울기는 3.54로 나타난 반면, 2021. 12~2024. 9 추세선의 기울기는 6.10으로 나타난 것이다. 후자가 전자의 약 2배 가까이나 큰 것이다. 당연하지만 이는 북한 시장가격의 지역별 격차가 코로나19 이후 시기인 2021년 11월을 기점으로 이전보다 더욱 확대되는 현상이 존재했음을 시사한다.

이처럼 쌀 가격을 중심으로 살펴본 북한 시장가격의 지역별 격차에 대한 분석은 매우 흥미로운 세 가지의 결과로 집약될 수 있다. 첫째, 김정은 정권의 등장 이후 북한 시장가격의 지역별 격차는 꾸준히 줄어드는 경향이 존재했다. 둘째, 그러나 이러한 경향은 대북제재가 본격화된 2016년부터 역전되어 이후 2024년 현재까지 오히려 시간이 길수록 시장가격의

<표 2-12> 시장 쌀 가격의 지역별 표준편차에 대한 추세 방정식
(2016. 4~2021. 11 vs. 2021. 12~2024. 9)

2016년 4월 ~ 2021년 11월				
	계숫값	표준오차	t-값	확률
상수항	-230.55	121.0797	-1.90412	0.0616
시간	3.542817	1.037855	3.413595	0.0011
R-squared		0.160388		
S.E. of regression		160.9411		
F-statistic		11.65263		
2021년 12월 ~ 2024년 9월				
	계숫값	표준오차	t-값	확률
상수항	-797.353	263.7786	-3.02281	0.0049
시간	6.101752	1.600673	3.811991	0.0006
R-squared		0.31229		
S.E. of regression		91.56775		
F-statistic		14.53127		

자료: Daily NK 시장가격 자료를 바탕으로 저자 작성.

지역별 격차가 확대되는 경향이 나타났다. 셋째, 이러한 지역별 시장가격 격차의 확대 현상은 코로나19 발생 이후 시기에 더욱 두드러졌다. 2021년 하반기 이후 이러한 확대 경향이 더욱 드라마틱하게 확산된 것이다.[3]

당연하지만 이러한 결과들은 우리가 관찰하고 있는 북한 시장가격의 현실 적합성 여부에 매우 흥미로운 의문을 제기한다. 북한 시장가격에 대한 일반적인 예상처럼 김정은 정권 이후 시장이 더욱 발전하여 지역별 가격 격차가 줄어드는 경향이 있었으나, 이러한 경향은 대북제재를 기점으로 반대로 역전되었고, 특히 코로나19 봉쇄 시기 이후에는 이러한 역전 현상이 더욱 증폭된 것이다. 이는 대북제재, 특히 코로나19 발생 이후

3 물론 이러한 현상이 코로나19 봉쇄 시기와 이의 해제 이후 시기에 서로 다르게 나타났는지의 여부에 대해서도 관심을 기울일 필요가 있을 것이다. 만일 코로나19 봉쇄 해제 이후 지역 간 시장가격 격차가 봉쇄 시기와는 달리 줄어드는 등 다른 경향이 나타났다면 가격 격차 확대의 진정한 원인이 과연 무엇인지에 대해서도 서로 다른 주장이 가능할 것이기 때문이다. 그러나 현재 이용 가능한 데이터로만 볼 때에는 코로나19 봉쇄 시기와 이의 해제 시기(2022년 하반기) 이후 경향이 달라지는 것으로는 나타나지 않았다. 이에 따라 본문에서는 이 두 시기를 구분하지 않고 하나로 묶어 서술한다.

북한 시장의 기능이 저해되는 경향이 더욱 커지고 있음을 의미한다. 과연 이러한 경우에도 여전히 우리가 관찰하는 북한의 시장가격을 신뢰할 수 있을까? 이들 가격의 불확실성이 대북제재와 코로나19를 계기로 더욱 증폭되는 것은 아닐까? 더욱 정확하게 말해, 이러한 경우에도 여전히 북한의 시장가격을 대북제재 이전과 동일한 방식으로 이용할 수 있는지에 대한 의문이 제기될 수밖에 없다.

3. 국내외 시장가격 격차 분석과 시장가격 관측치의 신뢰성 분석

북한 시장가격 관측치의 현실 적합성 또는 신뢰성의 정도를 우회적으로 평가할 수 있는 또 다른 방법은 북한 가격과 수입가격의 차이를 살펴보는 것이다. 이미 널리 알려진 것처럼 북한의 시장은 중국의 시장과 밀접한 연관을 맺고 있으며, 실제로 북한의 시장에서 거래되는 상당수의 상품은 중국으로부터 수입한 상품인 것으로 파악되고 있다. 그 결과, 매우 당연하지만 북한의 시장가격은 중국으로부터의 수입가격에 직접적인 영향을 받을 수밖에 없다. 따라서 만일 우리가 관찰하는 북한의 시장가격이 중국으로부터의 수입가격과 매우 체계적이며 안정적인 관계를 맺는 것으로 나타난다면, 상대적으로 북한 가격에 대한 신뢰성은 더욱 높다고 할 수 있을 것이다. 그러나 정반대로 만일 우리가 관찰하는 북한의 시장가격이 중국으로부터의 수입가격과 별다른 관련이 없거나, 또는 관련이 있다고 하더라도 매우 불안정한 관계가 지속된다면, 과연 현실적으로 이를 얼마나 신뢰할 수 있는지는 의문이다.

이러한 사실에 착안하여 [그림 2-9]는 북한의 시장 쌀 가격과 이의 중국으로부터의 수입가격을 비교하고 있다. 그런데 이 그림은 앞의 지역별 시장가격 격차에 대한 그림들만큼이나 흥미롭다. 왜냐하면 이 그림 역시 북한의 가격이 2016년 대북제재를 기점으로 이전의 중국 수입가격과의 안정적인 관계에서 벗어나 이후 급속도로 불안정해지는 모습을 나타내고 있기 때문이다. 실제로 북한의 시장 쌀가격은 2016년 이전만 하더라도

[그림 2-9] 북한의 시장 쌀 가격과 수입가격(2015. 1~2024. 6)

(단위: 달러/kg)

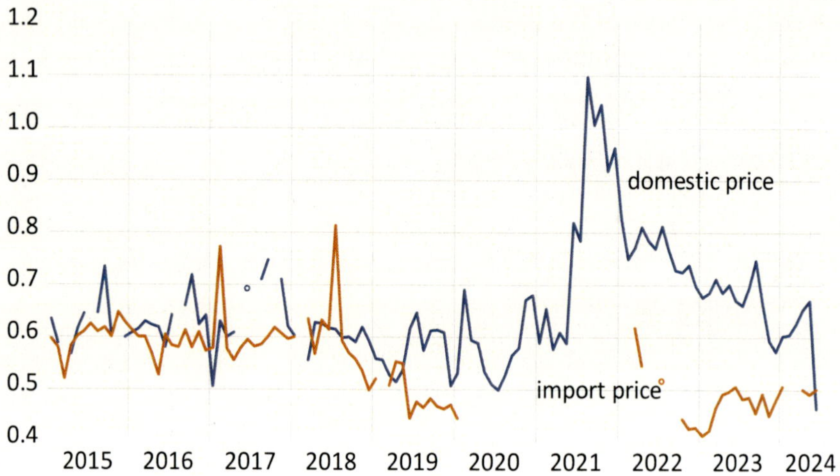

자료: Daily NK 시장가격 자료 및 중국해관통계 자료를 바탕으로 저자 작성.

중국으로부터의 수입가격과 별다른 차이를 보이지 않았다. 그러나 2016년 이후 이러한 차이가 점점 벌어지기 시작하여 2019년 이후, 특히 코로나19가 발생한 2020년 이후의 시기에서는 양자의 차이가 매우 크게 나타나고 있다.

[그림 2-10]과 <표 2-13>은 이러한 사실을 조금 더 형식적인 방식으로 보여준다. 실제로 2016년 제재 이전 북한의 시장 쌀 가격과 중국으로부터의 수입가격 차이는 월별 기준 kg당 평균 2센트에 불과할 정도로 작았다. 그러나 대북제재가 실시된 2016년 3월 이후부터 코로나19 발생 이전인 2019년 12월에는 이러한 격차가 kg당 평균 4.46센트로 이전보다 2배 넘게 확대되었다. 특히 코로나19가 발생한 2020년 1월 이후 2024년 9월 현재까지는 그 격차가 무려 평균 20센트를 상회함으로써 과거의 5~10배에 이르고 있다. 이러한 수치들의 의미는 매우 분명하다. 북한의 시장가격과 중국으로부터의 수입가격 간 차이가 2016년 대북제재를 전후하여, 특히 2020년 코로나19 발생 이후에는 이전에 비견할 수 없을 정도로 확대되었다.

[그림 2-10] 북한의 시장 쌀 가격과 수입가격의 격차(2015. 1~2024. 6)

(단위: 달러/kg)

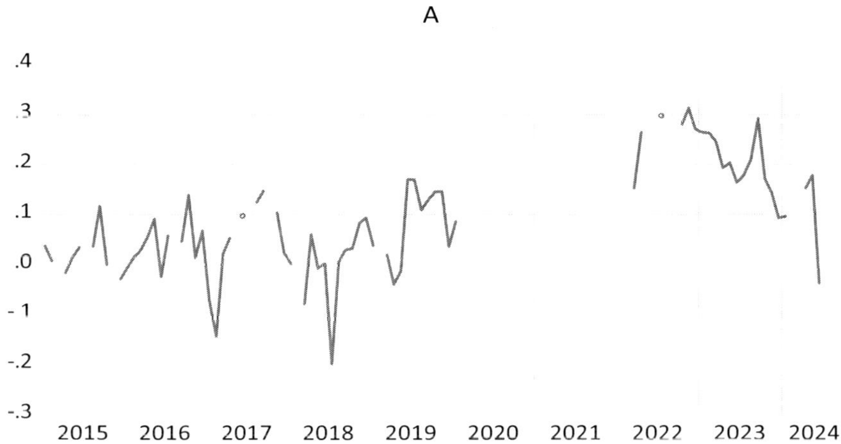

자료: Daily NK 시장가격 자료 및 중국해관통계 자료를 바탕으로 저자 작성.

<표 2-13> 북한의 시장 쌀 가격과 수입가격의 격차(2015. 1~2024. 6)

(단위: 미국 센트/kg)

	전체 기간 (2015. 1~2024. 6)	제재 이전 코로나19 이전 (2015. 1~2016. 3)	제재 이후 코로나19 이전 (2016. 4~2019. 12)	코로나19 이후 (2020. 1~2024. 6)
평균	8.73	2.00	4.46	20.66
중간	7.50	1.46	4.70	20.41
최대	31.31	11.65	17.04	31.31
최소	-19.86	-2.90	-19.86	8.63
표준편차	10.57	3.71	8.14	7.12

자료: Daily NK 시장가격 자료 및 중국해관통계 자료를 바탕으로 저자 작성.

<표 2-14>는 이를 추세적인 관점에서 분석하고 있다. 여기에서 우리는 북한의 시장 쌀 가격과 중국으로부터의 수입가격의 차이가 일정한 추세를 보이는지를 알아보기 위해 이를 시간으로 회귀분석하였다. 분석 결과, 2016년 대북제재 이후 현재까지 북한의 시장 쌀 가격과 중국으로부터의 수입가격의 차이는 추세적으로 상승하는 경향이 나타나고 있으며, 이러한 경향은 통계적으로 유의미하다. 이는 대북제재 이후 북한의 시장 쌀 가격이 중국 수입가격에서 점점 더 이탈하여 양자의 관계가 더욱 불안정

<표 2-14> 북한의 시장 쌀 가격과 수입가격의 격차에 대한 추세 방정식 도출 결과 (2015. 1~2024. 6)

변수	계숫값	표준오차	t-값	확률
상수항	-0.01312	0.016648	-0.78809	0.4332
시간	0.001944	0.000266	7.300889	0
R-squared		0.425393		
S.E. of regression		0.080704		
F-statistic		53.30298		

자료: Daily NK 시장가격 자료 및 중국해관통계 자료를 바탕으로 저자 작성.

해지고 있음을 의미한다.

당연히 이러한 현실은 우리가 관찰하고 있는 북한의 시장가격의 신뢰성에 대해 앞에서와 비슷한 의문을 제기하게 한다. 2016년 대북제재 이전 북한의 시장가격은 상대적으로 중국의 수입가격과 상대적으로 매우 안정적인 관계를 맺고 있었다. 그러나 이러한 관계는 2016년 대북제재, 특히 2020년 코로나19 발생 이후에는 더 이상 유지되지 않고 있다. 이러한 상황에서도 과연 우리가 관찰하는 북한의 시장가격이 여전히 신뢰성이 높다고 말할 수 있을까?

4. 국내외 환율 격차 분석과 시장가격 관측치의 신뢰성 분석

북한 시장가격의 현실 적합성 또는 신뢰성의 정도를 우회적으로 평가할 수 있는 마지막 방법은 북한의 환율 움직임 자체를 살펴보는 일이다. 김정은 시대 북한경제의 가장 중요한 특징 가운데 하나는 바로 광범위한 달러라이제이션 현상이다. 실제로 북한의 상당수 시장거래 자체가 달러를 비롯한 해외의 경화를 매개로 이루어지거나, 설사 북한 원화로 이루어지더라도 이의 실질적인 의미는 '북한 원화로 표시한 달러화 가격으로' 거래가 이루어지는 현상이 매우 광범위하게 진행되었다는 것이다. 극단적인 예를 들어 북한 시장에서 특정 상품 A를 거래할 때 아예 이의 가격을 1달러로 거래하거나, 설사 이를 달러 가격이 아닌 북한 원화 800원에 거래한다고 하더라도 이의 실제 가격은 북한 원화 800원이 아닌 1달러이다. 단지 이를 1달러당 800원이라는 시장환율을 적용하여 북한 원화로 표기한 것뿐이다. 우리가 관찰하는 북한의 시장가격은 대부분 표면적으로는 원화로 표시되어 있지만, 실제로 이 중 상당 부분은 달러화 등 해외의 통화로 책정된 가격을 단시 환율을 이용하여 북한 원화로 나타낸 것뿐이라는 의미이다. 따라서 우리가 관찰하는 북한의 시장가격이 현실에 적합하고 신뢰성이 있는 것이라면, 당연히 그것의 이면에 있는 북한의 환율 역시 합리적인 것이 되어야 함이 틀림없다. 만일 그렇지 않다면, 북한의 환율은 물론 이를 직접 반영하는 북한의 시장가격 역시 현실을 제대로 반영하지 못하는 것이 되기 때문이다.

이러한 사실에 착안하여 [그림 2-11]과 [그림 2-12]에서는 북한의 환율이 과연 얼마나 합리적인지를 평가하고자 시도하였다. 우선 여기에서는 북한 원화의 대달러 환율과 대위안 환율을 이용하여 북한 원화를 매개로 하는 위안화의 대달러 환율을 산출하였다. 그리고 이를 국제시장에서 거래되는 위안화의 대달러 환율과 비교하였다. 당연한 말이지만 이 두 가지 환율은 서로 거의 차이가 없어야 하는 것이 합리적이다. 그렇지 않다면 북한 경제주체의 입장에서는 신의주-단동 등 북중 국경을 넘나들면서 달러와 위안의 재정거래(arbitrage)를 통해 무한한 수익을 창출할 수 있기 때문이다. 예를 들어 북한에서 달러(위안)를 팔고 위안(달러)을 구입한 이후 중국으로 넘어와 반대로 위안(달러)을 팔고 달러(위안)를 구입하면 북중 간 환율 격차만큼의 수익을 낼 것이고, 이러한 수익은 기존의 환율이 존재하는 한 무한히 증대할 것이기 때문이다. 따라서 만일 우리가 관찰하는 북한의 시장가격이 현실 적합적이고 신뢰할 수 있는 것이라면, 그 이면에 있는 북한의 환율 역시 중국 등 국제시장에서의 환율과 밀접히 조응하는 합리적인 것이 되어야만 할 것이다.

그런데 [그림 2-11]과 [그림 2-12]에 따르면 북한 원화 환율로 산출한 위안/달러 환율은 중국 등 국제시장에서 거래되는 위안/달러 환율과 매우 흥미로운 관계를 맺고 있다. 우선 2016년 대북제재를 전후한 기간까지는 전사와 후사가 사실상 일치하는 것으로 나타난다. 그러나 대북제재 이후

[그림 2-11] 미국 달러화에 대한 중국 위안화 환율(위안/달러): 국제시장 vs. 북한 시장

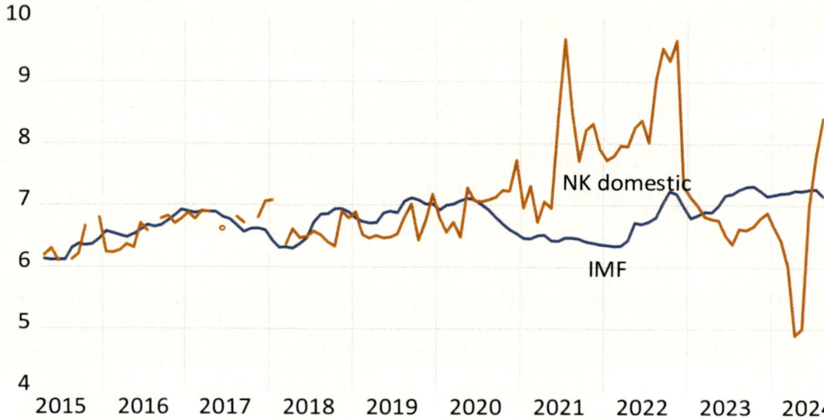

자료: Daily NK 시장가격 조사 자료 및 IMF Data Portal을 바탕으로 저자 작성.

[그림 2-12] 국제시장 (달러 대비) 위안화 환율과 북한 시장 위안화 환율 사이의 표준편차 추이

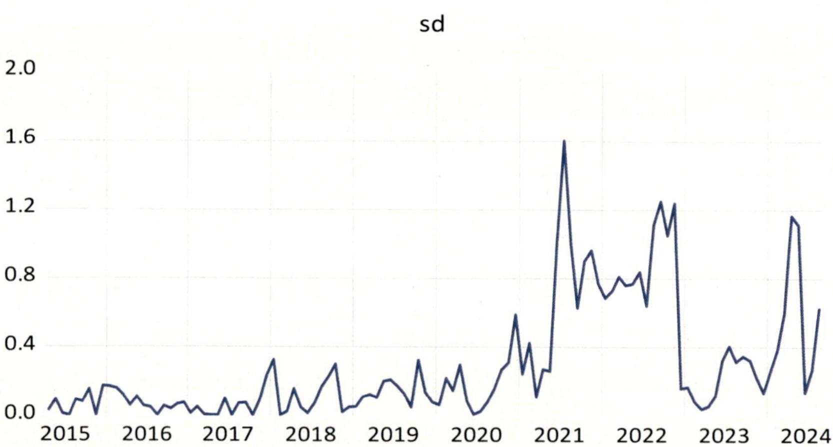

자료: Daily NK 시장가격 조사 자료 및 IMF Data Portal을 바탕으로 저자 작성.

2019년까지 양자 사이의 격차가 조금씩 발생하더니, 코로나19가 시작된 2020년 이후, 특히 2021년부터는 양자 사이에 결코 간과할 수 없는 커다란 격차가 존재하는 것으로 나타난다. 이러한 격차는 북한이 코로나19를 극복하고 다시 중국과의 교역을 회복하기 시작한 2023년 이후 2024년

9월 현재까지 결코 사라지지 않고 있다. 실제로 <표 2-15>에 제시되어 있는 것처럼 북한 시장과 국제시장에서의 대달러 위안화 환율의 격차는 2020년 코로나19를 전후하여 약 5배 이상 차이가 나는 것으로 나타난다.

그리고 <표 2-16>이 보여주는 것처럼 이러한 격차는 2016년 대북제재 이후 2024년 9월 현재까지 지속적으로 확대되는 경향이 있으며, 이러한 경향은 통계적으로 유의미한 것으로 나타난다. 이러한 수치와 추세가 의미하는 것은 분명하다. 북한의 환율은 적어도 2016년 대북제재 이후 점점 더 비합리적인 방향으로 변화하였고, 특히 2020년 코로나19 사태 이후 현재까지 국제시장과는 아예 동떨어진 이상한(?) 환율체계를 유지하고 있다는 점이다. 과연 이러한 환율체계가 정상일까? 그리고 이처럼 이상한 환율하에서 관찰되는 북한의 시장가격은 정말 신뢰할 수 있는 것일까?

<표 2-15> 국제시장 (달러 대비) 위안화 환율과 북한 시장 위안화 환율 사이의 표준편차 추이: 시기별 비교

	전체 기간 (2015. 4~2023. 6)	기간 A (2015. 4~2019. 12)	기간 B (2020. 1~2024. 9)
평균	0.27	0.09	0.51
중간	0.12	0.07	0.32
최대	1.60	0.32	1.60
최소	0.00	0.00	0.01
표준편차	0.35	0.08	0.42

자료: Daily NK 시장가격 조사 자료 및 IMF Data Portal을 바탕으로 저자 작성.

<표 2-16> 국제시장 (달러 대비) 위안화 환율과 북한 시장 위안화 환율 사이의 표준편차에 대한 추세 방정식 도출 결과(2015. 4~2024. 9)

변수	계숫값	표준오차	t-값	확률
상수항	-0.085025	0.055744	-1.525267	0.1304
시간	0.007208	0.000983	7.334731	0
R-squared		0.356757		
S.E. of regression		0.279428		
F-statistic		53.79827		

자료: Daily NK 시장가격 조사 자료 및 IMF Data Portal을 바탕으로 저자 작성.

이처럼 북한의 시장가격이 얼마나 현실에 적합한지, 다시 말해 이에 대한 신뢰성이 어느 정도인지를 각각 다른 몇 가지 방식으로 평가해 보면 그것의 결과는 서로 놀랍도록 유사한 것으로 나타난다. 그리고 이는 다음의 세 가지로 집약할 수 있다. 첫째, 북한의 시장가격을 지역별 가격 격차라는 지표로 살펴보면 2016년 대북제재 이전까지 시장가격의 신뢰성이 상대적으로 더욱 높아 보인다. 당시까지 지역별 시장가격 격차는 꾸준히 줄어들고 있었기 때문이다. 그러나 이러한 경향은 2016년 대북제재 이후 역전되었고, 그 역전의 정도는 특히 2020년 코로나19를 전후하여 더욱 증폭되었다. 이는 우리가 관찰하는 북한의 시장가격의 신뢰성이 2016년 이후, 특히 2020년 이후 더욱 줄어들고 있음을 의미한다. 둘째, 북한의 시장가격을 수입가격과의 격차라는 지표로 살펴볼 때에도 동일한 결론에 도달한다. 2016년 대북제재 이전까지 북한의 시장가격과 수입가격은 매우 안정적이고 체계적인 관계를 맺고 있었지만, 이러한 관계는 2016년 대북제재 이후, 특히 2020년 코로나19 이후 사실상 사라지기 때문이다. 셋째, 북한 시장가격의 신뢰성을 이의 배후에 존재하는 환율의 합리성이라는 지표로 살펴볼 때에도 사정은 다르지 않다. 2016년 이전까지 상대적으로 합리적이었던 북한의 환율이 2020년 코로나19를 전후하여 완전히 중국 등 국제시장 환율에서 이탈하는 비정상적인 모습을 보여주기 때문이다.

이상의 결과들을 종합하면, 우리가 관찰하는 북한 시장가격의 현실 적합성 또는 신뢰성은 2016년 대북제재 이전까지는 상대적으로 높았으나, 그 이후에는 점점 하락하는 경향이 존재하고, 특히 이러한 경향은 2020년 코로나19 사태를 전후하여 더욱 증폭되는 모습을 보인다고 할 수 있다.

제5절 의미와 시사점

본 장에서는 현재 외부세계가 가지고 있는 북한 시장가격 관측치들을 이용하여 북한의 시장가격을 분석하는 일이 과연 가능하고 의미가 있는지를 논의하였다. 그리고 이를 위해 세 가지의 기본적 질문을 제기하였다. 첫째, 북한의 시장가격은 어떠한 환경에서 형성되며, 이에 따라 외부세계의 이에 대한 관측치는 어떤 특징을 가질 수밖에 없는가? 둘째, 북한의 시장가격은 어떻게 구성되고 어떤 특징을 가지고 있으며, 이에 비추어 볼 때 현재 외부세계가 보유하고 있는 북한 시장가격 관측치들은 주로 어떤 위치를 점유하고 있는가? 셋째, 외부세계의 북한 시장가격 관측치는 실제의 북한 시장가격 분석이라는 관점에서 얼마나 신뢰성이 있나?

그리고 이러한 질문들을 토대로 이제까지 본 장에서는 북한의 시장가격 및 이에 대한 외부세계의 관측치들에 대해 다양한 결과와 흥미로운 시사점들을 도출해 낼 수 있었다. 그렇다면 이들 결과와 시사점들을 모두 종합하면 그것은 본 연구의 기본적 목적, 다시 말해 북한의 시장가격을 본격적으로 분석하는 일에는 어떤 함의를 내포하고 있을까? 물론 이에 대해서는 다양한 방식으로 논의를 진행할 수 있겠지만, 가장 근원적으로 다음의 세 가지 함의에 대해서만큼은 특별한 주의가 필요하다는 판단이다.

[함의 1] 비록 북한 시장가격에 대한 외부세계의 관측치가 다양한 한계와 문제점들을 보유하고는 있지만, 이를 토대로 북한의 시장가격을 분석하는 일은 가능하며 또한 의미 있는 일이다. 표면적으로 이들 관측치에 나타나는 관측 결과의 불일치성 등과 같은 문제는 북한 시장가격의 특징 자체로 인해 얼마든지 발생 가능한 것이기 때문이다. 또한 이들의 신뢰성 역시 있다고 할 수 있으며, 특히 2020년 코로나19 시기 이전에 생산된 관측치들의 신뢰성은 상대적으로 더욱 높다고 평가할 수 있다. 따라서 이들 관측치들을 이용하여 2020년 코로나19 이전의 북한 시장가격은 충분히 정밀하게 분석 가능할지도 모른다.

[함의 2] 현재 이용 가능한 외부 관측치들의 특징으로 볼 때 북한의 시장가격에 대한 분석은 우선 상품가격을 분석하고, 서비스가격에 대한 분석으로 이행한 이후, 여타의 가격에 대해서는 향후의 분석을 위한 기본 관측치의 확보 또는 생산에 주력하는 방식으로 이루어지는 것이 바람직하다. 북한 시장가격의 특성상 상품의 시장가격이 가장 명확하고, 이토

인해 상품가격에 대한 분석적 신뢰성이 더욱 높기 때문이다. 또한 이에 대해서는 현재 외부세계가 중요한 관측치들을 어느 정도 확보한 상태이기 때문이다. 서비스가격의 경우에도 시장가격의 명료성이나 관측치의 확보가 상품가격에는 미치지 못하지만 어느 정도 수준에 충분히 도달할 가능성이 있다. 이에 따라 상품가격과 더불어 서비스가격에 대한 분석 역시 진행에 큰 커다란 무리가 없을 것이다. 그러나 여타의 가격에 있어서는 사정이 다르다. 예를 들어 각종 금융가격이나 임금, 여타 지도/공공가격에 대해서는 시장가격 자체의 명료성이 크지 않은 데다, 이에 대한 외부세계의 관측치도 사실상 전무한 상태이다. 이에 따라 이들 시장가격에 대해서는 현재의 수준에서 본격적인 분석을 진행하는 것은 불가능하고, 오히려 이에 대한 기본 관측치 마련에 주력하는 것이 현명할 것이다.

[함의 3] 그런데 북한 시장가격의 본격적 분석에 있어 2020~23년 코로나19 시기 이전과 이후의 분석 결과를 이해하는 것에 특별한 주의가 요청된다. 2020~23년 코로나19 시기 이전에는 북한의 시장 자체가 상대적으로 합리적이며 경제적인 요인들에 의해서 결정되어 시장가격과 이에 대한 외부세계의 관측치의 신뢰성이 비교적 높은 반면, 2020~23년 코로나19 시기 이후에는 이러한 시장의 합리성이 점점 더 사라지는 추세인 것으로 판명되기 때문이다. 즉, 코로나19 이전과 이후 시기의 북한 시장가격에 대한 분석 결과를 동일 선상 위에서 비교하는 것이 가능한지가 의문시된다고 할 수 있다.

이상의 함의를 바탕으로 본 연구의 이하 장들에서는 북한의 시장가격 분석을 상품가격과 서비스가격 분석으로 대별하여 각각 별도로 진행한다. 그리고 이들 분석 결과들을 모두 종합하여 북한의 시장가격에 대한 최종적 결론을 도출한다.

참고문헌

통계청, 『남북한 경제사회상 비교』, 통계청, 1995.

<웹사이트 및 자료>

중국해관통계(http://stats.customs.gov.cn/indexEn, 검색일: 2024. 10. 24).

Daily NK, 「북한 시장 상품가격 구매자료」.

______, 「북한 시장 서비스가격 조사자료」.

______, 「북한시장동향」(https://www.dailynk.com/market/, 검색일: 2024. 10. 18).

IMF Data Portal(https://data.imf.org/, 검색일: 2024. 10. 18).

KOSIS 국가통계포털(https://kosis.kr/, 검색일: 2024. 10. 18).

부 록

<부표 2-1> 시장 쌀 가격 지역별 표준편차의 추세 방정식에 대한 다중단절검증 결과(2016. 4~2024. 9)

Multiple breakpoint tests				
Bai-Perron tests of L+1 vs. L sequentially determined breaks				
Date: 12/10/24 Time: 13:04				
Sample: 2016M04 2024M10				
Included observations: 97				
Breaking variables: C @TREND				
Break test options: Trimming 0.15, Max. breaks 5, Sig. level 0.05				
Sequential F-statistic determined breaks:	2			
		Scaled	Critical	
Break Test	F-statistic	F-statistic	Value**	
0 vs. 1 *	7.123301	14.2466	11.47	
1 vs. 2 *	10.02477	20.04955	12.95	
2 vs. 3	1.859203	3.718406	14.03	
* Significant at the 0.05 level.				
** Bai-Perron (Econometric Journal, 2003) critical values.				
Break dates:				
	Sequential			
1	2021M11			
2	2020M08			

자료: Daily NK 시장가격 조사자료를 바탕으로 저자 작성.

제3장

북한 시장의 상품가격 특징과 결정요인 분석

남 진 욱 (한국개발연구원)

제1절 머리말

본 장에서는 북한 시장[1] 상품가격[2]의 특징과 결정요인을 분석한다. 현재 북한에서 외부세계에 흔히 '장마당'으로 알려진 시장이 없는 삶은 상상하기 어려울 정도다. 통일부(2024)의 설문조사 결과에 의하면, 북한이탈주민 중 북한에서 '시장이 없어도 생활이 가능했었다'는 비율은 불과 3.7%에 그쳤다. 북한 내 종합시장 수도 지속해서 증가하여 위성사진을 통해 파악된 공식시장만 2022년 11월 기준으로 414개에 달한다.[3] 그래서 북한경제에 대한 정보가 전반적으로 매우 제한적인 상황에서도 현재 북한 시장에서 거래되는 쌀과 같은 주요 품목의 가격이나 달러 환율 등의

---

1 현재 북한경제에는 최종 소비재 시장에 속하는 소비재, 서비스, 부동산 부문, 생산요소 시장인 노동 및 사금융 부문, 그리고 생산재 시장 등이 존재한다. 본 장은 상품가격을 주로 다루므로 '소비재' 시장에서의 상품가격 분석에 집중한다. 이에 따로 언급하지 않을 경우 본문에서 '시장'은 소비재 시장을 지칭한다. 서비스 시장과 가격은 제4장에서 다룬다. 부동산 및 노동 시장은 이석기 · 양문수 · 정은이(2014), 사금융시장은 박영자(2016), 생산재 시장은 양문수(2010)를 참고하라.

2 북한에서 가격은 상품의 가치와 생산수단의 가치형태를 화폐적으로 표현한 것이다. 북한 가격법에 따르면 국가가격은 유일가격이며 계획가격이다. 도매가격, 소매가격, 수매가격, 운임 및 요금 등의 기본 종류의 가격이 이에 속한다. 본 장에서의 가격은 이러한 국가가격이 아니라 '시장가격'이며, 시장가격이 아닌 가격을 의미하면 따로 표기한다.

3 홍민 · 차문석 · 김혁(2022), p.27.

지역별 정보는 북한전문매체를 통해 주기적으로 얻을 수 있는 상황이며, 종종 FAO/WFP와 같은 국제기구 조사를 통해서도 시장가격 정보가 입수되기도 한다. 하지만 주요 품목 외의 가격은 얻기 어려워 전반적인 시장가격 정보는 여전히 파편적으로만 입수되고 있으며, 입수된 가격이 어떻게 형성되고 있는지, 특징이나 결정요인이 무엇인지에 대한 설명이 부족한 현실이다.

게다가 북한 헌법은 여전히 북한의 경제체제를 계획경제로 규정하고 있다. 북한당국은 2003년에 시장을 공식적으로 합법화시켰으나 공식 계획경제와 따로 분리한 것이 아니라 공식부문의 일부로 편입시켰다. 즉, 북한 시장은 북한당국의 개입이 최소화되고 독립적으로 운영되고 있다기보다는 시장 개입 정책에 따라 시장의 운영, 가격 형성 등이 좌우될 수밖에 없는 구조다. 이에 따라 북한 시장에서 형성되는 가격은 일반적인 자본주의 시장에서 수요와 공급에 의해 결정되는 가격과 일치하지 않는다고 보는 것이 합리적이다. 물론 시장에 전혀 개입하지 않는 정부는 존재하지 않지만, 기본적으로 공식부문의 계획에 맞춰 생산되는 상품이 거래되고 있는 북한 시장이기에 일반적인 시장가격과 다른 특징을 보일 가능성이 크다.

그럼에도 불구하고 시장가격은 당국이 계획에 따라 설정한 국정가격처럼 고정되고 지역 간 차이가 없는 것이 아니라, 일반적인 시장가격과 같이 수요와 공급의 변화에 민감하게 반응하며 공급 및 유통 조건에 따라 지역별 가격 격차가 크게 나타났다. 또한 대내외의 다양한 악조건으로 인해 북한의 생산성이 개선되지 않아 시장 상품의 공급이 외부, 특히 중국에 크게 의존하게 되었고, 이에 따라 해외가격 변동이 북한 시장 내 상품가격에 영향을 미치는 현상이 관찰되었다.

북한당국은 2002~03년 시장경제 메커니즘을 도입하고 시장을 합법화시켰을 때 시장가격을 공식적으로 변동가격체계로 제정하였다. 그리고 시장가격의 지침이라 할 수 있는 한도가격을 제정하는 데 있어 원가와 시장 수급 그리고 국제가격 및 환율 상황을 고려하겠다고 밝혔다. 더불어 각 생산품의 상대가격을 설정하는 데 있어 당시 식량난으로 인해 사실상 화폐와 같은 기능을 맡고 있던 쌀 가격을 기준으로 삼았다. 이에 시장 합법화 초창기 북한 시장환율을 활용한 달러 표기 쌀 가격이 중국 시장 쌀 가격과 비슷한 추세로 움직이는 것을 관찰할 수 있다.

더불어 북한경제는 2009년 화폐개혁 실패 이후 주민들의 북한 원화에 대한 신뢰도가 하락해 사실상 달러라이제이션(*De facto* dollarization)[4]되었다. 여러 북한이탈주민 설문조사를 통해 북한 시장에서 북한 원보다는 달러 혹은 위안이 주로 통용되는 모습과 더불어 외화가 북한경제에서 통화의 주요 기능을 맡고 있는 것이 관찰되었다. 이에 화폐개혁 실패 후폭풍으로 인한 초(超)인플레이션이 진정된 2014년과 코로나19 유행 이전인 2019년 사이에는 쌀 가격과 시장환율 가격을 중심으로 시장물가가 상당히 안정적이기까지 하였다. 이러한 현상을 종합적으로 고려해 보면 북한 시장가격과 중국 시장 혹은 국제가격 그리고 북한 시장환율 간의 연관성이 나타날 가능성이 높다고 볼 수 있으며, 실제로 다양한 북한 시장 상품가격과 국제(중국)가격이 추세적으로 비슷하게 움직인다. 이에 더해 전반적으로 각 상품가격의 변동성도 줄어들었으며, 지역 간 가격 차이도 농민시장 시절에 비해 훨씬 감소한 특징을 보인다.

그런데 북한은 2020년 1월부터 코로나19 예방을 위해 강력한 국경봉쇄를 단행하는 동시에 여러 정책을 통해 시장을 당국에서 관리하려는 노력을 펼치고 있다. 게다가 국경봉쇄 기간 중국과의 무역이 급격히 감소하여 중국으로부터의 상품 공급이 여의찮았다. 당국은 시장에서 양정법이나 사회주의상업법 개정 등을 통해 국영상업을 복원하려 노력하고 있으며, 외화 유통을 강력히 통제하고 있다. 이에 북한에서 탈(脫)달러라이제이션(De-dollarization) 현상이 발생하고 있지 않냐는 해석이 수면에 드러나는 상황이다. 실제로 북한당국이 시장관리 정책을 활발히 펼치고 있고 탈달러라이제이션이 이루어졌다면 북한 시장 상품가격과 중국 시장가격이나 국제가격 및 시장환율 간의 연결고리가 약화되는 모습을 관찰할 수

4 북한에서는 달러보다 위안화 사용 빈도가 높은 것으로 조사되고 있어 '위아나이제이션(Yuanization)'이라는 용어가 더 적합할 수도 있으나, 달러라이제이션은 외화가 현지화를 대체하는 현상을 보편적으로 설명하는 용어이므로 이를 사용한다.

있을 것이다.

본 장에서는 먼저 북한 시장 상품가격이 어떻게 형성되는지 그리고 확보 가능한 자료가 있는 일부 품목의 가격 특징을 알아본다. 그리고 이들 상품가격의 결정요인을 실증분석한다. 특히 상품가격이 국제가격이나 환율과 같은 외부 가격으로부터 전이되었는지 그리고 북한 시장 쌀 가격이 다른 상품가격에 영향을 미쳤는지를 시계열 계량 방법인 자기회귀시차분포 모형을 통해 분석한다. 기존 연구는 주로 북한 시장의 전반적인 상품가격에 대한 횡단면 분석이거나 코로나19 발발 이전 상품가격에 대한 시계열 분석이 주를 이룬다. 또한 상대적으로 긴 시계열을 활용한 분석의 경우 주로 북한 시장물가 자체에 대해 연구하는 경우가 많다. 본 연구는 북한 시장 상품가격이 국제가격, 쌀 가격 및 환율과 장기균형관계에 있는지 정량적으로 분석한다는 점에서 선행연구와 차별점이 있다. 본 장의 북한 시장 상품가격 분석에서는 시계열 분석과 함께 보조적으로 기존 문헌 내용 정리 및 시장가격 조사원 질의응답 등 정성적인 분석을 병행하였다.

본 장의 분석은 다른 대다수의 북한경제 연구와 비슷하게 자료의 신뢰성 문제에 봉착하기 때문에 분명한 한계가 있다. 북한 시장 상품가격 자료는 체계화된 방법으로 수집되지 않아 변동성이 대체로 크게 나타나는 특성이 있어 분석 결과가 과대 또는 과소 평가로 이어질 수 있다. 게다가 분석하는 품목이 제한적이기 때문에 북한 시장에서 거래되는 모든 상품을 대변한다고 보기 어렵다. 그럼에도 불구하고 북한의 시장정책 방향성이 코로나19를 전후로 유효하게 국제가격의 전이 수준을 바꿨는지 실증분석을 통해 알아본다는 데 의의가 있다.

본 장은 다음과 같이 구성된다. 제2절에서는 북한 시장 상품가격 형성과정과 특징을 알아본다. 제3절에서는 북한 시장 상품가격 결정요인으로 뽑히는 국제 혹은 중국 시장가격, 북한 시장 쌀 가격 및 환율의 영향력에 대해 실증분석을 통해 구체적으로 살펴본다. 제4절에서는 위의 내용들을 종합하여 북한 시장 상품가격 분석을 통해 얻을 수 있는 시사점에 대해 논한다.

제2절 북한 시장 상품가격 형성과 특징

시장에서 거래되는 상품의 가격은 기본적으로 수요와 공급에 의해 결정된다. 그런데 이와 같은 개념은 사회주의 계획경제를 표방하는 북한에서 국가계획에 따라 제정되는 국정가격과 상충한다. 특히 공급 측면에서 생산이 이익 극대화가 아닌 주어진 목표치 달성이라는 목적에 의해 결정된다는 점에서 차이가 날 수밖에 없다. 하지만 1990년대 극심한 경제난으로 이미 사회 전반적으로 소위 '장마당'으로 불린 암시장화된 농민시장에 대한 북한주민들의 의존도가 높아졌으며, 북한당국은 결국 2002년 7월 「경제관리개선조치」(소위 7.1 조치)와 2003년 3월 「내각조치 제24호」를 통해 시장을 공식적인 국가경제 일부로 편입하여 반(半) 합법화시켰다. 이때 공식부문 기업소에도 인센티브 제도가 도입되며 공급이 점차 자본주의화되었고 북한 시장 상품가격 형성도 점차 일반 자본주의 시장에서의 가격에 가까워졌다. 다만, 북한당국은 시장 합법화 시 당국에서 설정하는 한도가격을 제시하며 시장가격에 대한 일종의 지침을 마련했다.

한편, 시장이 합법화되고 시장활동이 급격히 활성화되자 시장가격에 대한 정보도 점차 외부에 알려지게 되었다. 2000년대 중후반부터는 북한 시장에서 거래되는 주요 상품의 가격이 지역별로 꾸준히 조사되고 있기도 하다. 이에 따라 북한 시장의 지역별 및 시기별 상품가격 추세와 특징을 유추할 수 있게 되었다. 특히 북한은 UN안보리가 가한 여러 차례의 굵직한 제재, 장기간의 국경봉쇄로 인한 무역 감소 등의 외부 요인과 시장억제 정책 등의 내부 요인을 겪은 바 있으며, 이들 요인은 상품가격에 큰 영향을 미쳤다.

1. 북한 시장 상품가격 형성

시장가격은 소비자가 사려는 양과 생산자가 팔려는 양이 균형을 이루게 만드는 가격이라는 사전적 의미를 갖는다. 그런데 사회주의 계획경제를 표방하는 북한의 경제체제에서 북한 시장은 일반적인 자본주의 시장과 차이를 보이며, 특히 계획경제에서의 생산시스템으로 인해 공급 측면에서의 차이가 시장가격에 영향을 미칠 수밖에 없다. 시장이 합법화된 후 공식부문의 기업소 또한 시장에서 생산품을 판매할 수 있게 되었으나 여전히 계획경제는 유지되고 있고, 공식부문 출신 북한이탈주민을 설문조사한 통일부(2024)의 결과에 의하면, 과거에 비해 다소 감소하기는 했으나 최근에도 국영기업소는 생산품 처리를 '국가계획에 따라 공급한다'는 비율이 높게 나타났다.[5] 여전히 국정가격으로 국영유통망을 통해 거래되는 상품이 상당할 것이라 유추할 수 있어, 시장가격에 영향을 미칠 가능성이 크다. 게다가 북한당국은 일부 상품에 대해 일종의 지침인 한도가격 또한 제정하고 있으며, 이 가격이 어떻게 정해지는지 밝히기도 했다. 이 때문에 북한에는 소비재 가격을 기준으로 상품에 따라 국정가격과 시장가격이 공존하고 있다.

자본주의 경쟁시장에서 가격은 상품의 수요와 공급이 균형을 이루는 지점에서 결정된다. 그러나 현실적으로는 완전한 경쟁시장이나 정부의 개입이 전혀 없는 시장이 존재하지 않기 때문에, 가격은 정부의 정책, 경쟁 수준, 유통구조 등 다양한 요인의 영향을 받는다. 북한에서도 마찬가지로 종합시장이 합법화되었으나, 북한당국은 시장에 대한 통제정책을 지속해서 시행해 왔다. 또한 사회주의 계획경제체제하에서 계획적으로 책정된 국정가격이 여전히 북한경제에 존재하고 있다. 종합시장 형성 이전에는 국정가격과 암시장가격의 격차로 인해 공식부문의 생산물을 절취·유출하는 사례가 빈번히 발생했다.

북한당국은 7.1 조치를 발표한 다음 해인 2003년에 종합시장 정책을 발표하면서 "시장 한도가격과 상품가격을 바로 정해 주고 철저히 지키도록 할 것이다"[6]라고 밝혔다. 그리고 상품가격은 1) 원가를 반영하고, 2) 시장의 수요와 공급을 고려하며, 3) 국제시장가격과 환율 시세를 반영할

---

5 2011년 이전 탈북민 중 61.5%, 2012년 이후 탈북민 중 52.2%가 본인 소속 기업소가 기본생산품을 국가계획에 따라 공급했다고 응답했다.

6 「내각지시 제24호」, 종합시장설치 지시문, 2003. 5. 5. 정은이(2011)에서 재인용.

것이라 설명했다.[7] 이는 기본적으로 고정가격인 국정가격과 달리 시장가격의 경우 변동가격제가 될 것이며, 한도가격 또한 상황에 맞춰 당국에서 주기적으로 위 결정요인을 감안하여 변동시킬 것을 선언한 것이다. 수요와 공급에 따라 정해지는 시장가격이 있음에도 불구하고 동시에 한도가격을 제정한 것은 시장가격의 지나친 상승은 경계하고 억제하겠다는 의도가 엿보인다.

다만, 국가가격제정국과 관할 인민위원회는 모든 품목이 아닌 주요 품목에 대한 한도가격만 제시한 것으로 알려져 있다. 일본 동북아 경제연구소(ERINA) 소속 연구원이 2004년 및 2005년 8월 초 평양의 대표적인 시장인 통일거리시장을 방문하여 조사한 시장 및 한도가격 자료에 따르면, 2004년에는 곡물류, 육류, 유제품, 조미료류, 의류, 과일류 등 총 26개 품목에 대해서만 시장 최고 한도가격이 고시되어 있고 2005년에는 불과 4개 품목에 대해서만 한도가격이 고시되어 있다.[8] 즉, 종합시장 형성 초창기에는 북한당국에서 시장에서 거래되는 상품의 가격에 대한 지침을 제시했다고 볼 수 있다.

그렇다면 북한에서는 어떠한 방식으로 위 세 가지 요인을 고려하여 한도가격을 제정한 것일까? 먼저 원가를 반영한다는 의미는, 국정가격을 책정할 때와는 달리 소비자가 아닌 생산자 위주로 가격을 책정한다는 의미다. 이를 위해 모든 생산물의 상대가격을 조정하고 일부 소수 품목을 제외하면 부여되던 보조금을 없앴다. 그리고 이정철(2007)은 생산물의 상대가격 조정 시 기존에는 석탄이나 전력과 같은 '시초 원료 가격'을 기준으로 했으나 7.1 조치 이후 쌀 가격을 기준으로 정하도록 전환했다고 북한 발표 자료를 통해 분석했다. 남성욱(2005)은 북한당국이 쌀 가격 기준으로 전환한 것은 1990년대 식량난으로 쌀이 농민시장에서 가장 많이 거래되는 상품이 되었기 때문으로 해석했다. 현재도 북한 시장가격을 조사하는 매체마다 조사하는 품목이 다르지만, 쌀 가격만은 모든 매체에서

---

7 「내각지시 제24호」, 종합시장설치 지시문, 2003. 5. 5; 「내각결정 제27호」, 시장관리규정, 2003. 5. 5. 김일한(2011), p.76에서 재인용.

8 한국수출입은행(2004; 2005).

조사에 기본적으로 포함하고 있을 정도로 북한 시장에서 쌀의 중요성은 여전히 높다. 한기범(2009)은 “북한의 쌀값은 모든 상품가격 결정의 기준으로, 화폐나 다름없다”라고 표현하였다. 『조선신보』가 보도한 북한당국의 7.1 조치 관련 설명에 의하면, 쌀 가격은 “1) 물과 전기, 비료와 박막 등에 투입되는 자금을 계산하여 생산 원가를 도출, 2) 국제시장에서의 쌀 가격을 고려, 3) 국내에서의 수요와 공급도 염두에 두었다”[9]고 밝혔다. 자료의 한계로 인해 1), 3)에 대한 검증은 어렵지만, 2)의 경우 후술하겠지만 북한당국이 상당히 고려하는 것을 확인할 수 있다.

북한의 생산 원가 및 상품에 대한 수요와 공급은 쌀뿐만 아니라 다른 모든 품목에 대해서도 파악하기가 현실적으로 어렵다. 따라서 실제로 북한 국가가격제정국에서 한도가격을 정할 때 어느 정도 수준으로 위 요인들을 고려하는지는 알 수 없다. 게다가 북한이탈주민의 증언[10]이나 북한 전문매체 보도[11]에 의하면, 한도가격은 최근까지도 여전히 존재하나 ‘가격상한제’로서의 역할은 사실상 유명무실해진 것으로 판단된다. 종합시장 개설 후 북한의 가격형태와 가격관리체계는 <표 3-1>과 같이 정리할 수 있다.

<표 3-1> 북한의 가격형태와 가격관리체계

가격형태	가격 최종 결정권	가격동향	제정원리	계획화 정도
국정가격	국가가격제정국	고정가격	원가	계획가격
한도가격	국가가격제정국 + 관할 인민위원회	변동가격	원가 + 수요 · 공급 (+ 환율 변화)	행정지도 가격
시장가격	시장	자유가격	수요 · 공급	합의 · 경쟁 가격

자료: 김일한(2011), p.80.

9 『조선신보』(2002. 7. 26).

10 양문수(2010), p.10.

11 『Daily NK』가 입수한, 북한 내각이 2024년 9월에 배포한 정치자료에 의하면, 북한당국은 한도가격을 지킬 것을 지시하고 있으나 한도가격과 시장가격 간의 격차가 상당하게 나타난다(『Daily NK』, 2024. 9. 26).

2. 북한 시장 상품가격 특징

북한에서 시장이 합법화된 지 20년이 넘는 시간이 흘렀지만, 다른 북한경제 관련 자료와 마찬가지로 북한당국은 시장가격이나 인플레이션에 대한 공식적인 자료를 발표하지 않는다. 국내외적으로 알려진 시장가격 자료는 대부분 북한이탈주민의 증언, 북한전문매체들이 현지 조사원에게 의뢰하여 조사한 가격 혹은 FAO나 WFP와 같은 국제기구가 현지에서 조사한 가격이다. 이러한 시장가격 정보는 북한의 시장이 본격적으로 활성화되기 시작한 1990년대부터[12] 점차 외부세계에 알려지게 되었다.[13] 최근 들어서는 여러 북한전문매체가 내부 조사원을 통해 쌀과 같은 주요 상품에 대한 가격을 주기적으로 조사하여 공개하고 있다. 물론 엄밀히 말하면 이들 자료는 '통계'라 지칭하기에는 어려운 점이 많다. 기본적으로 내부 조사원을 통해 조사가 진행되기 때문에 보안상의 문제로 조사 과정이나 방법이 명확하지 않아 신뢰성을 담보하기 어렵기 때문이다.[14] 그럼에도 불구하고 북한경제에 대한 시의성 있는 자료가 부족하기 때문에 북한경제를 연구하는 데 있어 자주 활용되는 자료다. 그리고 개별 시점의 가격 수준에 대한 정확성은 떨어질 수 있으나 각 매체의 동일 상품가격에 대한 수치가 장기적인 추세로는 비슷하게 형성되어 있다. 이 자료들을 통해 국정가격과 시장가격의 차이, 지역별 차이 등의 정보를 유추할 수 있게 되었으며, 북한경제의 현황을 파악하고자 하는 노력 또한 증가하게 되었다.

---

12 1990년대에는 북한에 종합시장은 없었으나 1958년부터 북한당국이 인정한 농민시장이 운영되고 있었다. 거래 가능한 품목에 제한이 있었기 때문에 현 종합시장과는 차이가 존재한다. 다만, 1990년대에는 북한의 경제난으로 인해 농민시장이 사실상 거대한 암시장화되어 거래 금지 품목까지 거래되었다. 외부에 흔히 알려져 있는 '장마당'이라는 명칭은 암시장화된 농민시장을 지칭한다.

13 하지만 자료의 수집 주기가 불규칙했고 수집 장소 및 품목 등도 일정하지 않았다. 현재까지 북한 시장가격과 관련하여 오랫동안 가장 방대한 자료를 모아 온 한국은행의 임송·문승현(2023)에 따르면, 2006년 무렵부터 데이터베이스화할 수 있을 만한 자료가 축적되었다고 한다.

14 북한전문매체들의 시장가격 정보 조사방법에 대해서는 각 매체들의 조사 담당자들과 인터뷰한 내용을 정리한 김규철(2021)과 정승호(2023)를 참고하라.

가. 북한 시장가격의 지역별 및 시기별 차이

2000년대 후반부터 본격적으로 북한 시장가격 자료가 축적되었는데, 그 이전 지역별 북한 시장가격은 북한과 무역하는 중국인이나 조선족을 대상으로 벌인 인터뷰나 『조선신보』와 같은 조총련계 매체와 좋은벗들과 같은 NGO를 통해 공개됐다. 한 번 조사 결과가 나올 때마다 다양한 품목의 시장가격[15]이 제공된다는 장점이 있지만 가격이 비정기적으로 조사됐고 자료의 시계열이 길지 않아 다층적으로 분석하기 어려운 측면이 있다.

이에 본 연구에서 지역별 시장가격의 차이를 알아보기 위해 활용한 자료는 Daily NK의 웹페이지를 통해 공개되고 있는 북한 시장 상품가격이다. Daily NK는 2009년 8월부터 북한 시장 쌀 가격과 북한 원/달러 환율 조사치를 제공하고 있다. 대체로 2주에 한 번 가격이 조사되고 있으며, 북한 내 3개 지역(평양, 신의주, 혜산)의 시장가격을 제공한다. 또한 KDI 북한경제연구팀에서는 Daily NK로부터 일부 품목[16] 가격자료를 구매하고 있어 이를 추가로 분석에 활용한다.[17] 그리고 이 시기부터 시계열 자료가 끊어지지 않고 연결되므로 시기별 가격변동 등을 더 자세하게 유추할 수 있다. 3개 지역 중 평양은 북한의 수도이자 최대 도시로 북한 시장을 대표하는 지역이라고 볼 수 있고, 신의주는 중국과 국경을 맞대면서 무역이 가장 활발한 도시이며, 혜산은 북중 접경지대에 자리 잡고 있지만 평양과 신의주보다는 상대적으로 물류, 유통구조가 취약한 도시다. 따라서 전반적으로 평양과 신의주의 시장가격이 혜산의 시장가격보다 낮게 형성되는 것이 합리적이라 볼 수 있다.

<표 3-2>는 북한 내 3개 지역 시장에서 거래되는 달러 및 위안 환율,

---

15 정정길 · 전창곤(2000), 남성욱(2005), 좋은벗들(https://www.gf.or.kr/category/nknews, 검색일: 2024. 10. 21)을 참고하라.

16 옥수수, 돼지고기, 휘발유, 경유 가격, 위안 환율 데이터를 구입하고 있다.

17 현재 한국은행, 한국농촌경제연구원, AsiaPress 또한 정기적으로 북한 시장가격 자료를 공개하고 있으며 여러 지역 가격을 조사하고 있으나, 조사 지역들의 평균값만을 공개하고 있어 지역별 차이를 유추할 수 없다는 단점이 있다. 이들 자료에 대해서는 부록을 참고하라.

쌀, 옥수수, 돼지고기, 휘발유 그리고 경유까지 총 7개 품목 가격의 각 시기 평균 대비 격차를 보여준다. 시기는 1) 인플레이션이 극심했던 2009~13년, 2) 물가가 전반적으로 안정적이었던 2014~19년, 그리고 3) 코로나19 이후인 2020~24년으로 나눴다.[18] 북한에 공식시장 수만 400개가 넘어가며, 전 지역에 걸쳐 시상이 설치되어 있고 수많은 품목이 거래되고 있으므로 <표 3-2>의 결과가 지역별, 시기별 대표성을 나타낸다고는 할 수 없다. 하지만 이 품목들은 북한 시장에서 많이 거래되고 있는 품목이며, 가격의 전반적인 추세를 확인할 수 있다는 장점이 있다. 표에서 양(+)의 수치는 3개 지역 평균 대비 높은 가격을 의미하고, 음(-)의 수치는 3개 지역 평균 대비 낮은 가격을 의미한다. 예를 들어 평양시장에서 거래되는 달러 환율의 경우 표본 전체 기간 3개 지역 평균 달러 환율 대비 0.36% 낮게 거래되고 있다는 것을 의미한다.

7개 품목 전체 평균을 살펴보면, 앞서 언급한 바와 같이 평양과 신의주 시장에서 혜산보다 가격이 낮은 것을 관찰할 수 있다. 구체적으로, 평양은 평균 대비 0.96% 낮은 가격을 나타내고, 신의주는 평균 대비 0.89% 낮은 가격을 나타내지만, 혜산에서는 7개 품목이 평균 대비 1.84% 높은 가격으로 거래된다.

품목별로 살펴보면, 시장환율은 다른 품목에 비해 지역별 격차가 상대적으로 작은 것으로 나타난다. 여전히 평양과 신의주 시장에서 외화가 혜산보다 낮은 가격에 거래되기는 하지만, 평양과 신의주 시장의 가격은 평균 대비 각각 0.23%, 0.14% 낮고, 혜산시장의 가격은 3개 지역 평균 대비 불과 0.36% 높은 수준이다.[19] 다만, 달러와 위안 간 차이가 약간 존재하며, 평균적으로 달러는 평양에서 신의주보다 낮은 가격에 거래되고,

---

18 2024년 8월까지의 자료를 대상으로 분석했다.

19 흥미롭게도 2020~24년 달러 환율은 혜산에서 가장 낮은 가격으로 거래되었는데, 이는 시장환율이 급락한 시기인 2021년 하반기~2022년 하반기에 혜산 환율이 평양이나 신의주 환율보다 낮았기 때문이다. 이에 대한 정확한 이유는 알 수 없지만, 국경봉쇄로 인해 외화 거래 빈도가 줄어든 상태에서 달러에 대한 수요가 상대적으로 더 하락했을 것으로 보인다. 위안의 경우 동 기간에 혜산에서 가격이 높았는데, 무역이 완전히 중단되지는 않아 위안 수요가 상대적으로 존재했기 때문으로 보인다.

<표 3-2> 지역별 · 시기별 시장가격 평균 대비 격차

(단위: %)

분류	품목	지역	전체	2009~13	2014~19	2020~24
시장 환율	달러	평양	-0.36	-0.38	-0.75	0.08
		신의주	0.05	0.07	-0.01	0.10
		혜산	0.31	0.30	0.76	-0.18
	위안	평양	-0.09		0.59	-0.79
		신의주	-0.32		-0.69	0.06
		혜산	0.41		0.10	0.72
곡물 및 고기	쌀	평양	-1.95	-1.62	-1.28	-2.97
		신의주	-1.40	-1.19	-1.02	-1.99
		혜산	3.35	2.81	2.30	4.96
	옥수수	평양	-2.53	-1.68	-1.87	-3.95
		신의주	-1.87	-0.32	-1.63	-3.24
		혜산	4.40	2.00	3.50	7.19
	돼지고기	평양	-0.29		-0.38	-0.20
		신의주	-0.64		-0.59	-0.68
		혜산	0.93		0.97	0.88
정제유	휘발유	평양	-0.83	-0.66	-0.57	-1.28
		신의주	-1.20	-1.06	-0.63	-2.04
		혜산	2.03	1.72	1.20	3.32
	경유	평양	-0.65	-0.38	-0.43	-1.28
		신의주	-0.83	0.11	-0.38	-2.49
		혜산	1.47	0.27	0.81	3.77
시장환율 평균		평양	-0.23	-0.38	-0.08	-0.36
		신의주	-0.14	0.07	-0.35	0.08
		혜산	0.36	0.30	0.43	0.27
곡물 및 고기 평균		평양	-1.59	-1.65	-1.18	-2.37
		신의주	-1.30	-0.76	-1.08	-1.97
		혜산	2.89	2.41	2.26	4.34
정제유 평균		평양	-0.74	-0.52	-0.50	-1.28
		신의주	-1.02	-0.48	-0.51	-2.27
		혜산	1.75	1.00	1.01	3.55
7개 품목 전체 평균		평양	-0.96	-0.94	-0.67	-1.48
		신의주	-0.89	-0.48	-0.71	-1.47
		혜산	1.84	1.42	1.38	2.95

주: 1) 달러와 쌀 가격은 2009년 8월~2024년 8월 자료.
2) 휘발유와 경유 가격은 2010년 9월~2024년 8월 자료.
3) 옥수수 가격은 2010년 11월~2024년 8월 자료.
4) 돼지고기와 위안 가격은 2015년 4월~2024년 8월 자료.

자료: Daily NK, 「북한 시장동향」(https://www.dailynk.com/market/, 검색일: 2024. 10. 18)과 Daily NK로부터 구입한 자료를 취합하여 저자 계산.

위안은 신의주에서 평양보다 낮은 가격에 거래되는 것으로 나타난다.

이는 Mun and Jung(2017) 및 통일부(2024)의 결과와 비슷한 맥락을 나타낸다. Mun and Jung(2017)은 북한이탈주민 설문조사를 통해 평양에서는 달러가 주로 사용되며 북중 접경지역에서는 위안이 주로 쓰인다고 밝혔고, 통일부(2024)의 설문조사도 동일한 결과를 나타냈다. 특히 위안의 경우, 물가 안정기였던 2014~19년 사이에 혜산에서 평양보다도 낮은 가격에 거래된 것으로 나타났다. 신의주와 혜산은 지리적으로 중국과 인접해 있어 중국과의 무역이 빈번할 수밖에 없으며, 주로 위안을 사용하는 '보따리 장사'가 많을 것으로 추측되어 위안 가격이 상대적으로 낮을 가능성이 있다. 위안에 대한 수요가 환율을 높이는 효과보다 거래되는 위안의 공급량 증가로 인해 환율이 낮아지는 효과가 더 큰 것으로 판단된다. 시기별로 지역별 환율 격차가 크게 나타나지 않는다는 특징도 관찰할 수 있다.

곡물 및 고기는 지역별 편차가 다른 품목에 비해 크다. 품목의 특징이 잘 드러난 것이라 볼 수 있는데, 매 시즌 생산량 변동이 공산품에 비해 크고 유통 과정이 더 복잡할 수밖에 없기에 지역별로 가격이 다르게 나타나는 것으로 파악된다. 쌀과 옥수수의 경우 특히 혜산시장에서 평양과 신의주 시장에서보다 가격이 월등히 높은 것을 알 수 있는데, 다른 두 지역 시장과 비교하면 평균적으로 가격이 4% 이상 높다. 혜산이 지리적으로 곡창지대와 거리도 먼 데다가 산악지대에 자리 잡고 있어 유통이 쉽지 않아 공급 측면에서 평양이나 신의주에 비해 취약하다는 것이 가격 편차의 큰 요인 중 하나로 추측된다. 이는 곡물가격의 시기별 편차를 통해서도 알 수 있다. 국경봉쇄 및 이동 제한으로 인해서 2020년부터 지역별 쌀 및 옥수수 가격 차이가 상당히 나는데, 혜산시장으로 곡물 공급이 상대적으로 적게 되었을 가능성이 크다. 이에 따라 2020년 이후 곡물가격이 혜산시장에서 다른 지역에 비해 6% 이상 높게 조사됐으며, 가장 차이가 큰 옥수수의 경우 혜산시장에서 평양시장보다 무려 11% 이상 비싸게 팔리는 것으로 나타났다. 평양과 신의주 시장을 비교하면, 평양은 북한에서 가장 많은 자원이 몰리는 지역이고 북한의 주요 곡창지대가 근접해 있어서 쌀과 옥수수 가격이 신의주시장에 비해 낮게 나오는 것으로 보인다. 다만, 신의주 또한 혜산보다는 곡창지대와 가까이 있고, 중국과의 무역을 통해 자원을 일선에서 공급할 수 있다는 이점이 있어 혜산에 비해 낮은 가격을 나타낸다.

정제유 가격 편차도 다른 품목과 비슷한 모습을 보이지만 한 가지 차이점은 신의주시장에서 평양시장보다 휘발유와 경유 모두 미세하게나마 상대적으로 낮은 가격에 거래되고 있다는 점이다. 북한이 중국 단둥과 신의주 지하를 통과하는 송유관을 통해 중국으로부터 원유를 공급받고 있으며, 신의주의 봉화화학공장이 석유 정제설비를 보유한 북한의 주요 공장이란 요인이 상대적으로 낮은 신의주시장에서의 정제유 가격을 설명할 수 있는 요소 중 하나라 할 수 있다. 또한 인구가 많고 상대적으로 더 부유한 평양에서 정제유에 대한 수요가 신의주보다 많은 것이 합리적이기에 평양 정제유 가격이 상대적으로 높게 형성되어 있을 것으로 해석할 수도 있다.

마지막으로 <표 3-2>의 결과는 지역 간 가격 차이가 과거에 비해 크게 줄었음을 나타낸다. 1990년대 말에는 동일 품목의 가격이 시장에 따라 최대 100%까지 차이를 보인 반면(정정길 · 전창곤, 2000), 2009년 이후의 가격을 나타내는 <표 3-2>에서는 그 차이가 전반적으로 5% 내외로 나타난다. 다만, 가격이 조사된 평양, 신의주, 혜산 지역의 시장이 북한 내에서도 상당히 큰 규모일 가능성이 높고, 평균이 아닌 조사치별 차이를 구하면 격차가 더 크게 나올 수는 있다. 그럼에도 불구하고 시장의 합법화, 정보 비대칭 감소, 북한당국의 한도가격 제정 등을 통한 가격 형성 관여가 이루어지며 지역 간 가격 차이가 줄어들었을 것으로 보인다.

<표 3-3>은 지역별 및 시기별 시장가격의 표준편차를 나타낸다. <표 3-2>와 다르게 2009~13년의 가격은 제외했는데, 이 시기 가격이 화폐개혁 실패의 후폭풍으로 급상승하여 표준편차 값을 왜곡시키기 때문이다. 대신 2014~19년 시기를 대대적인 대북제재 이전 시기인 2014~16년과 이후 시기인 2017~19년으로 구분하였다. 특히 정제유의 경우 2017년 9월 UN안보리 대북제재 결의안 2375호가 도입되며 북한으로 유입될 수 있는

<표 3-3> 지역별 · 시기별 시장가격 표준편차

분류	품목	지역	전체	2014~16	2017~19	2020~24
시장 환율	달러	평양	1,277	340	119	1,911
		신의주	1,288	405	95	1,911
		혜산	1,287	304	124	1,917
	위안	평양	240	52	38	317
		신의주	239	57	42	321
		혜산	239	53	48	321
곡물 및 고기	쌀	평양	612	649	480	665
		신의주	602	566	483	691
		혜산	640	637	422	719
	옥수수	평양	569	430	318	539
		신의주	596	437	327	583
		혜산	657	462	339	595
	돼지고기	평양	3,533	1,433	1,073	3,289
		신의주	3,516	1,508	1,838	3,315
		혜산	3,547	1,789	2,196	3,161
정제유	휘발유	평양	3,542	4,428	3,439	2,848
		신의주	3,508	4,392	3,519	2,725
		혜산	3,543	4,802	3,112	2,721
	경유	평양	3,256	3,881	2,814	3,042
		신의주	3,185	3,783	2,796	2,982
		혜산	3,309	3,915	2,903	3,032

주: 1) 달러, 쌀, 옥수수, 휘발유, 경유 가격은 2014년 1월~2024년 8월 자료.
2) 돼지고기와 위안 가격은 2015년 4월~2024년 8월 자료.
자료: Daily NK, 「북한 시장동향」(https://www.dailynk.com/market/, 검색일: 2024. 10. 18)과 Daily NK로부터 구입한 자료를 취합하여 저자 계산.

양이 연간 200만배럴로 제한되었기 때문에 대북제재가 가격에 큰 영향을 미쳤을 가능성이 크다.

지역별 시장가격 표준편차 결과는 예상과 다르게 다소 흥미롭게 나타났다. 먼저 앞선 평균 가격 분석 결과와는 다르게 지역별 표준편차에는 큰 특징이 나타나지 않는다. 평균적으로 평양, 신의주, 혜산 시장에서 7개 품목 가격의 표준편차는 비슷한 값을 보이는 것이다. 대체로 신의주시장의 가격 표준편차가 다른 지역에 비해 낮게 나오는 경향은 있으나 유의미한 수준은 아니다. 임송·문승현(2023)은 평양과 평양을 포함한 5개 도시의 2006~22년 평균 시장물가지수의 변동성 계산 결과, 평양의 지수가 5개 도시 평균 지수에 비해 상대적으로 안정적으로 나왔다고 분석했다.

지역별 분석 결과와 다르게 시기별 시장가격 표준편차는 상당히 의외의 결과를 보인다. 먼저 강력한 대북제재가 가해진 2017~19년 사이의 가격 표준편차가 돼지고기를 제외하면 모든 품목에서 2014~16년 사이의 가격 표준편차에 비해 낮게 나타난 것이다. 다만, 이는 곡물의 경우 대북제재 대상이 아니었고 애당초 대외 의존도가 높은 편이 아니었기 때문에, 이 시기 곡물가격의 상대적 안정성은 당국의 정책적 개입[20]이나 내수 공급 안정화 등의 요인에 영향을 받았을 것으로 보인다.

그런데 공급 제재가 가해진 휘발유 가격의 경우 2017~19년 표준편차가 2014~16년에 비해 낮은 것은 물론 2020년 이후 가격 표준편차가 도리어 더 하락하기까지 하는 흥미로운 결과를 보인다. 휘발유를 제외한 모든 품목에서 국경봉쇄 이후 기간의 가격 표준편차가 가장 높게 나오는 것을 감안하면 휘발유 가격의 표준편차 결과는 의외라고 할 수 있다. 다만, 71개 품목의 시장가격 자료를 활용한 임송·문승현(2023)은 2016~17년을 기점으로 시장물가지수의 표준편차가 증가한다고 밝혔기 때문에 <표 3-3>의 결과는 분석대상 품목이 북한 전체 시장가격에 대한 대표성을 띠지 못할 가능성이 있다.[21] 특히 휘발유와 비슷한 성격의 품목인 경유의 경우 국경봉쇄 이후 가격 표준편차가 증가하는 모습이다. 따라서 전반적으로 국경봉쇄 이후 가격 변동성이 높아진 건 어느 자료를 활용하든 공통적으로 나타나는 결과이다.

[그림 3-1]은 북한 3개 시장의 쌀, 옥수수, 돼지고기 가격의 표준편차 추이를 나타낸다. 전반적으로 2014~18년의 표준편차는 하락 혹은 정체된 추세를 보이다가 돼지고기 가격의 경우 2021년 초에 3개 시장 간 가격

---

20 최지영(2021), p.10.

21 임송·문승현(2023)의 결과는 기준 연도를 언제로 두느냐에 따라 다르게 나타난다. 또한 '분기 말' 가격 자료를 활용하였다. 즉, 3개월 평균으로 분기 값을 구한 것이 아니라 3개월에 한 번 조사된 가격이라는 것이다. 이러한 측면에서 가격 추세는 월별 자료와 비슷하게 나타날 가능성이 높으나 변동성 측면에서는 큰 차이를 보일 가능성이 높다.

[그림 3-1] 북한 3개 시장 곡물 및 고기 가격 표준편차 추이(2014. 1~2024. 8)

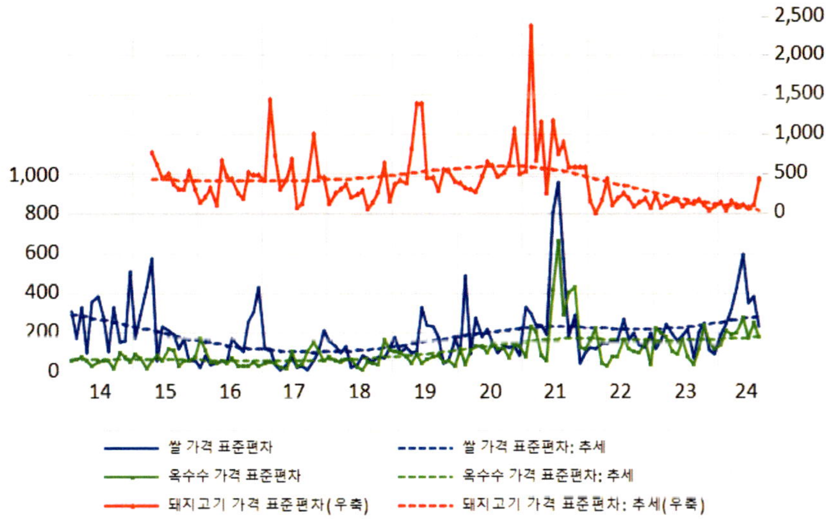

주: 돼지고기 가격은 2015년 4월부터의 자료임. 관측치가 없는 달은 이전 달과 다음 달 수치의 평균값으로 대체했음. HP필터[22] 활용 시 λ값은 14,400을 씀.
자료: Daily NK, 「북한 시장동향」(https://www.dailynk.com/market/, 검색일: 2024. 10. 18)과 Daily NK로부터 구입한 자료를 취합하여 저자 계산.

편차가 증가하고 쌀과 옥수수 가격은 2021년 중반에 편차가 증가하는 것으로 나타난다. 이후 옥수수와 돼지고기 가격은 3개 시장가격 편차가 별로 나지 않고 있는 반면에, 쌀 가격의 경우 편차가 2021년만큼 크지는 않으나 편차의 변동성이 2021년 이전보다는 증가했다. 2020년 이후 편차가 증가한 공통점이 있는데, 지역별 공급 상황이 파악되지 않아 확신할 수는 없으나 역시 코로나19로 인한 국경봉쇄 및 이동 제한으로 인해 지역간 가격 편차가 증가했으리라 보는 것이 합리적이다. 다만, 정작 북한당국이 공식적으로 코로나19 감염자를 확인한 2022년 5월부터 코로나19 종식을 선언한 2022년 8월 사이의 가격 편차는 크지 않았다.

---

22 북한 시장 상품가격 자료는 형성 과정에서 일반적인 국가의 물가조사와 같이 동일 품목에 대한 여러 가격을 조사하는 것이 아니기 때문에 필연적으로 변동성이 클 수밖에 없다고 판단된다. HP필터는 λ계수 크기에 따라 단기 변동에 대한 페널티를 주는 특징을 가지고 있다. 일반적으로 월별 자료의 경우 λ계수 14,400을 활용하며, 본 장에서는 각 상품가격의 장기 추세를 보여주기 위한 목적으로 활용했다.

[그림 3-2] 북한 3개 시장 정유제품 가격 표준편차 추이(2014. 1~2024. 8)

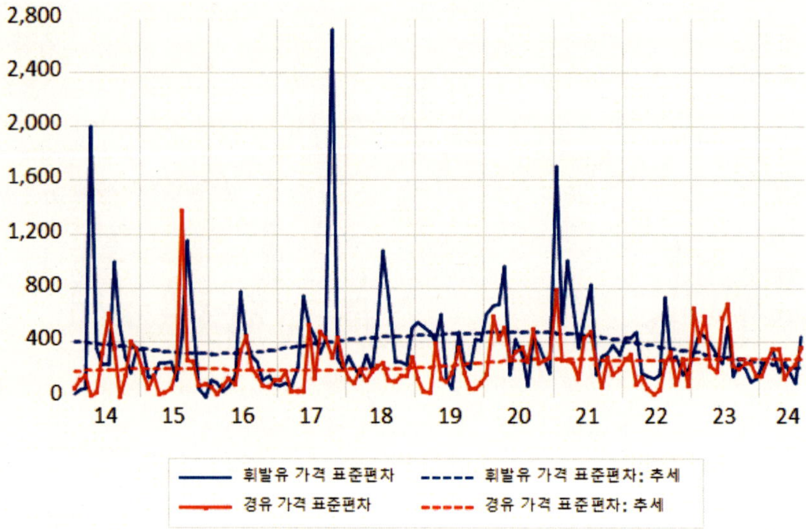

주: HP필터 활용 시 λ값은 14,400을 씀.
자료: Daily NK로부터 구매한 자료를 취합하여 저자 계산.

정유제품 가격의 시장 간 표준편차 추이를 보여주는 [그림 3-2]의 경우 곡물 및 고기 가격 편차와는 다소 다른 모습을 보인다. <표 3-3>의 수치에서 나타나는 것처럼 경유보다는 휘발유 가격의 3개 시장 간 격차가 더 큰 것으로 확인된다. 휘발유 가격은 추세적으로 2016년까지는 하락, 2021년까지 상승 그리고 다시 하락하는 것으로 나타난다. 전반적으로 UN안보리 대북제재가 가해질 때 편차가 증가하는 경향을 보인다. 그런데 특이하게도 휘발유의 3개 시장가격이 종종 심한 차이가 나는 반면, 경유 가격의 경우에는 2015년 중순 정도를 제외하면 3개 시장의 가격이 엇비슷하게 기록되고 있다. 이에 따라 경유 가격의 시장 간 편차는 2017년 이후 다소 상승 추세이기는 하나 유의미한 수준이라 보기는 어렵다. 최근 북한은 러시아 등으로부터 정제유를 불법 환적이나 밀무역을 통해 들여오고 있어 이것이 북한 시장에서의 정제유 가격의 상대적 안정화와 시장 간 가격 편차의 하락세를 이끌고 있을 가능성도 존재하나, 2024년 들어 북한 시장 전반적으로 가격이 많이 상승하고 있어 러시아로부터의 공급

[그림 3-3] 북한의 3개 시장환율 표준편차 추이(2014. 1~2024. 8)

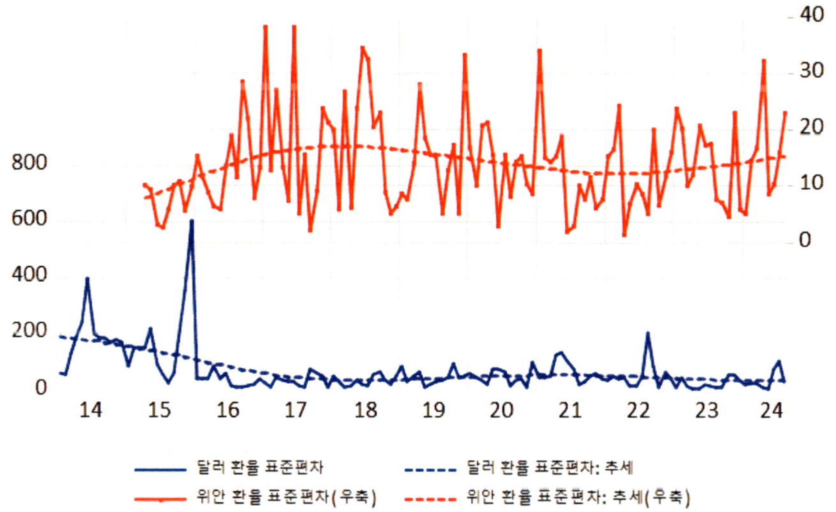

주: 위안 환율은 2015년 4월부터의 자료임. 관측치가 없는 달은 이전 달과 다음 달 수치의 평균값으로 대체했음. HP필터 활용 시 λ값은 14,400을 씀.
자료: Daily NK, 「북한 시장동향」(https://www.dailynk.com/market/, 검색일: 2024. 10. 18)과 Daily NK로부터 구입한 자료를 취합하여 저자 계산.

으로 인한 가격 하락 가능성 요인을 상쇄하고 있다.

[그림 3-3]은 북한의 3개 시장환율 표준편차 추이를 나타낸다. 달러 환율의 경우 각 시장 간 가격 편차가 2016년부터 상당히 낮은 수준에서 형성되고 있다. 2022년에 시장가격 편차가 다소 나지만, 다시 예년 수준으로 곧 낮아졌다. 반면, 위안 환율의 경우 지역 간 편차 변화가 비교적 자주 나타나고 있다. 그러나 편차의 수준(level)이 그리 높지는 않은 편이라 다른 상품가격에 비해서는 시장 간 차이가 적게 나고 있다. 이는 내구재인 다른 상품에 비해 외화의 경우 유통에 있어 상대적으로 큰 문제가 없어서일 것으로 판단된다.

마지막으로 코로나19 이전까지 시간이 흐를수록 모든 품목 가격에서 전반적으로 지역 간 가격 격차가 줄어든 것은 정보의 유통이 훨씬 원활해져 정보의 비대칭성이 감소했기 때문으로 보인다. Kim(2014)은 북한 휴대전화 서비스가 2011년 3분기 기준으로 평양과 100개 도시에서 이뤄지고 있으며, 북한 전체 지역의 14% 그리고 인구의 94%를 망라한다고 밝혔다. 통일부(2024) 설문조사에서도 2011년 이전 북한이탈주민의 경우 불과 2.8%만 휴대전화 이용 경험이 있는 반면에 2012년 이후 북한이탈주민의 경우 36.4%가 휴대전화 이용 경험이 있다고 응답했다. 게다가 가격을 조사하는 북한전문매체 중 하나인 AsiaPress의 경우 북중 접경지대에 있는 현지 조사원과 '중국' 휴대전화를 통해 정보 교류를 한다고 밝히고 있다. 즉, 북한 내에서의 연락 그리고 북중 접경지역의 경우 중국 휴대전화를 통한 다른 나라와의 연락이 비교적 잘 이뤄진다는 의미다. Choi (2024)에 의하면 북한 내 셀 타워(cell tower)는 2009년과 2015년 사이 집중적으로 건설되었으며, 휴대전화 가입자 수 또한 이 시기에 급증한 것으로 보인다. 휴대전화 보급 확대로 인해 정보 비대칭이 감소하여 시장 가격 간 격차가 줄어들었다는 연구 결과이다.

나. 북한 시장 상품가격과 외화 활용

2010년대 북한경제를 보는 화두 중 하나는 달러라이제이션 현상이었다. 이종규(2017), Mun and Jung(2017), 이석(2019)과 같은 연구들이 이 시기 북한경제의 달러라이제이션 현상에 대해 분석했다. 분석 결과, 당시 북한경제에서 달러가 가치 척도, 교환 수단, 지불 수단, 가치 저장 수단 등 사실상 통화의 모든 기능을 수행하고 있었다. 그리고 북한 시장에서도, 심지어 북한 시장 합법화 이전에도 이러한 모습을 어느 정도 관찰할 수 있다.

먼저 1980~90년대에도 중국에서 들어오는 상인들의 경우 북한 원화의 가치가 안정적이지 못하고 태환성이 없는 데다가 불법 환전할 때 지급해야 하는 수수료[23]나 단속의 위험이 있어서 현물 거래를 선호했다(홍성국, 1999). 한 북한이탈주민은 "생산된 재화가 항상 모자라기 때문에 물건으로 바꾸려고 해도 필요 없는 돈만 남게 된다"[24]라고 증언했을 정도다. 즉,

---

23 환전 수수료에 대해서는 제4장을 참고하라.

당시 시중에 풀린 화폐는 많은데 물품이 부족해서 가격이 상승하여 화폐의 가치가 하락한다는 것이다. 이에 시장에서의 기준 화폐는 북한 원이지만 1990년대에 들어서는 달러, 엔이나 위안이 보조화폐로 통용되는 경우가 많았다.

시장이 합법화된 이후에도 북한 원화의 가치는 안정적이지 않았고 급기야 북한당국이 추진한 2009년 화폐개혁은 주민들의 북한 화폐에 대한 신뢰도를 바닥으로 떨어뜨렸다. 이후 물가가 안정세를 보이기는 했으나, 북한주민들은 여전히 외화를 선호한다. 통일부(2024)의 설문조사에 의하면 2000년 이전에 탈북한 응답자 중 81.6%가 시장거래 화폐로 북한 원을 꼽았고, 불과 6.4%가 위안을 꼽았다. 하지만 이 비율은 2009년 화폐개혁 이후 급격히 변화한다. 2011~15년 탈북자의 경우 북한 원 44.2%, 위안 50.2%로 시장에서의 위안 활용이 더 높아졌고, 2016~20년 탈북한 응답자의 경우 북한 원 25.7%, 위안 68.4%였다. 시간이 흐를수록 외화가 시장거래 주 화폐가 된 것이다. 그리고 지역별 차이도 있는데, 탈북 전 최종 거주지역이 접경지역일 경우 위안 거래 비율이 39%로 외화 중 가장 높지만, 평양의 경우 달러 거래 비율이 32.7%로 위안 거래 비율 7.1%보다 월등히 높다. 이러한 지역별 차이는 Mun and Jung(2017)의 북한이탈주민 설문조사 결과와 동일하다.

이에 따라 북한 시장에서 많은 상품의 가격이 외화로 표시되는 경우 또한 관찰할 수 있다. 예를 들어 한 보도에 따르면 2017년 평양에서 15kg 단위로 팔리는 휘발유 쿠폰 1장이 24유로, 경유 쿠폰 1장은 25.5유로에 판매되고 있다.[25] 텔레비전과 같은 고가 가전제품 또한 가격이 달러로 표시되고 있다.[26] 시장에서 거래되는 상품은 아니나 부동산시장을 연구한 정은이(2015)나 중국 자료를 취합한 대한무역진흥공사 상하이무역관(2018)의 조사에 의하면 부동산거래는 달러로 이뤄지고 있는 등 고가의 거래를 할 경우에는 외화만 활용되는 것으로 알려져 있다.

---

24 김영윤(1997), p.202.
25 『중앙일보』(2017. 9. 20).
26 『Daily NK』(2023. 2. 9).

이처럼 북한의 전반적인 달러라이제이션 현상은 북한 시장에도 영향을 미쳐 외화가 기본적인 지불 수단과 가치 척도 기능을 맡고 있다. 이는 북한 시장에 있어 환율의 중요성을 암시한다. 다만, 2019년 말부터 북한당국은 외화 사용을 제한하는 듯한 움직임을 보인다. 임수호(2020)에 따르면 2019년 11월부터 북한당국의 외화 사용 단속이 엄격해졌고, 2020년 말 들어서는 평양의 시장이나 상점에서 상품가격이 북한 원화로 매겨지기 시작했다. 최근 저자가 수행한 북한 시장 종사자와의 질의응답[27]에서도 북한당국의 시장통제정책에 따른 외화 사용 단속이 늘어난 후 시장에서 북한 원 사용이 다소 증가했다는 증언이 있었다. 고명현(2021)과 이석(2023)은 북한에서 탈달러라이제이션 징후가 관찰된다고 분석하기도 했다. 북한당국의 시장에 대한 정책 노선이 2020년을 전후하여 바뀌었다는 것을 외화정책을 통해서도 알 수 있으며, 북한 시장의 중국 의존도를 고려하면, 이는 시장가격에 영향을 미쳤을 것으로 판단된다.

다. 북한 시장 상품가격과 국제(중국)가격 간의 관계

종합시장이 공식적으로 출범한 후 북한당국은 앞서 설명한 것처럼 한도가격을 상품 수요와 공급 그리고 국제시장가격과 환율 시세를 고려해 능동적으로 조절하겠다고 밝혔다. 북한당국은 전술했듯이 생산물의 상대가격을 쌀 기준으로 변경했으며, 쌀 가격은 원가, 수요와 공급 그리고 국제 쌀 가격을 고려한다고 밝혔다. <표 3-4>는 2002년 7.1 조치부터 2009년 11월 화폐개혁 전까지의 쌀의 시장가격과 한도가격 및 중국 시장가격을 나타낸다. 시장환율을 포함하여 북한 원 기준 북한 시장 쌀 가격과 한도가격이 전반적으로 비슷하게 움직이며 급격히 상승한다.[28]

그리고 중요한 점은 북한당국이 쌀 한도가격 제정 시 고려하겠다고 밝힌 국제(중국) 쌀 가격과의 상관관계를 <표 3-4>의 결과를 통해 확인

---

27 2024년 9~10월 기준 답변이다.

28 이 시기 시장가격이 전반적으로 상승한 이유에 대해서는 정연욱(2019)과 임송·문승현(2023)을 참고하라.

<표 3-4> 북한의 쌀 시장·한도 가격 및 중국 가격(2009년 11월 화폐개혁 이전)

조사 시기	시장 환율 (북한원/ 달러)	쌀 가격				
		시장가격 (북한원/kg)	한도가격 (북한원/kg)	달러 표시 시장가격 (달러/kg)	달러 표시 한도가격 (달러/kg)	중국 시장가격 (달러/kg)
2002. 7	150	44	44	0.29	0.29	0.29
2003. 4	670	190		0.29		0.24
2003. 7	887	212	150	0.24	0.17	0.24
2004. 3	1,200	250	240	0.21	0.20	0.34
2004. 8	1,466	585	420	0.40	0.29	0.36
2005. 6	2,500	950		0.38		0.35
2005. 8	2,440	680	850	0.28	0.35	0.36
2006. 4	2,500	900		0.36		0.38
2006. 12	3,150	930	900	0.30	0.29	0.41
2007. 10	3,300	1,300		0.39		0.44
2008. 5	3,200	2,443	2,000	0.76	0.63	0.48
2009. 10	3,824	2,167		0.57		0.55

주: 중국 시장가격은 위안으로 표기된 자포니카쌀 가격을 미국 FRED 달러/위안 환율 자료를 활용하여 달러 표기 가격으로 환산함.
자료: 한국수출입은행(2004; 2005), 이정철(2007), 김일한(2011), Daily NK, 중국국가통계국 자료를 저자가 재구성.

할 수 있다는 것이다. <표 3-4>의 결과는 전반적으로 자료의 출처가 다르고 수집 시기 등에 따라 조사가격이 다르다는 한계가 명확히 있지만 쌀의 한도가격이 중국 시장 쌀 가격과 비슷한 추세를 보임을 보여준다. 쌀 시장가격 또한 한도가격보다 대체로 높게 나타나지만, 추세적으로 한도가격 및 중국 시장가격과 비슷하다. [그림 3-4]의 (1)은 북한 시장 쌀 가격 자료가 주기적으로 공개되기 시작한 2009년 8월부터 2013년 12월까지의 북한 시장 및 중국 시장의 쌀 가격을 제시한다.[29] 2009년 화폐개혁 실패로 북한의 시장물가가 2012년까지 급격히 상승하였음에도 불구하고 쌀 가격은 전반적으로 중국 시장 쌀 가격을 따라가는 것을 알 수 있다. 특히 달러 표시 쌀 가격의 경우 북한 시장과 중국 시장의 가격이 2012년

29 Daily NK의 쌀 가격과 달러 환율 자료는 2009년 8월부터 제공되었다.

까지 추세적으로 거의 동일한 것을 알 수 있다. 이는 계량적으로 검증되기도 했는데, 위와 분석기간은 다소 다르나 김규철(2021)은 2011~13년 사이 북한 시장 쌀 가격과 중국의 대북 쌀 수출가격이 공적분(cointegration) 관계, 즉 두 변수가 장기균형관계에 있다고 시계열 분석을 통해 결론을 내린다.

[그림 3-4](1)과 2014~24년 북한 시장과 중국 시장 쌀 가격을 보여주는 [그림 3-4](2)에서 관찰할 수 있는 차이점은 2012년까지 달러 표시 기준으로 거의 비슷한 가격을 유지하던 북한 시장과 중국 시장의 쌀 가격이 2013년부터는 추세적으로 일정한 수준의 차이를 보인다는 것이다. 2020년까지 북한 시장 쌀 가격이 중국 시장 쌀 가격에 비해 일관적으로 낮은 모습을 보이는데, 김규철(2021)은 이에 대해 북한이 중국으로부터 수입하는 쌀의 품질이 매우 낮기 때문이라고 설명했다.[30] 다만, 2013년 이전에는 두 시장의 쌀 가격이 비슷했기 때문에 정확히 어떤 변화가 있었는지는 파악하기 어렵다. 2013년 전후로 수입했던 쌀의 품질이 변하지 않았다면, 북한 시장 달러 환율이 상승하여 달러 표시 북한 시장 쌀 가격이 하락했을 것으로 유추할 수 있다. 이 경우 쌀 가격을 위주로 결정되던 북한 시장환율 결정 메커니즘에 변화가 생겼을 가능성이 제기된다. 그러나 두 가격 간 수준 차이에도 불구하고 김규철(2021)의 분석 결과, 2014~19년 북한 시장 쌀 가격은 2011~13년과 마찬가지로 중국의 대북 쌀 수출가격과 공적분 관계에 있다.

그런데 2020년 이후 코로나19로 인한 국경봉쇄로 북한 시장 쌀 가격에는 큰 변화가 있었다. [그림 3-4](2)에 나타난 바와 같이 이전 시기와 달리 달러로 표시된 북한 시장 쌀 가격이 2021년 중순부터 많이 상승하며 중국 시장 쌀 가격과 확연히 다른 움직임을 보인다.

---

30 한 북한이탈주민과의 인터뷰에 따르면, 2011년 쌀 수입 제안서에 2008년에 생산된 쌀을 수입하는 것으로 나타날 정도로 생산된 지 오래된 쌀을 수입하는 경우도 있었다. 또한 한 보도에 따르면 북한 장마당에 유입되는 중국산 쌀의 품질은 5~7등급이라고 한다(『Radio Free Asia』, 2016. 6. 13). 일반적으로 수집되는 중국 시장 쌀 가격은 중국 19~21개 지역에서 보고된 1등급 쌀의 평균 가격을 의미한다.

[그림 3-4] 북한 시장 및 중국 시장 쌀 가격 추이(2009. 8~2024. 8)

(1) 2009년 8월 ~ 2013년 12월

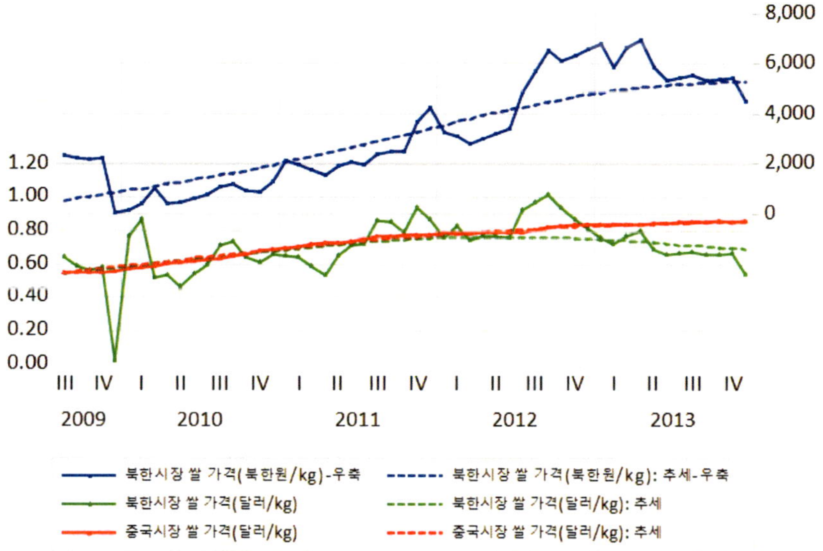

(2) 2014년 1월 ~ 2024년 8월

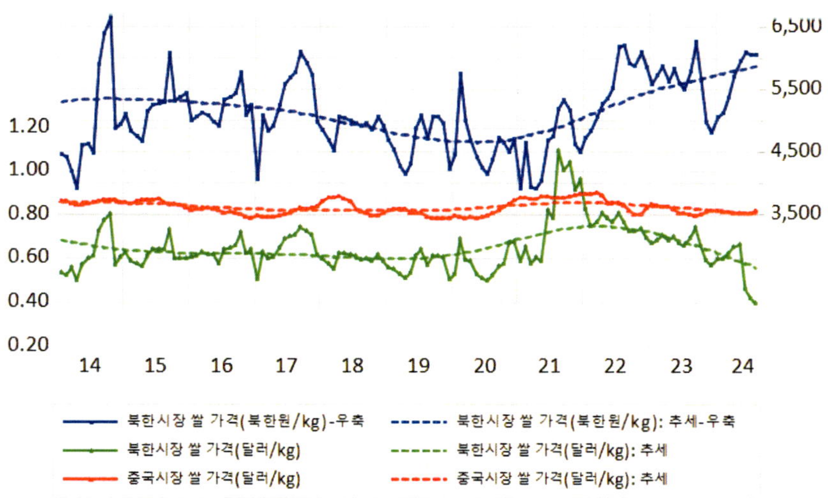

주: 중국 시장가격은 중국 국가통계국에서 추출하여 FRED database에서 제공하는 위안/달러 환율을 적용하여 달러로 변환했으며, 자포니카종 쌀의 가격임. 북한 시장 쌀 가격은 Daily NK 「북한 시장동향」 3개 지역 쌀 가격과 달러 환율을 월별 평균값으로 환산 후 계산함. HP필터 활용 시 λ값은 14,400을 씀.

자료: 중국 국가통계국; FRED database; Daily NK.

[그림 3-5] 북한 시장 달러 및 위안 환율 추이(2014. 1~2024. 8)

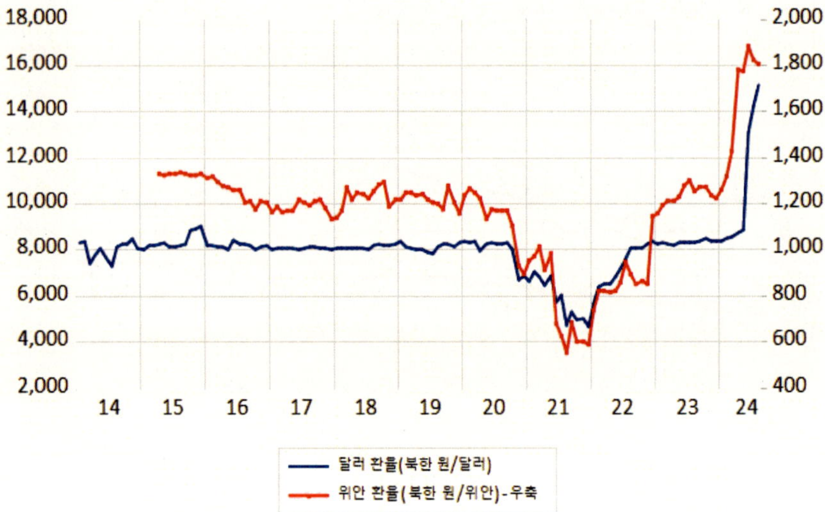

주: 위안은 2015년 4월부터의 자료임.

자료: Daily NK 「북한 시장동향」(https://www.dailynk.com/market/, 검색일: 2024. 10. 18)과 구입 자료의 3개 지역 월별 평균값을 사용함.

추세가 확연히 달라진 가장 큰 이유는 북한 시장 달러 및 위안 환율 추이를 보여주는 [그림 3-5]를 통해 알 수 있다. 먼저 2021년 3분기부터 북한 시장 달러 환율이 급락했는데, 이에 따라 달러 표시 북한 시장 쌀 가격이 급등하였다. 국경봉쇄로 인해 외화 수요가 줄어들어 달러 가치가 폭락했을 것으로 추측되므로 이 시기를 제외하고 봐야 한다고 주장할 수도 있겠지만, [그림 3-4](2)에 따르면 달러 환율이 다시 어느 정도 안정된 2022년 2분기 이후에도 중국 시장 쌀 가격과의 격차가 2013~19년 사이의 격차보다는 줄어든 모습이다. 하지만 2024년부터 달러 시장환율이 폭등하면서 북한 원 표시 쌀 가격은 상승하고 있으나 달러 표시 쌀 가격은 크게 하락하고 있다. 2020년부터 북한당국은 전반적으로 시장통제정책을 강하게 펼치고 있는데, [그림 3-5]에서 제시한 2020년 이후 달라진 추세가 국제가격과의 장기균형관계가 무너져서 비롯된 결과인지는 제3절에서 시계열 분석을 통해 알아본다.

[그림 3-5]에서 보여주는 2014년부터 2020년 중반까지의 북한 시장

[그림 3-6] 북한 시장 위안/달러 vs. 미국 위안/달러 추이(2014. 1~2024. 8)

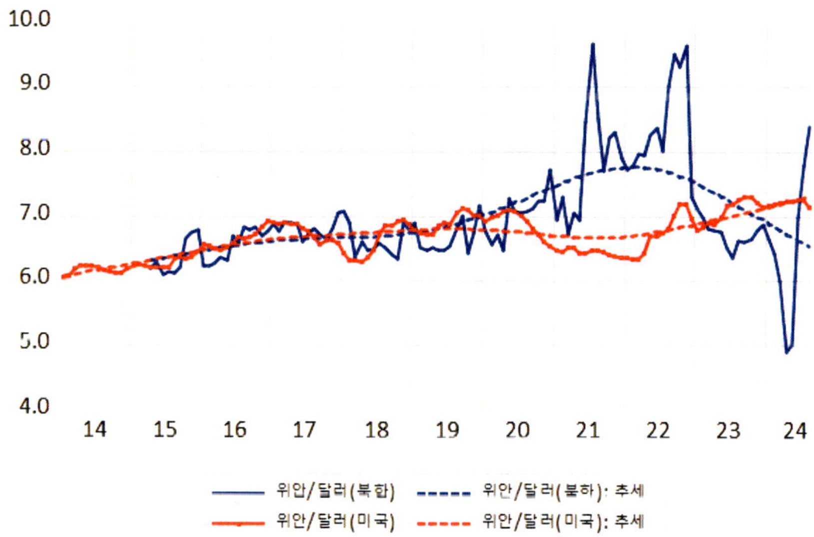

주: 북한 시장 위안은 2015년 4월부터의 자료임. 북한 시장환율은 Daily NK 「북한 시장동향」과 구매 자료의 3개 지역 월별 평균값을 사용함. 미국 환율은 FRED database에서 제공하는 위안/달러 자료를 사용함. HP필터 활용 시 λ값은 14,400을 씀.
자료: Daily NK, FRED database.

환율은 2021~22년이나 2024년의 역동적인 움직임과는 다르게 안정된 모습을 보인다. 달러는 대체로 8,000원대 초반 선, 위안은 1,100~1,300원 사이를 유지했다. 그리고 [그림 3-6]에서 북한 시장환율을 적용한 위안/달러 환율이 2019년까지 미국의 위안/달러 환율과 추세적으로 거의 일치하는 것을 확인할 수 있다. 이는 당시 북한경제가 달러라이제이션되었다는 주장을 크게 뒷받침하는 증거라 할 수 있다. 반대로 2021년 중반부터 북한 시장 위안/달러 환율은 미국 위안/달러 환율과 크게 차이가 난다. 중국과의 무역이 국경봉쇄 이전 수준으로 복귀한 정황이 있던 2022년 말~2023년 초 북한 시장환율은 코로나19 이전 수준으로 돌아왔지만, 2023년 하반기부터 다시 변동성이 많이 증가했다.

[그림 3-7]~[그림 3-10]은 각각 옥수수, 돼지고기, 휘발유와 경유의 북한 시장 원화 및 달러 표시 가격과 국제(중국)가격의 추세를 보여준다. 이 그림들을 통해 유추할 수 있는 점은 북한 시장가격 추세와 국제(중국)

[그림 3-7] 북한 시장 및 중국 시장 옥수수 가격 추이(2014. 1~2024. 8)

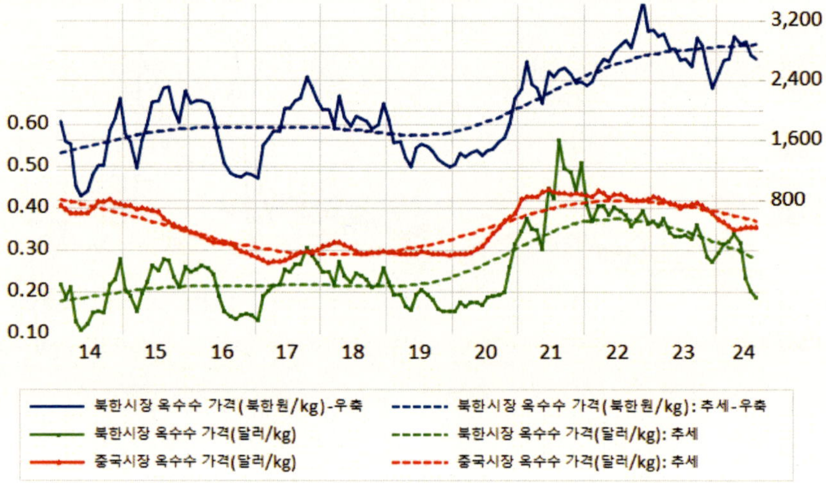

주: 중국 시장가격은 중국 국가통계국에서 추출하여 FRED database에서 제공하는 위안/달러 환율을 적용하여 달러로 변환했음. 북한 시장 옥수수 가격은 Daily NK에서 구매한 3개 지역 옥수수 가격과 달러 환율을 월별 평균값으로 환산 후 계산함. HP필터 활용 시 λ값은 14,400을 씀.

자료: 중국 국가통계국; FRED database; Daily NK.

[그림 3-8] 북한 시장 및 국제시장 돼지고기 가격 추이(2015. 4~2024. 8)

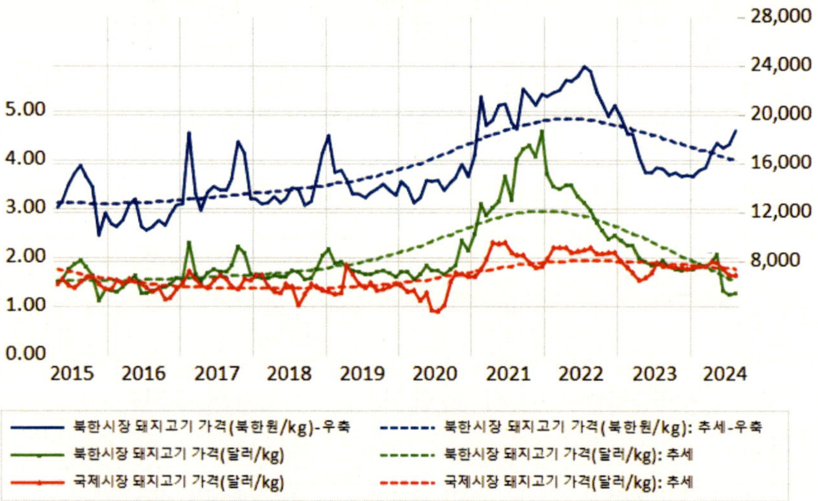

주: 국제시장가격은 FRED database, 북한 시장 돼지고기 가격은 Daily NK에서 구매한 3개 지역 쌀 가격과 달러 환율을 월별 평균값으로 환산 후 계산함. HP필터 활용 시 λ값은 14,400을 씀.

자료: FRED database; Daily NK.

[그림 3-9] 북한 시장 및 국제시장 휘발유 가격 추이(2014. 1~2024. 8)

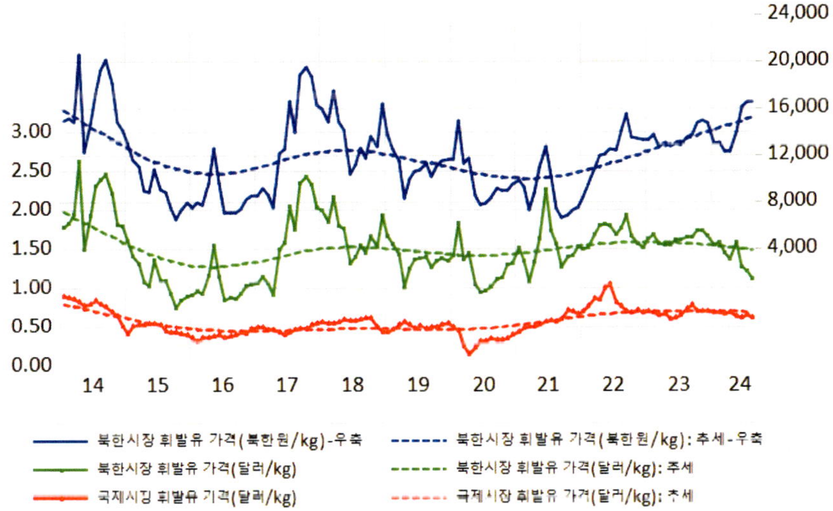

주: 휘발유 국제가격은 오피넷, 북한 시장 휘발유 가격은 Daily NK에서 구매한 3개 지역 휘발유 가격과 달러 환율을 월별 평균값으로 환산 후 계산함. HP필터 활용 시 λ값은 14,400을 씀.
자료: 오피넷; Daily NK.

[그림 3-10] 북한 시장 및 국제시장 경유 가격 추이(2014. 1~2024. 8)

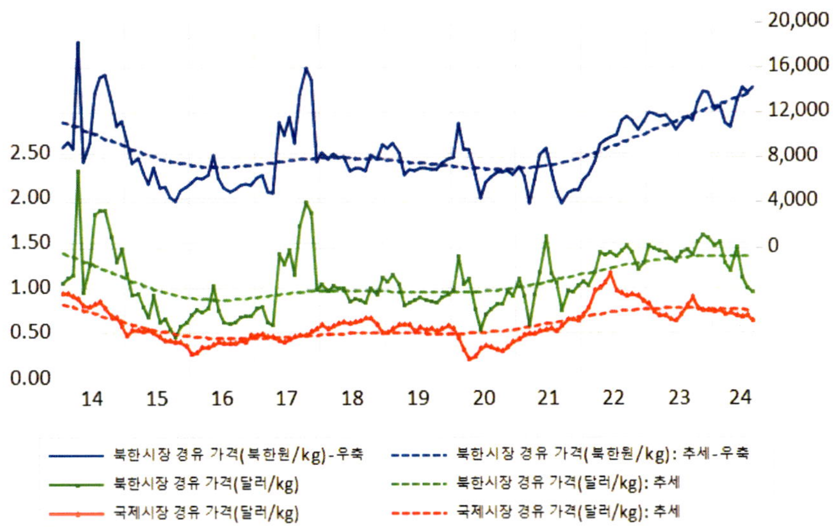

주: 경유 국제가격은 오피넷, 북한 시장 경유 가격은 Daily NK에서 구매한 3개 지역 경유 가격과 달러 환율을 월별 평균값으로 환산 후 계산함. HP필터 활용 시 λ값은 14,400을 씀.
자료: 오피넷; Daily NK.

가격 추세가 품목별로 차이를 나타낸다는 것이다. 먼저 북한 시장 옥수수 가격의 경우 2014~19년 추세보다는 2020년 이후 추세가 중국 시장 옥수수 가격 추세와 비슷한 모습을 보인다. 흥미롭게도 중국 해관통계에 따르면 2020년 2월부터 2022년 말까지 북한의 대중 옥수수 수입이 '0'이었다. 그럼에도 불구하고 추세적으로 북한 시장 옥수수 가격과 중국 시장 옥수수 가격이 비슷한 움직임을 보인 것은 코로나19로 인해 세계 어디서든 공통으로 유통 문제를 겪어 가격이 상승했을 가능성 혹은 북한 시장가격이 중국 시장가격을 따라가고 있을 가능성을 제시한다.

북한 시장 돼지고기 가격의 경우 국제가격[31]과의 격차가 시간이 흐를수록 점차 증가하다가 2023년 들어서 격차가 줄어들고 2024년에 달러가 폭등하자 달러 표시 가격은 도리어 국제가격보다 낮아진 상황이다. 북한에서 돼지고기의 해외 의존도가 제로(0)에 가까운 것을 고려할 때, 해외 가격이나 환율의 영향을 상대적으로 덜 받은 것으로 추측할 수 있다. 다만, 그럼에도 불구하고 북한 시장가격이 국제시장가격과 정반대로 움직이는 것은 아니며, 전체적인 움직임은 비슷한 것을 확인할 수 있다.

마지막으로 해외 의존도가 극도로 높을 수밖에 없는 정제유의 경우 전반적으로 북한 시장가격의 추세와 국제가격의 추세가 지속해서 비슷한 모습을 보인다. 2017년에 유일하게 양 가격 추세 간 차이가 발생하였는데, 최지영(2021)은 이 격차에 대해 당시 UN 대북제재가 정제유 유입량 상한선을 정한 것에 따른 기대심리가 낳은 차이로 해석한다.

정리하면 위 다섯 개 품목과 북한 시장 달러 및 위안 환율의 경우 2020년 전까지는 국제(중국)시장가격과 추세적으로 큰 차이를 보이지 않았지만, 2020년 이후에는 쌀 가격과 환율이 국제(중국)시장가격과 다른 방향으로 움직이는 것으로 보인다. 2020~24년은 코로나19로 인해 전 세계적으로 시장가격 변동이 심한 시기인 동시에, 북한에서는 당국의 시장

31 중국 가격이 아닌 국제가격을 활용한 이유는 중국이 북한으로 돼지고기 수출을 많이 하지 않기도 하지만, 2018~21년 중국에서 발생한 아프리카돼지열병으로 인해 중국 시장 돼지고기 가격이 굉장히 왜곡되었기 때문이다. 이에 따라 북한 시장 돼지고기 가격과 상당한 차이를 보인다.

정책에서 통제 기조가 강화된 시기이기도 하다. 다음 절에서는 북한 시장 상품가격이 쌀 가격, 국제가격 및 환율에 영향을 받는지 그리고 받는다면 어느 정도의 수준인지 실증분석한다.

제3절 북한 시장 상품가격 결정요인 실증분석

본 절에서는 북한 시장에서의 상품가격 결정요인을 실증분석한다. 제2절에서 명시되었듯이 7.1 조치 이후 북한당국이 밝힌 상품가격 결정요인은 원가, 시장의 수요와 공급 그리고 국제시장가격과 환율 시세까지 크게 세 가지다. 그리고 원가 반영 시 모든 생산품의 상대가격 기준을 쌀로 선정했다. 하지만 북한의 경우 원가, 수요·공급에 대한 신뢰성 있는 자료를 구하기 어렵다. 게다가 상당 부분 무너졌다고 평가받기는 하지만 북한에서는 여전히 사회주의 계획경제 시스템이 운영되고 있다. 시장에서 유통되고 있는 물품의 일부는 북한당국에서 가격을 정하는 공식부문에서 흘러 들어온 것이어서 각각의 가격 결정요인에 대한 기여도를 구분하기 어려운 실정이다.

다만, 제2절에서 제시된 것처럼 국제가격 혹은 중국 시장가격의 경우 어렵지 않게 구할 수 있다. 북한 시장에서 거래되는 많은 상품이 외국, 특히 중국으로부터 유입되는 것으로 파악되고 있어 해외가격의 영향을 받을 것이라고 연구자들은 파악하고 있다. 쌀 가격의 경우 2020년 이전까지는 대체로 중국 시장가격이나 중국의 대북한 쌀 수출가격과 비슷한 추세를 보이는 것을 확인할 수 있고, 이를 확인하는 김일한(2011), 김규철(2021)과 같은 선행연구의 실증분석 결과도 있다. 앞 절에서 살펴보았듯 수입 의존도가 심한 정제유 가격 또한 비슷한 추세를 보이는 데 반해, 수입 의존도가 낮은 돼지고기 가격의 경우 상대적으로 추세가 다른 것을 확인할 수 있다. 그런데 북한당국은 전 세계적인 코로나19 유행 이후 강력한 국경봉쇄를 강행하여 중국으로부터 들어오는 수입품이 급감했으며, 시장통제정책을 통해 국가유통망을 강화하고 외화 사용을 제한하는 행태를 보였다. 이에 따라 국제가격의 북한 시장가격에 대한 전이 수준이 떨어지고 북한당국의 시장정책 변화에 상품가격이 영향을 받았을 가능성이 있다.

이에 본 연구는 북한 시장가격 자료를 안정적으로 획득할 수 있는 2014년 이후부터 2024년 8월까지의 상품가격을 중심으로 분석을 수행한다. 2014년은 2009~12년 화폐개혁의 실패로 발생한 초인플레이션으로 인한 가격 변동성이 어느 정도 진정된 시기이며, 북한의 중국 의존도가 압도적으로 높았던 시기이기 때문에 중국발 가격을 활용하는 데 적합한 것으로 판단된다. 북한당국이 2020년부터 시장 관련 정책의 변화를 보이고 있으며, 코로나19로 인한 국경봉쇄를 시작했기에 분석기간은 1) 2014~19년 물가 안정기 시기와 2) 2020~24년 코로나19 이후 시기로 나눠 분석한다.

북한 시장가격을 연구한 기존 연구는 주로 '쌀 가격'에 초점을 맞춰 왔다. 이는 앞서 설명했듯이 북한당국이 생산품 원가 계산 시 상대가격 기준을 쌀로 정한 점, 식량 다양성이 크지 않은 북한주민에게 있어 쌀이란 품목이 매우 중요하다는 점, 그리고 북한 시장가격 자료가 충분하지 않다는 현실적인 한계와 같은 다양한 이유에서 비롯된 것이다. 본 연구에서는 쌀 이외에도 옥수수, 돼지고기와 같은 농축산물류의 가격과 휘발유, 경유와 같은 연료류 또한 분석의 범위에 포함한다. 물론 상대적으로 긴 시계열의 월별 자료가 있는 품목이 한정되어 있어 분석에 활용하는 품목이 여전히 곡물류, 돼지고기와 정제유에 국한되어 있다는 한계가 있다. 그러나 옥수수는 북한에서 쌀 다음으로 중요한 곡물이자 쌀의 대체재이며, 돼지고기는 북한이 수입을 많이 하고 있지 않아 사실상 북한의 내수물량으로만 충당하고 있다는 특징이 있다. 휘발유와 경유의 경우 돼지고기와는 반대로 해외 의존도가 극심하게 높고 다른 품목과 달리 대북제재 대상이라는 특징이 있다. 이처럼 품목별 특성이 다른 면이 있어 국제가격이나 환율의 변화가 북한 시장에서 가격에 미치는 영향이 다를 것이라는 가설을 세울 수 있다.

다만, 원가, 수요・공급에 대해 활용 가능한 자료가 부족한 상황에서 통계적으로 유의미하게 북한 시장가격과 국제가격 간의 연결고리가 약화되었는지, 약화되었다면 원인이 원가, 수요·공급 혹은 정책의 변화 때문인지 유추만 가능할 뿐 정확하게 파악하기 어렵다. 그러므로 결과에 대한 해석은 유의해야 한다. 기본적으로 북한 시장 상품가격에 유의미한 영향을 미칠 수 있지만 수치화할 수 없어 분석에 포함할 수 없는 변수들이 분석기간 중 큰 변동이 없었다는 가정을 했기 때문이다. 이에 따라 분석 결과 북한 시장 상품가격과 설명변수 간 관계가 유의미하게 나온다고 해서 이들 설명변수가 북한 시장 상품가격에 유일하게 혹은 가장 큰 영향을 준다고 해석하는 것은 바람직하지 않다. 대신, 이들 변수가 북한 시장가격에 영향을 미칠 수 있는 요인 중 하나라고 해석해야 할 것이다.

1. 데이터

가. 북한 시장가격

본 연구에서 활용한 북한 시장가격은 제3절에서 활용된 Daily NK의 북한 시장가격 자료다. 가격 발표 주기가 통상적으로 2주에 한 번이기 때문에 표본 수가 다른 자료에 비해 상대적으로 많다는 장점이 있다.[32] 본 연구에서는 Daily NK에서 공개하거나 판매하고 있는 자료를 구득하여 3개 시장 및 월별 평균값으로 환산해 분석에 활용했으며, 모든 변수는 기초통계량을 계산할 때를 제외하고는 X-13 ARIMA를 활용해 계절성을 조정하고 로그(log)값으로 변환한 값을 사용하였다. <표 3-5>는 본 연구의 시계열 분석에서 활용된 북한 시장가격 변수들의 분석기간 범위 내 기초통계량을 나타낸다.

---

32 북한 시장가격 자료를 제공하는 다른 매체와 데이터베이스에 대해서는 부록을 참고하라.

<표 3-5> 북한 시장가격 변수들의 기초통계량(2014. 1~2024. 8)

변수	단위	평균	표준편차	최댓값	최솟값
코로나19 이전 기간(2014. 1~2019. 12)					
쌀	북한원/kg	5,029	393	6,087	4,245
옥수수	북한원/kg	1,707	390	2,481	852
돼지고기	북한원/kg	13,538	1,881	19,142	9,924
휘발유	북한원/kg	12,096	3,763	21,248	6,671
경유	북한원/kg	8,220	3,127	19,283	4,461
달러	북한원/달러	8,150	211	8,774	7,321
코로나19 이후 기간(2020. 1~2024. 8)					
쌀	북한원/kg	5,170	675	6,268	3,917
옥수수	북한원/kg	2,456	563	3,167	1,294
돼지고기	북한원/kg	18,020	3,226	23,483	12,592
휘발유	북한원/kg	11,576	2,749	16,417	6,533
경유	북한원/kg	9,224	3,013	14,683	4,210
달러	북한원/달러	7,851	1,913	15,170	4,677

주: 돼지고기 가격은 2015년 4월부터의 통계임.
자료: Daily NK, 「북한 시장동향」(https://www.dailynk.com/market/, 검색일: 2024. 10. 18).

나. 중국 시장가격 및 국제가격

앞서 설명했듯이 북한의 계획경제가 제대로 작동하지 않으면서 북한 시장에서 공급되는 생필품의 상당 부분은 중국으로부터 건너오고 있는 것으로 알려져 있다. 예를 들어 이석기 · 양문수 · 정은이(2014)가 수행한 북한이탈주민 인터뷰에서는 2010년 북한 시장에서 거래되는 상품의 90% 이상이 중국산이라는 증언이 있었다. 2014년 5월 양강도 혜산시 시장을 연구한 박상진(2015)에 따르면, 혜산시장에서 거래되는 신발 중 80%가 중국에서 왔고, 10%가 평안남도 순천시, 5%가 평안남도 평성시 그리고 나머지 5%가 혜산 신발공장에서 왔다. 옷류 또한 70%가 중국에서, 커튼과 이불의 경우 100% 중국에서 왔을 정도인데, 혜산시가 중국과 국경을 맞대고 있어 중국과의 무역이 비접경지역에 비해 상대적으로 손쉽다는 점을 고려하더라도 수입상품 비중이 압도적인 것을 알 수 있다. 최근 통일부(2024)의 북한이탈주민 설문조사 결과, 종합시장 판매 물품 중 중국산 농산물 비중은 63%, 의복 비중은 70.3%를 기록했을 정도이며, 타 일상용품 또한 외국산 비율이 높은 것으로 나타났다. 더불어 대한무역투자진흥공사(2024)의 조사 결과, 북한 대외무역의 중국 의존도는 2022년에 96.7%, 2023년에 98.3%를 기록했을 정도로 북한의 대외무역은 사실상 대중무역이나 다름없다. 따라서 실제로 공식적으로 북한으로 들어가는 중국의 대북 수출품의 가격이 북한 시장가격에 영향을 미칠 가능성이 높다고 할 수 있다.

그런데 기존 연구와 같이 중국의 대북 수출가격을 사용하는 데에는 현실적인 문제가 존재한다. 바로 북한이 코로나19 사태로 인해 2020년 1월부터 국경을 봉쇄하면서 수많은 상품의 수입이 장기간 중단되어 시계열이 끊기는 문제다. 밀무역으로 상품이 북한 시장에 들어왔을 가능성도 있으나, 중국 해관 공식통계에는 잡히지 않기 때문에 분석기간에 중국의 대북 수출기록은 '0'으로 기록되었다. 예를 들어 쌀의 경우 2020년 2월부터 2022년 2월까지 25개월 동안 중국의 대북 수출기록이 없다. 단기간 단절된다면 단절 이전 및 이후 가격 평균으로 대체할 수도 있겠으나 이와 같이 장기간 단절되면 분석에 활용하기 어렵다.

이러한 문제를 타개하기 위해 본 연구에서는 대북 수출가격을 중국의 시장가격으로 대신하여 활용한다. 중국 시장가격은 기존 연구에서도 활용된 바 있다. 예를 들어 이정철(2007)은 북한 시장 쌀 가격과 국제가격 비교 시 북한의 쌀 수입가격이 아닌 중국 시장 쌀 가격을 활용했으며, 김규철(2021)은 북한의 시장 쌀 가격이 대중 수입가격에 영향을 받고 대중 쌀 수입가격은 중국의 시장 쌀 가격에 영향을 받는다는 것을 시계열 분석을 통해 보여준다. [그림 3-11]은 쌀과 옥수수의 월별 중국 시장가격 및 대북 수출가격을 나타낸다. 쌀과 옥수수의 대북 수출가격이 코로나19 기간 동안 단절된 것을 알 수 있으며, 추세적으로 중국 시장가격과 수출가격이 두 품목 모두 비슷한 것을 알 수 있다. 이에 중국 시장가격으로 북한의 수입가격을 대체할 수 있다고 가정하고 분석을 진행한다.

[그림 3-11] 쌀과 옥수수의 중국 시장가격 및 대북 수출가격(2014. 1~2024. 8)

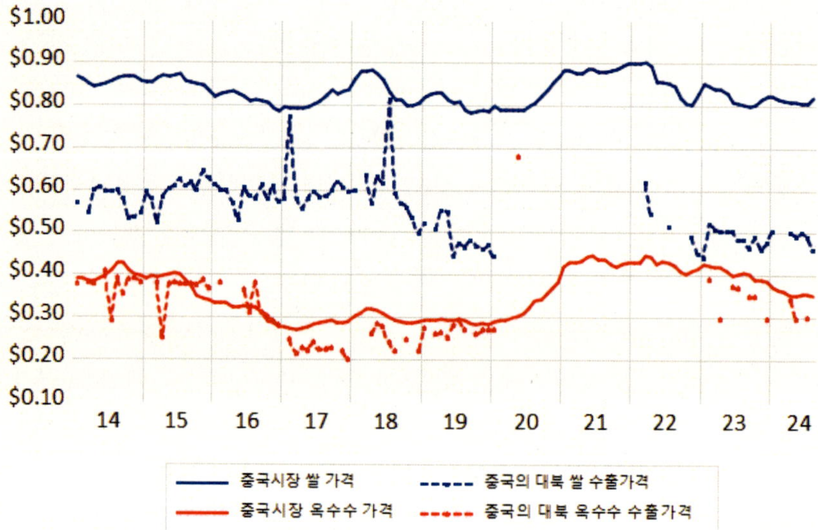

자료: 중국 시장가격은 중국 국가통계국(http://stats.gov.cn/, 검색일: 2024. 11. 30)에서 추출하여 FRED database(https://fred.stlouisfed.org/, 검색일: 2024. 10. 1)에서 제공하는 위안/달러 환율을 적용하여 달러로 변환함. 수출가격은 2014년은 한국무역협회 K-stat (https://stat.kita.net/, 검색일: 2024. 10. 5), 2015~23년은 중국 해관통계(http://stats.customs.gov.cn/indexEn, 검색일: 2024. 10. 20)를 활용해 저자 계산.

본 연구에서는 제2절에서와 같이 중국의 시장가격 이외에 국제시세도 활용한다. 김규철(2018)은 북한 시장에서의 휘발유와 경유 가격이 국제시세와 큰 연관성을 보이는 것을 증명했다. 특히 중국 또한 막대한 양의 원유와 정제유를 수입하는 국가이기 때문에, 자국 정제유 가격이 국제시세에 영향을 받을 수밖에 없다. 더불어 정제유 시장가격의 경우 유류에 대한 왜곡적 조세(distortionary tax)의 영향을 받을 수 있어 중국 가격이 아닌 국제가격을 활용한다.[33] 돼지고기 가격 또한 전술했듯이 중국 시장가격이 아닌 국제가격을 활용한다.[34] <표 3-6>은 본 연구에서 활용한 중국 시장가격 그리고 국제가격의 기초통계량을 보여준다. <표 3-6>을 통해

33 중국의 대북 정제유 수출가격 또한 쌀 및 옥수수 수출가격과 마찬가지로 시계열이 단절되어 사용하지 못한다는 현실적인 이유도 존재한다.

34 중국 돼지고기 가격은 본 절에서 후술할 정상성 검증에서 활용한 모형에 적합하지 않은 것으로 나타나기도 한다.

<표 3-6> 중국 시장가격, 국제가격 변수들의 기초통계량(2014. 1~2024. 8)

	변수	단위	평균	표준편차	최댓값	최솟값
코로나19 이전 기간(2014. 1~2019. 12)						
중국 시장가격	쌀	달러/kg	0.83	0.03	0.88	0.78
	옥수수	달러/kg	0.30	0.05	0.39	0.24
국제가격	돼지고기	달러/kg	1.43	0.14	1.81	1.04
	휘발유	달러/kg	0.56	0.15	0.95	0.33
	경유	달러/kg	0.58	0.16	1.00	0.29
코로나19 이후 기간(2020. 1~2024. 8)						
중국 시장가격	쌀	달러/kg	0.84	0.04	0.90	0.79
	옥수수	달러/kg	0.39	0.05	0.45	0.29
국제가격	돼지고기	달러/kg	1.80	0.40	2.56	1.02
	휘발유	달러/kg	0.60	0.19	1.06	0.14
	경유	달러/kg	0.65	0.22	1.20	0.21

자료: 중국 시장가격은 중국 국가통계국에서 추출하여 FRED database에서 제공하는 위안/달러 환율을 적용하여 달러로 변환함. 정유제품 가격은 오피넷에서 입수했으며, 원자료가 배럴당 달러로 되어있는 것을 kg당 달러로 환산함.

관찰할 수 있는 흥미로운 점은 중국 시장 및 국제가격의 변동성이 북한 시장가격에 비해 전반적으로 낮게 형성되어 있다는 점인데, 이는 북한 시장가격 데이터가 공식적으로 수집되지 않고 조사 빈도도 불규칙한 이유가 큰 것으로 보인다. 북한 시장가격과 마찬가지로 실증분석에서 활용한 중국 시장가격 및 국제가격 변수들은 모두 X-13 ARIMA를 통해 계절성을 조정하고 로그값으로 변환하여 사용했다.

2. 북한 시장 상품가격 결정요인 실증분석 모형

본 절의 연구에서는 '북한 시장 상품가격이 국제(중국)가격, 쌀 가격 및 환율과 장기균형관계에 있다'는 가설을 쌀, 옥수수, 돼지고기, 휘발유와 경유 5가지 품목의 시장가격에 대해 검증한다. 이들 상품가격은 각 상품에 대한 공급, 대북제재 등의 외부 요인에 따라 변동할 수 있다. 하지만 이러한 자료들은 현실적으로 구하기 어려우며, 본 연구에서 활용하는 월별 자료의 형태는 현재 없다고 봐도 무방하다. 이에 따라 본 분석 결과 해석에 매우 유의해야 한다.

가. 자기회귀시차분포(ARDL) 모형

코로나19 전후 중국 시장가격 혹은 국제가격의 북한 시장가격에 대한 전이 여부 그리고 북한 시장 쌀 가격과 환율의 영향을 판단하기 위해 본 연구에서는 시계열 계량분석 방법인 자기회귀시차분포(AutoRegressive Distributed Lag: ARDL) 모형을 활용한다. 그동안 가격 전이 관련 연구에서는 Engle and Granger(1987)에서 파생된 장기균형관계에 기반을 둔 오차수정모형(Error Correction Model)과 같은 시계열 모형이 사용되어 왔다. 특히 벡터자기회귀(Vector Autoregression: VAR) 모형과 벡터오차수정모형(Vector Error Correction Model: VECM)이 주로 활용되었는데, Pesaran *et al.*(2001)이 공적분을 고려한 장기영향과 단기영향을 동시에 추정할 수 있는 ARDL 모형을 소개하였다. 전술한 바와 같이 북한 시장가격 자료를 활용하면 시계열이 짧다는 단점이 있는데, ARDL 모델은 비교적 적은 표본 수에서도 각 변수에 다른 차수를 적용할 수 있으며, 시계열의 정상성(stationarity) 여부에 상관없이 시계열 변수를 활용할 수 있다.[35] 그리고 일반적으로 ARDL 모형은 특정 종속변수에 대한 다른 변수들의 장단기 영향을 분석하는 데 적합하며, VAR 모형은 변수 간의 상호 의존적이고 동시적인 관계를 분석하는 데 사용되는 특징이 있는데, 북한 시장 상품 가격이 중국 시장이나 국제가격에 영향을 줄 가능성은 매우 낮으므로 ARDL 모형이 본 연구의 목적에 적합하다고 볼 수 있다. 또한 회귀분석에서 자주 문제로 대두되는 내생성을 적절한 시차를 포함하여 완화할 수 있다. 그러나 ARDL 모델 역시 안정성을 확보하기 위해서는 차수가 2 이상인 시계열 변수(I(2))의 활용이 제한되며, 각 시계열 변수는 I(0) 또는

---

35 VAR 혹은 VECM과 같은 시계열 모형의 경우 다른 차수의 안정성을 갖는 시계열의 변수 간 분석이 불가능하다는 단점이 있다.

I(1)이어야 한다.[36]

ARDL은 단일 수식을 활용하는 시계열 모형이다. 일반적인 ARDL(p,q) 모형은 다음과 같다.[37] p는 종속변수(dependent variable)의 시차, q는 독립변수(independent variable)의 시차를 뜻한다.

$$y_t = c_0 + \sum_{i=1}^{p} \phi_i y_{t-i} + \sum_{j=1}^{k} \sum_{i=0}^{q} \beta_{j,i} x_{j,t-i} + u_t, p \geq 1, q \geq 0 \tag{1}$$

$$t = 1 + p^*, \cdots, T.$$

식 (1)에서 $u_t \sim i.i.d(0, \sigma^2)$는 오차항을 가리키며 c_0는 절편값, $p \in [1, p^*]$, $q \in [0, p^*]$를 뜻한다. 시차 p, q 선택은 AIC 통계량을 통해 우도(likelihood)를 최대화하고 변수 개수를 최소화하는 조합으로 결정하는데, 본 분석에서는 시차 선택을 위해 Kripfganz and Schneider(2023)의 알고리즘을 활용한다.

ARDL 모형에서 오차수정을 적용한 ARDL-EC(Error Correction) 모형은 다음과 같이 전환(reparameterization)할 수 있다.

$$\begin{aligned} \Delta y_t = c_0 + \rho y_{t-1} + \sum_{j=1}^{k} \gamma_j x_{j,t-1} + \sum_{i=1}^{p-1} \phi_i^* \Delta y_{t-i} \\ + \sum_{j=1}^{k} \sum_{i=0}^{q_j-1} \beta_{j,i}^* \Delta x_{j,t-i} + u_t \end{aligned} \tag{2}$$

ARDL 모델에서 장기 효과의 존재 여부는 Pesaran *et al.*(2001)이 제안한 한계검정법(bounds test)을 통해 검토한다. Pesaran *et al.*(2001)은 식 (2)에서 장기균형관계가 없다는 귀무가설 $H_0 : \rho = 0 \ \& \ \gamma_j = 0, \ j = 1, \cdots, k$에 대해 전통적인 Wald 검정이 비표준적 점근적 분포를 갖는다는 사실을 밝혔다. 이에 따라, 독립변수가 모두 I(0)이면서 공적분 위수가 k일 경우 임곗값의 하한(lower limit)을 설정하고, 독립변수가 모두 I(1)이고 공적분

---

36 어떠한 시계열 변수가 k번 차분하면 안정적으로 될 때 I(k) 변수라 한다.

37 본 분석에서 활용하는 모델은 가장 일반적으로 쓰이는 Pesaran *et al.*(2001)의 Case III 형태로, 비제약 절편(unrestricted intercept)은 포함하나 시간 추세(time trend)는 포함하지 않는다.

위수가 0인 경우 임곗값의 상한(upper limit)을 설정하여 검정을 위한 한계구간을 형성한다는 것이 한계검정법의 구조이다. 따라서 F-통계량이 임곗값 하한보다 작으면 귀무가설을 기각할 수 없으나, 임곗값 상한보다 클 경우 귀무가설을 기각하게 된다. 중간값의 경우에는 비결정(inconclusive) 영역에 속한다. 동시에, 시차종속변수의 계수가 0이라는 귀무가설 $H_0 : \rho = 0$은 t-통계량을 통해 검증하며, 한계구간의 하한보다 낮으면 귀무가설을 기각하고, 상한보다 높으면 귀무가설을 기각하지 않는다. 중간값은 비결정적 영역으로 분류되어 귀무가설에 대한 결론이 유보된다.

식 (2)는 Kripfganz and Schneider(2023)를 따라 다음과 같이 재구성할 수 있다.

$$\Delta y_t = c_0 - \alpha(y_{t-1} - \theta x_{t-1}) + \sum_{i=1}^{p-1} \psi_i^* \Delta y_{t-i} + \sum_{j=1}^{k} \sum_{i=0}^{q-1} \zeta_{j,i}^* \Delta x_{t-i} + u_t \quad (3)$$

식 (3)에서 $y_{t-1} - \theta x_{t-1}$항은 장기균형관계를 나타내는 오차수정항(error correction term)이며, α는 이 오차수정항의 계수다. 그리고 θ는 독립변수의 장기 효과 계수, ψ^*, ζ^*는 각각 종속변수와 독립변수의 단기 효과 계수를 나타낸다. 오차수정항과 각 변수의 계수는 식 (1)의 계수를 활용하여 다음과 같이 정의할 수 있다.

$$\alpha = 1 - \sum_{i=1}^{p} \phi_i,\ \theta = \frac{\sum_{j=0}^{q} \beta_j}{\alpha},\ \psi_i^* = -\sum_{j=i+1}^{p} \phi_j,\ \zeta_i^* = -\sum_{j=i+1}^{q} \beta_j$$

$-\alpha(\alpha > 0)$는 음(-)의 값으로 전기($t-1$ 시점)의 불균형 $y_{t-1} - \theta x_{t-1}$을 균형으로 조정해 나가게 된다. 즉, α값은 모형의 균형관계로의 수렴속도를 나타낸다고 할 수 있다. 예를 들어 식 (3)에서 전기 불균형 수치가 음(-)으로 나타났다면($y_{t-1} - \theta x_{t-1} < 0$), 종속변수 Δy_t의 증가를 의미하므로 주어진 y_{t-1}에 대해 당기(t 시점)의 종속변수 y_t가 증가하는

것이다.

마지막으로 ARDL 모형의 적합성과 안정성을 추정식의 잔차에 대한 진단검사를 통해 확인하는 과정을 거친다. 본 연구에서는 잔차에 대한 자기상관, 이분산성 존재 여부 및 추정계수에 대한 안정성을 검정한다. 모형 실험 결과 장기균형관계가 나타났더라도 이러한 진단검사에서 문제가 유의미하게 나타나지 않을 때 장기적 관계를 확인하는 것으로 결론을 내린다.

나. 실증분석 모형

ARDL을 활용하여 북한 시장의 상품가격 결정요인을 파악하기 위해 제2절에서 나온 북한당국이 주장한 결정요인에 대해 고려한다. 먼저 북한당국이 가격 결정요인으로 뽑은 중국 시장가격 혹은 국제가격과 환율을 설명변수에 포함한다. 그리고 북한당국이 상대가격을 설정할 때 기준으로 여기는 한 쌀 가격을 설명변수에 포함한다. 그런데 옥수수의 경우 쌀의 대체재로 볼 수 있어 연관성이 있을 수 있으나 휘발유나 경유 가격의 경우 쌀 가격과 상관관계나 인과관계를 떠올리기 쉽지 않다. 하지만 북한당국이 쌀 가격을 상대가격 설정 기준으로 삼기도 했으며, 쌀 가격이 전반적인 북한의 시장물가 수준의 대리변수로도 자주 활용되기도 하므로 다른 상품가격 분석 모형에도 포함한다. 다만, 쌀 가격을 포함한 모형을 기본으로 하되, 돼지고기, 휘발유 및 경유 가격 분석 시 쌀 가격을 제외한 모형 분석 결과도 같이 제시한다. 다음은 본 연구에서 추정하고자 하는 북한 시장가격의 ARDL(p, q_1, q_2, q_3) 형태의 모형이다.

$$\log(P_t^{Dep}) = c_0 + \sum_{i=1}^{p}\phi_i \log(P_{t-i}^{Dep}) + \sum_{i=0}^{q_1}\beta^{CH}\log(P_{t-i}^{CH}) + \sum_{i=0}^{q_2}\beta_i^{Rice}\log(P_{t-i}^{Rice}) + \sum_{i=0}^{q_3}\beta_i^{ER}\log(P_{t-i}^{ER}) + u_t \qquad (4)$$

식 (4)에서 P^{Dep}는 종속변수, P^{CH}는 해당 품목의 중국 혹은 국제 가격, P^{Rice}는 북한 시장 쌀 가격, 그리고 P^{ER}은 북한 시장 달러 환율을 의미한다. 북한 시장 쌀 가격을 포함하지 않은 모형의 경우 식 (5)와 같은 ARDL(p, q_1, q_2) 형태를 가진다.

$$\log(P_t^{Dep}) = c_0 + \sum_{i=1}^{p} \phi_i \log(P_{t-i}^{Dep}) + \sum_{i=0}^{q_1} \beta^{CH} \log(P_{t-i}^{CH}) + \sum_{i=0}^{q_2} \beta_i^{ER} \log(P_{t-i}^{ER}) + u_t \quad (5)$$

<표 3-7>은 분석에 활용된 변수들의 정상성 여부를 검정하기 위해 실행한 부가된 디키-풀러 검정(Augmented Dickey-Fuller test) 및 필립스-페론 단위근 검정(Philips-Perron unit-root test) 결과를 나타낸다. 코로나19 시기 이전의 쌀, 돼지고기와 같이 동일 상품의 북한 및 중국 시장가격 간 정상성 차수가 다른 경우가 있으며, 모든 모형에 포함되는 북한 시장 달러 환율이 I(0) 변수다. 정상성 차수가 다른 경우 VAR 혹은 VECM 모형을 활용할 수 없는 반면, ARDL 모형은 가능하다는 장점이 있다.

<표 3-7> ADF 및 PP 단위근 검정 결과: 시계열 정상성

시장	품목	ADF		PP	
		수준	1차 차분	수준	1차 차분
코로나19 이전 기간(2014. 1~2019. 12)					
북한	쌀	-3.547**	-11.977***	-4.554***	-13.477***
	옥수수	-2.539	-7.620***	-2.427	-7.605***
	돼지고기	-3.815**	-8.599***	-4.105***	-9.035***
	휘발유	-2.139	-6.446***	-2.568	-11.143***
	경유	-2.392	-8.250***	-3.805**	-12.035***
중국	쌀	-2.713	-7.261***	-2.502	-7.286***
	옥수수	-1.037	-8.973***	-1.176	-8.951***
국제	돼지고기	-3.922**	-7.955***	-4.550***	-7.522***
	휘발유	-2.517	-5.448***	-2.278	-6.692***
	경유	-2.510	-5.535***	-2.217	-6.567***
환율	달러	-4.275***	-10.398***	-4.829***	-11.237***

<표 3-7>의 계속

시장	품목	ADF		PP	
		수준	1차 차분	수준	1차 차분
코로나19 이후 기간(2020. 1~2024. 8)					
북한	쌀	-3.561**	-10.131***	-2.974	-9.885***
	옥수수	-1.622	-7.594***	-1.829	-7.597***
	돼지고기	-1.578	-7.933***	-1.573	-8.032***
	휘발유	-3.708**	-5.025***	-3.070	-5.863***
	경유	-2.230	-5.501***	-2.609	-6.419***
중국	쌀	-2.486	-4.349***	-1.956	-4.761***
	옥수수	-3.604**	-1.768	-1.703	-4.039***
국제	돼지고기	-1.957	-6.795***	-1.854	-6.785***
	휘발유	-2.739	-9.170***	-2.301	-5.287***
	경유	-2.126	-4.954**	-1.870	-4.719***
환율	달러	-1.135	-2.893**	-0.821	-7.868***

주: 최적 시차는 AIC(Akaike Information Criterion)를 활용해 선택했으며, 표의 통계치는 타우-통계치(Z(t))를 나타냄. 검증 모형의 수준변수는 상수항과 추세항을 모두 포함하였으나 차분변수는 상수항만 포함한 모형을 사용함. *, **, ***는 MacKinnon p-값을 기준으로 각각 10%, 5%, 1% 유의수준에서 통계학적으로 유의함을 뜻함.

자료: Daily NK(북한 시장가격), 중국국가통계국(중국 쌀, 옥수수 가격), FRED database(국제 돼지고기 가격), 오피넷(국제 휘발유, 경유 가격)을 이용하여 저자 분석.

3. 북한 시장 상품가격 결정요인 실증분석 결과

가. 북한 시장 쌀 가격

<표 3-8>은 북한 시장에서의 쌀 가격에 대해 ARDL 모형을 적용한 결과를 제시하고 있다.[38] 본 모형에서 코로나19 이전 시기 북한 시장 쌀 가격, 중국 시장 쌀 가격, 북한 시장 옥수수 가격, 그리고 달러 시장환율의 최적 시차는 각각 (1, 3, 1, 4)로 도출되었다. 이는 중국 시장 쌀 가격, 북한 시장 옥수수 가격, 그리고 달러 시장환율이 장기적이고 정적인 영향을 미칠 뿐만 아니라 단기적 동적 영향을 포함한다는 의미로 해석된다.

38 지면 관계로 단기 효과 계수는 포함하지 않았으며, 전체 결과는 부록에서 확인할 수 있다.

<표 3-8> ARDL 모형 분석 결과: 쌀

설명변수		종속변수: △북한 시장 쌀 가격$_t$	
		코로나19 이전 ARDL(1,3,1,4)	코로나19 이후 ARDL(2,3,4,0)
adj(α)		-0.606*** (0.115)	-0.313** (0.145)
장기 효과	중국 시장 쌀 가격$_{t-1}$	0.144 (0.403)	0.127 (1.070)
	북한 시장 옥수수 가격$_{t-1}$	0.064 (0.060)	0.651*** (0.180)
	달러 시장환율$_{t-1}$	1.710** (0.827)	0.096 (0.176)
상수항		-4.436 (4.278)	0.824 (0.650)
공적분 검정	t_{BDM}	-5.281***	-2.620
	F_{PSS}	7.393***	3.823
adj. R^2		0.436	0.451
자기상관 존재	p-value	0.583	0.665
	d-stat	2.041	1.949
이분산성 존재(p-value)		0.443	0.435
계수의 구조적 안정성(t-stat)		0.827	0.874

주: 괄호 안은 표준오차(standard error) 수치를 나타내며 *, **, ***는 각각 10%, 5%, 1%에서 통계학적으로 유의함을 뜻함. 모형의 최적 시차는 Kripfganz and Schneider(2023)의 알고리즘을 따라 AIC 기준으로 택함. t_{BDM}과 F_{PSS}는 각각 Pesaran *et al.*(2001)의 t, F 통계량이며 한계검정법의 유의수준 임곗값을 따라 통계학적 유의함을 결정함. 자기상관은 Breusch-Godfrey LM 검정과 Durbin-Watson 검정, 이분산성은 White 검정, 계수의 구조적 안정성 여부는 CUSUM 검정을 활용함.
자료: <표 3-7>과 동일.

한계검정을 위해 Pesaran *et al.*(2001)에서 제시된 임곗값을 적용한 결과, F-통계량은 7.393으로 나타나 유의수준 1%에서 장기적 관계가 없다는 귀무가설을 기각한다. 종속변수의 1차 시차변수에 대한 t-통계량 또한 -5.281로, 계수가 0이라는 귀무가설을 유의수준 1%에서 기각한다. 이를 통해 북한 시장 쌀 가격이 중국 시장 쌀 가격, 대체재인 옥수수 가격, 그리고 북한 시장의 달러 환율과 공적분 관계에 있음을 확인할 수 있으며, 이는 선행연구와 일치하는 결과이다.

다음으로 이 ARDL 모형의 적절성과 추정계수의 안정성을 검정하기 위해 잔차에 대한 진단검사를 실시한 결과를 <표 3-8>에 제시한다. 먼저, ARDL은 자기회귀모형인 만큼 자기상관(autocorrelation) 유무가 모형 적합성에 매우 중요한데, Breusch-Godfrey LM검정의 p-값은 0.583으로 자기상관이 없는 것으로 나타난다. Durbin-Watson 통계량 또한 2.041로 자기상관이 없는 경우인 2와 근접한다. 이분산성(heteroskedasticity) 존재 여부는 White 검정을 활용했는데, p-값이 0.443으로 이분산성이 존재한다는 귀무가설을 기각한다. 마지막으로 모형 계수의 구조적 안정성 검정을 위해 CUSUM(Cumulative Sum of Recursive Residuals) 검정을 활용했는데, t-통계량은 0.827이며 계수의 불안정성 귀무가설이 기각되는 임계선을 벗어나지 않는다. <부표 3-1>은 위 모형에서 북한 시장 옥수수 가격을 제외하고 분석한 결과를 나타내는데, 포함한 결과와 전반적으로 비슷하다. 하지만 이분산성이 존재한다는 귀무가설을 기각하지 못해 모형이 적절하지 않은 것으로 판단된다.

모형의 균형관계로의 수렴 속도를 나타내는 α값은 -0.606으로, 이는 한 달 균형 이탈분이 60.6%임을 의미한다. 장기적으로 중국 시장 쌀 가격 및 북한 시장 옥수수 가격과 양(+)의 관계를 나타내기는 했으나 통계적으로 유의한 수준은 아니다. 장기적으로 달러 시장환율이 유의수준 5%에서 양(+)의 영향을 미치며, 계숫값이 상당히 크게 나타난다. 달러 시장환율이 1% 상승(북한원의 평가절하)할 경우 북한 시장 쌀 가격이 1.7% 상승하는 것으로 나타나는 것이다.

이는 북한 시장과 중국 시장의 쌀 가격이 변동하지 않는다고 가정할 때, 북한 원화의 평가절하로 인해 북한 시장의 쌀 가격이 중국 시장에서 거래되는 쌀 가격에 비해 상대적으로 저렴해짐을 의미한다. 북중 간 쌀 무역에서 북한이 주로 중국으로부터 쌀을 수입하는 구조를 고려할 때, 이러한 평가절하는 북한에서 중국산 쌀 가격의 상대적 상승을 초래한다. 결과적으로, 북한 원화의 평가절하는 북한 시장에서 중국산 쌀의 수요를 감소시키고 북한산 쌀의 수요를 증가시키며, 장기적으로 북한 시장 쌀 가격의 상승을 초래하는 요인으로 작용한다.

다만, 앞서 강조했듯이 공적분 관계가 유의미하게 나온다고 해서 이들

변수가 유일하게 북한 시장 쌀 가격에 있어 가장 큰 영향을 준다고 해석하는 것은 과대 해석이라 볼 수 있다. 그럼에도 불구하고 설명변수들이 북한당국이 쌀 가격 제정 시 고려하겠다고 공식적으로 밝힌 요인들의 대리변수라 칭할 수 있는 만큼 코로나19 이전에는 북한당국이 제정한 원칙에 따라 가격이 형성되었고, 특히 시장환율 변동에 따른 상대가격 변화에 큰 영향을 받았음을 유추할 수 있다.

코로나19 이후 시기를 분석기간으로 삼아 모형을 실증분석할 경우 북한 시장 쌀 가격은 중국 시장 쌀 가격, 옥수수 가격 그리고 북한 시장 달러 환율과의 공적분 관계가 성립하지 않는 것으로 나타난다. 한계검정법 수행 결과, F-통계량 3.823, t-통계량 -2.620으로 장기적 관계가 없다는 귀무가설을 기각하지 못한다. 모형 적절성 검정 결과도 자기상관, 이분산성 존재 귀무가설을 모두 기각하고 계수도 안정적으로 나온다.

코로나19 이전과 달리 장기균형관계가 나타나지 않는 이유를 설명할 수도 있는 몇 가지 가설이 있다. 먼저 국경봉쇄로 인한 쌀 수입 중단이다. [그림 3-11]에서 보여주듯이 북한은 2020년 초부터 2022년 초까지 장기간 쌀을 수입하지 않았고, 이에 따라 '중국 시장 쌀 가격 → 중국산 쌀 수입가격 → 북한 시장 쌀 가격'에 미치는 영향력이 줄어들었을 가능성이 있다.[39]

두 번째로 코로나19 이후 어려워진 유통 과정으로 인해 마크업(markup, 매입가격과 판매가격의 차이)이 상승해서 장기균형관계가 무너졌을 가능성이 있다. 최장호 외(2024)는 코로나19 이후 도소매 상인들이 유통단계에서 취하는 마크업이 올라갔는데, 이것이 북한 시장물가 상승에 일부 이바지했다고 분석했다. 다만, 본 장에서 활용한 상품가격에 대한 마크업이 최장호 외(2024)의 분석대상에 포함되어 있지 않기 때문에 쌀 거래에서의 마크업 또한 상승했는지는 알 수 없다.

세 번째로 [그림 3-5]가 보여주는, 2020년 말부터 2022년까지 그리고 2024년 들어 급격히 변화했던 북한 시장환율로 인해 장기균형관계가 무

---

39 물론 통계에 잡히지 않는 밀무역을 통해 북한 시장으로 들어오는 중국산 쌀이 존재했을 가능성이 있다. 하지만 기본적으로 밀무역을 통해 들어오는 양에는 한계가 있을 수밖에 없어 시장가격에 큰 영향을 미쳤을 것으로 보기는 어렵다.

너졌을 가능성이다. 먼저 코로나19 시기에 달러와 위안 환율이 급락한 것은 북한 시장에서 국경봉쇄로 인해 무역이 상당 부분 단절되어 외화에 대한 수요가 감소했기 때문이었을 가능성이 제기된다. 물론 무역 단절로 인해 외화 공급 또한 줄어들었을 것이나 공급 감소폭이 더 컸다면 환율이 하락하지 않고 상승했을 것이기에 상대적으로 수요 감소폭이 더 컸다고 판단된다. 이후 2022년부터 무역이 재개되고 2023년 들어서는 코로나19 이전 수준으로 무역량이 회복하자 환율도 마찬가지로 복귀한 모습을 보였다. 하지만 2024년 들어 다시 환율이 폭등하고 있는 상황이다.[40] 특히 [그림 3-4]에서 북한 원화 표시 북한 시장 쌀 가격과 달러 표시 중국 시장 쌀 가격은 2022~24년에 추세적으로 다른 모습을 보이고 있으나, 달러 표시 북한 시장 쌀 가격의 경우 중국 시장 쌀 가격과 비슷한 움직임을 나타내고 있다. 따라서 장기균형관계는 시계열 자료가 계속 구축됨에 따라 재성립할 수도 있으며, <표 3-8>의 코로나19 이후 분석 결과는 단순히 환율의 급변으로 인한 가능성일 수도 있다.

마지막으로 북한당국의 시장 개입을 이유로 들 수 있다. 김정은 정권은 집권 초창기에는 시장 친화적인 정책을 펼치다가 2020년 이후 시장 및 유통망, 특히 양곡 유통을 강력하게 통제하려는 모습을 보이는데, 이에 따라 북한 시장에서 가장 중요한 쌀 가격이 영향을 받았을 수 있다는 것이다. 본 절에서 수행한 시계열 분석은 시장가격과 환율만을 활용하고 있어 정책의 변화를 포함할 수는 없으나, 기존 연구 및 본 연구 결과에서 코로나19 이전까지는 북한 시장 쌀 가격과 수입가격 혹은 중국 시장가격과의 장기균형관계가 도출되었기 때문에 정책 변화 혹은 당국의 적극적인 시장 개입이 이러한 장기균형관계를 무너뜨렸을 개연성이 있다고 볼 수 있다. 예를 들어 2021년 8월 국가정보원은 국회 현안 보고에서 북한이 식량난으로 전시 비축미를 공급하며 쌀 가격을 통제한다고 전했다.[41] [그림

---

40 2023년 하반기부터 매체 간 환율 수치가 큰 차이를 보이는 문제가 있어 환율 폭등은 2024년이 아닌 2023년부터 시작했을 수도 있다. 『KBS』(2024. 6. 1)에 따르면 2023년 하반기부터 달러 환율이 상승하지만, Daily NK, AsiaPress의 시장가격 사료에 따르면 2024년 6월이 돼서야 급상승하는 모습을 보인다. 다만, 『KBS』 보도자료의 달러 환율을 적용하여 모형을 실험해도 결과에는 큰 차이가 나타나지 않는다.

3-4]가 보여주듯이 북한 시장 쌀 가격은 국경봉쇄로 경제가 어려웠을 것이 분명한 2020~21년에 오히려 다른 시기보다 낮았는데, 북한당국이 시장에 인위적으로 공급량을 늘려 쌀 가격 상승을 막았을 가능성이 높은 것이다.

정승호(2022)와 임송・문승현(2023)은 북한 시장물가를 분석하며 2020년 이후 높은 인플레이션을 기록한 다른 품목에 비해 쌀 가격은 상대적으로 안정적인 모습을 보였다고 평가한다. 최지영(2021) 또한 대북제재 강화 이후 북한 시장 쌀 가격과 국제시세 간의 연관성이 약화되는 현상을 관찰한 바 있다. 전반적인 물가가 상승했음에도 불구하고 쌀 가격이 안정적이었던 것은 북한당국이 쌀 가격을 관리했을 가능성을 내포한다. 본 연구 결과가 이를 증명한다고 볼 수는 없으나, 기존 중국 시장가격, 북한 시장 옥수수 가격 및 달러 시장환율과의 장기균형관계가 코로나19 이후 무너진 것은 이러한 가능성을 보여준다.

결론적으로 2014~19년 기간 북한 시장 쌀 가격은 중국 시장 쌀 가격, 북한 시장 옥수수 가격 및 달러 시장환율의 영향을 종합적으로 받으며 장기균형관계가 성립되고, 특히 달러 시장환율 변화가 쌀 가격 변화에 큰 영향을 미치는 것으로 나타난다. 그런데 코로나19 이후에는 이와 같은 장기균형관계가 성립하지 않아 북한 시장 쌀 가격은 다른 요인의 영향을 더 많이 받았을 가능성이 크다. 다만, 외부에서 북한에서의 쌀 생산 원가와 수요 및 공급을 정확히 파악하기는 어려운 면이 있으며, 이 요소들이 코로나19 이후 크게 변화하여 <표 3-8>과 같은 결과가 나왔을 수도 있다.

나. 북한 시장 옥수수 가격

<표 3-9>는 북한 시장 옥수수 가격에 대한 ARDL 모형 분석 결과를 제시하고 있다. 북한 시장 옥수수 가격의 분석 결과는 코로나19 이전과 이후 시기 간에 차이를 보인다. 먼저 코로나19 이전 시기의 경우, 북한 시장 옥수수 가격, 중국 시장 옥수수 가격, 북한 시장 쌀 가격, 그리고

---

41 『VOA』(2021. 8. 4).

<표 3-9> ARDL 모형 분석 결과: 옥수수

설명변수		종속변수: △북한 시장 옥수수 가격$_t$ 코로나19 이전 ARDL(2,2,2,1)	종속변수: △북한 시장 옥수수 가격$_t$ 코로나19 이후 ARDL(3,6,5,5)
adj(α)		-0.263*** (0.070)	-0.926*** (0.217)
장기 효과	중국 시장 옥수수 가격$_{t-1}$	0.026 (0.338)	1.750*** (0.233)
	북한 시장 쌀 가격$_{t-1}$	2.642** (1.004)	0.136 (0.226)
	달러 시장환율$_{t-1}$	3.686 (2.741)	0.619*** (0.119)
상수항		-12.706* (6.386)	2.552 (1.378)
공적분 검정	t_{BDM}	-3.785**	-4.259**
	F_{PSS}	4.268*	5.333**
adj. R^2		0.283	0.518
자기상관 존재	p-value	0.355	0.128
	d-stat	2.030	2.093
이분산성 존재(p-value)		0.335	0.434
계수의 구조적 안정성(t-stat)		0.852	0.324

주: 괄호 안은 표준오차(standard error) 수치를 나타내며 *, **, ***는 각각 10%, 5%, 1%에서 통계학적으로 유의함을 뜻함. 모형의 최적 시차는 Kripfganz and Schneider(2023)의 알고리즘을 따라 AIC 기준으로 택함. t_{BDM}과 F_{PSS}는 각각 Pesaran *et al.*(2001)의 t, F 통계량이며 한계검정법의 유의수준 임곗값을 따라 통계학적 유의함을 결정함. 자기상관은 Breusch-Godfrey LM 검정과 Durbin-Watson 검정, 이분산성은 White 검정, 계수의 구조적 안정성 여부는 CUSUM 검정을 활용함.
자료: <표 3-7>과 동일.

달러 시장환율의 최적 시차는 각각 (2, 2, 2, 1)로 선택되어 모든 변수가 장기적 정적 영향과 단기적 동적 영향을 미치는 것으로 나타났다. 모형에 대한 한계검정법 적용 결과는 F-통계량 4.268로, 유의수준 10%에서 장기적 관계가 없다는 귀무가설을 기각하였다. 또한 오차수정항 계수가 0이라는 귀무가설은 t-통계량 -3.785로 유의수준 5%에서 기각되었다. 이에 따라 장기균형관계가 없다는 귀무가설은 유의수준 5%에서 비결정적(inconclusive)으로 나타났으나, 유의수준 10%에서는 기각되어 약한 수준에서 종속변수와 설명변수 간에 장기균형관계가 존재함을 시사한다. 아울러 모형의 적절성 검사 결과, 자기상관과 이분산성 존재에 대한 귀무가설이 모두 기각되었으며, 계수 또한 안정적으로 나타났다.

모형의 균형관계로의 수렴 속도는 한 달 균형 이탈분의 26.3%로 나타난다. 주목할 점은 중국 시장의 옥수수 가격이 양(+)의 효과를 보이나, 계수가 거의 0에 가까워 북한 시장 옥수수 가격에 유의미한 영향을 미치지 않는다는 것이다. 또한 달러 시장환율도 양(+)의 효과와 높은 계수를 보이지만, 표준오차가 커서 통계적으로 유의미하지 않다. 반면, 북한 시장 쌀 가격은 통계적으로 유의미한 영향을 미치며, 쌀 가격이 1% 상승할 때 북한 시장 옥수수 가격은 장기적으로 2.6% 상승하는 것으로 나타나, 큰 영향을 미친다. 이는 코로나19 이전 시기에는 북한 시장 옥수수 가격에 대해 중국 시장의 옥수수 가격이나 달러 시장환율보다는 대체재인 북한 시장 쌀 가격이 더 큰 영향을 미쳤음을 시사한다. 이러한 결과는 북한 내에서 옥수수가 쌀에 비해 열등재로 취급되기 때문으로 보인다. 북한에서 쌀 가격이 하락할 경우 상대적으로 열등재인 옥수수에 대한 소비자의 구매 유인이 감소하게 되며, 이에 따라 옥수수 판매자는 수요를 높이기 위해 쌀 가격보다 더 큰 폭으로 옥수수 가격을 하락시키는 경향을 보인다는 가설이다. 혹은 북한 시장에서 쌀 가격이 상대가격 설정의 기준이 되어 장기균형관계를 형성할 가능성도 있다. 그러나 북한 시장의 옥수수 가격 분석만으로 결론을 내리기에는 한계가 있으며, 다른 품목을 분석한 결과와 함께 보며 검증할 필요가 있다.

코로나19 이후 북한 시장 옥수수 가격 분석 모형은 최적 시차로 각각 (3, 6, 5, 5)가 선택되어 중국 시장 옥수수 가격, 북한 시장 쌀 가격과 달러 시장환율은 모두 장기 영향과 단기 동적 영향이 함께 나온다. 먼저 한계검정 결과, F-통계량과 t-통계량 모두 유의수준 5%에서 귀무가설을 기각하여 종속변수와 설명변수 간에 장기균형관계가 성립하는 것으로 나타난다. 모형의 균형관계로의 수렴 속도는 한 달에 92.6%로 코로나19 이전 모형보다 훨씬 빠른 속도로 균형관계로 수렴한다.

코로나19 이전 모형과 달라진 또 다른 결과는 북한 시장 옥수수 가격이 북한 시장 쌀 가격이 아닌 중국 시장 옥수수 가격으로부터 장기적으로 영향을 크게 받는 것으로 나타난다는 점이다. 흥미롭게도 2018년 1월~2019년 12월의 2년간 북한의 대중 옥수수 수입량이 총 2,728만톤에 달하는 데 비해 2020년 1월~2024년 9월의 4년 9개월간 수입량은 816만톤에 불과하지만 중국 시장 옥수수 가격의 영향을 받는 결과가 나타났다. 이는 심규철(2021)에서도 관측된 결과이다. 옥수수나 쌀의 북한 내부 생산량에 비해 수입의 비중이 높지 않음에도 불구하고 중국 수출가격의 영향을 받는다는 것이다. 이와 같은 결과는 외부 정보의 유입 때문일 수 있다. 북한의 국경봉쇄 기간에도 접경지내에서는 여전히 중국 휴대폰을 활용해 중국과의 정보교환이 가능했기 때문이다. 또는 북한당국이 한도가격을 정하는 데 있어 중국 가격을 고려했을 가능성이 있다.

그리고 이 결과는 정승호(2022)와 Noland(2022)가 제기한 2020~21년 북한 시장의 옥수수와 쌀 가격 관계에 대한 의문을 일부 해소해 준다. 이들 연구는 [그림 3-12]에서 확인할 수 있는, 2020~21년 북한 시장에서 쌀과 옥수수의 상대가격이 급락한 현상에 대해 두 가지 가능성을 제시한다. 먼저 1) 북한주민의 소득이 국경봉쇄로 인해 감소하여 쌀에 비해 상대적 열등재이며 저렴한 옥수수 수요가 증가했을 가능성과 2) 중국 시장 혹은 국제 옥수수 가격이 상승하여 북한 시장 옥수수 가격이 같이 상승했을 가능성이다. <표 3-9>의 결과는 코로나19 이전 시기에는 전자, 코로나19 이후 시기에는 후자에 더 큰 영향을 받았을 것을 암시한다. 코로나19 이후 시기 중국 시장 옥수수 가격의 1% 상승은 장기적으로 북한 시장 옥수수 가격의 1.75% 상승을 초래하지만, 북한 시장 쌀 가격의 1% 상승은 북한 시장 옥수수 가격의 0.14% 상승으로 이어져 상대적으로 조금 낮은 수치를 보이는 데다가 통계적으로 유의미하지 않다. 그리고 [그림 3-7]에서 알 수 있듯이 중국 시장 옥수수 가격은 2020년 내내 급격한 상승곡선을 그린다. 이에 따라 [그림 3-12]가 보여주는 이 시기 중국 시장의 쌀과 옥수수 상대가격도 북한 시장에서의 상대가격과 마찬가지로 하락하는 것을 알 수 있다. 게다가 상대가격 변화폭 측면에서만 관찰하면 북한 시장에서 2020년보다는 2014~16년 상대가격 변화가 더 심한 모습이다.

너불어 선술했듯이 2020년은 북한당국의 쌀 가격 관리 정황이 관측되는

[그림 3-12] 북한 시장 및 중국 시장 쌀/옥수수 상대가격(2014. 1~2024. 8)

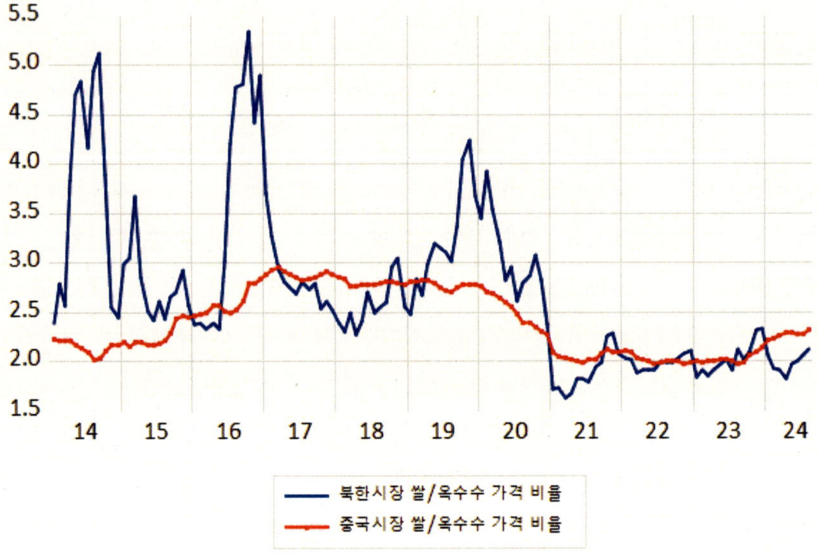

자료: 북한 시장가격은 Daily NK 「북한 시장동향」(https://www.dailynk.com/market/, 검색일: 2024. 10. 18)과 구입 자료, 중국 시장가격은 중국 국가통계국(http://stats.gov.cn/, 검색일: 2024. 11. 30).

해이기 때문에 이후 북한 시장 쌀 가격은 시장요인보다는 북한 정책에 더 영향을 받았을 가능성이 높다. 물론 2020년은 북한당국의 강력한 국경봉쇄로 인해 주민들의 소득이 심하게 감소했을 것으로 예상되는 해이기도 하다. 하지만 본 연구 결과상 소득 감소가 상대적 열등재인 옥수수 수요 증가로 이어져 쌀/옥수수 상대가격이 하락한 효과보다는 북한 시장 쌀 가격이 당국의 정책으로 안정적이었고 북한 시장 옥수수 가격은 중국 시장 옥수수 가격 상승에 영향을 받았기 때문에 쌀과 옥수수 상대가격이 하락한 효과가 상대적으로 더 컸다고 볼 수 있다. 마지막으로 [그림 3-12]는 2021년 이후 쌀과 옥수수 상대가격이 예년에 비해 상당히 안정적인 것을 보여준다. 북한 시장에서 양 품목의 절대가격은 모두 상승하고 있는 추세이기는 하나, 본 절에서의 분석 결과는 북한당국에서 중요한 쌀 가격을 면밀히 관찰 및 관리하고 있어 옥수수 가격도 이에 따라 안정적인 모습을 보이고 있을 가능성을 암시한다.

다. 북한 시장 돼지고기 가격

<표 3-10>은 ARDL 모형을 적용한 북한 시장 돼지고기 가격 분석 결과를 제시한다. 코로나19 이전 북한 시장 돼지고기 가격, 국제시장 돼지고기 가격, 북한 시장 쌀 가격 및 달러 시장환율의 최적 시차는 각각 (1, 1, 1, 1)이 선택되어, 모든 설명변수가 장기 정적 영향과 단기 동적 영향이

<표 3-10> ARDL 모형 분석 결과: 돼지고기

설명변수		종속변수: △북한 시장 돼지고기 가격$_t$			
		코로나19 이전		코로나19 이후	
		ARDL(1,1,1,1)	ARDL(1,0,1)	ARDL(3,0,0,4)	ARDL(3,5,4)
adj(α)		-0.388*** (0.111)	-0.433*** (0.110)	-0.273** (0.103)	-0.211* (0.113)
장기 효과	국제시장 돼지고기 가격$_{t-1}$	-0.393 (0.505)	-0.065 (0.360)	0.574** (0.247)	0.081 (0.353)
	북한 시장 쌀 가격$_{t-1}$	0.014 (0.616)		-0.409 (0.476)	
	달러 시장환율$_{t-1}$	-3.457 (2.078)	-3.473* (1.857)	-0.411 (0.255)	-0.754** (0.316)
상수항		15.780** (7.586)	17.676** (7.434)	4.543*** (1.418)	3.481** (1.588)
공적분 검정	t_{BDM}	-3.483*	-3.930**	-2.644	-1.870
	F_{PSS}	4.149*	5.838**	3.347	2.241
adj. R^2		0.237	0.202	0.281	0.413
자기상관 존재	p-value	0.465	0.803	0.674	0.342
	d-stat	1.788	1.938	1.926	1.981
이분산성 존재(p-value)		0.156	0.020**	0.435	0.431
계수의 구조적 안정성(t-stat)		0.437	0.625	0.791	1.002**

주: 괄호 안은 표준오차(standard error) 수치를 나타내며 *, **, ***는 각각 10%, 5%, 1%에서 통계학적으로 유의함을 뜻함. 모형의 최적 시차는 Kripfganz and Schneider(2023)의 알고리즘을 따라 AIC 기준으로 택함. t_{BDM}과 F_{PSS}는 각각 Pesaran *et al.*(2001)의 t, F 통계량이며 한계검정법의 유의수준 임곗값을 따라 통계학적 유의함을 결정함. 자기상관은 Breusch-Godfrey LM 검정과 Durbin-Watson 검정, 이분산성은 White 검정, 계수의 구조적 안정성 여부는 CUSUM 검정을 활용함.

자료: <표 3-7>과 동일

있다. 한계검정 결과, F-통계량과 t-통계량 모두 유의수준 10%에서 귀무가설을 기각하여, 종속변수와 설명변수 간 장기균형관계가 유의수준 10%에서 성립하는 것으로 나타난다. 잔차 진단 결과, 모형이 적합하고 안정적인 것으로 드러나며, 모형의 균형관계로의 수렴 속도는 월 38.8%이다.

느슨한 조건에서의 장기균형관계이기는 하나 코로나19 이전에 북한 시장 돼지고기 가격과 설명변수 간에 공적분 관계가 나타난 것은 다소 의외의 결과이다. [그림 3-13]이 보여주듯이 북한의 돼지고기 수입은 최근 들어 사실상 없다고 봐도 무방한 수준이며, 애당초 육류 수입은 유통업이 취약한 북한 사정상 쉽지 않을 것이다. 북한 시장 쌀 가격 또한 장기효과 계수 수치가 0에 가까워 돼지고기 가격 형성에 큰 영향을 미치지 않을 것으로 판단된다. 북한 시장 쌀 가격을 제외한 모형의 결과도 포함한 모형의 결과와 크게 다르지 않게 나오기는 하지만, 쌀 가격이 포함되지 않을 경우 모형에 이분산성이 존재하지 않는다는 귀무가설을 기각한다.

[그림 3-13] 북한의 돼지고기 수입액과 생산량 추이(2014~23년)

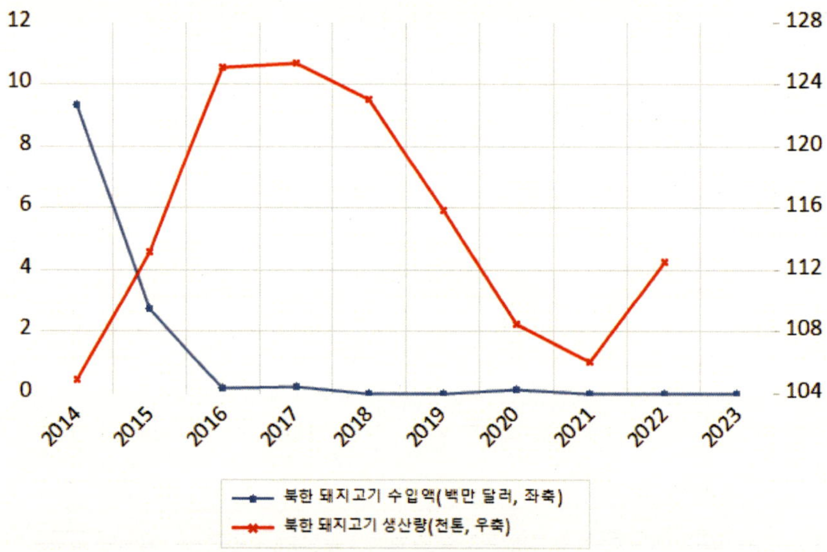

자료: 한국무역협회 K-stat(https://stat.kita.net/, 검색일: 2024. 10. 5); 통계청, 「북한통계포털」(https://kosis.kr/bukhan/index/index.do/, 검색일: 2024. 11. 1).

코로나19 이후의 분석 결과는 다르게 나타난다. 먼저 변수들의 최적 시차는 (3, 0, 0, 4)로 국제시장 돼지고기 가격과 북한 시장 쌀 가격은 장기 정적 영향만 존재한다. 한계검정 결과, 종속변수와 설명변수 간 장기 균형관계는 성립하지 않는다. 쌀 가격을 포함하지 않은 모형의 경우도 공적분 관계가 나타나지 않지만, 계수가 구조적으로 안정적이라는 귀무가설을 기각하는 문제가 드러난다. 코로나19 이후 분석 결과는 코로나19 이전 결과와 다르게 어느 정도 예측 가능하다. 그리고 이 결과는 북한 시장 돼지고기 가격이 <표 3-10>의 분석 결과에 활용된 설명변수보다는 북한 시장 내 돼지고기 공급 상황 등의 요인에 더 큰 영향을 받았을 가능성을 암시한다.

북한 시장에서의 돼지고기 유통량은 정확히 파악할 수는 없으나 [그림 3-13]에서 확인할 수 있듯이 2014년 이후 북한의 돼지고기 수입량은 미미한 수준이며, FAO는 동 기간 북한의 돼지고기 생산량을 10~12만톤으로 추정하고 있다. 기존에 북한으로 가장 많은 돼지고기를 수출하던 중국은 2015년을 마지막으로 더 이상 북한으로 돼지고기를 수출하지 않는 것으로 나타나며, 종종 등장하는 북한의 돼지고기 수입 기록은 스페인이나 독일에서 나타난다. 다만, 액수가 크지 않은 수준에다 스페인이나 독일의 경우 상대적으로 고가의 돼지고기를 수출했을 가능성이 높아 일반 북한 시장 돼지고기 유통량에 영향을 미쳤다고 보기는 어렵다.

물론 [그림 3-8]과 같이 북한 시장 돼지고기 가격은 2021년에 국제시장 돼지고기 가격과 같이 상승하며, 2023년 들어 하락하는 추세를 같이 보인다. 다만, 이와 같이 양 시장에 동 기간에 나타난 상승세와 하락세는 전 세계적으로 코로나19로 인해 유통에 어려움을 겪었으며 비슷한 시기에 코로나19가 종식되어 가격 변화가 연동되었을 가능성이 크다. 특히 돼지고기와 같이 유통하는 데 있어 곡물이나 일반 제조품에 비해 어려움이 있는 상품의 경우 추세 동조화가 상대적으로 심했을 것으로 보인다. 게다가 전술했듯이 세계 최대 돼지고기 소비국인 중국에서 2018~21년 아프리카돼지열병으로 인해 돼지고기 가격이 크게 상승한 바 있어, 국제가격에도 영향을 미쳤을 가능성이 크다. 이에 따라 북한이 국제가격 정보를 입수하더라도 돼지고기 한도가격을 제정하는 데 있어 이를 어느 정도 고려했을지 미지수일 것으로 판단된다.

라. 북한 시장 휘발유와 경유 가격

<표 3-11>과 <표 3-12>는 정유제품인 휘발유와 경유에 대한 분석 결과

<표 3-11> ARDL 모형 분석 결과: 휘발유

설명변수		종속변수: △북한 시장 휘발유 가격$_t$			
		코로나19 이전		코로나19 이후	
		ARDL(1,0,0,3)	ARDL(1,0,3)	ARDL(2,4,4,3)	ARDL(2,1,3)
adj(α)		-0.274*** (0.081)	-0.255*** (0.078)	-0.853*** (0.145)	-0.544*** (0.085)
장기 효과	국제시장 휘발유 가격$_{t-1}$	0.150 (0.511)	-0.071 (0.532)	0.544*** (0.083)	0.363*** (0.060)
	북한 시장 쌀 가격$_{t-1}$	1.012 (0.959)		-0.189 (0.253)	
	달러 시장환율$_{t-1}$	-13.665** (6.194)	-15.215** (6.740)	1.034*** (0.111)	0.898*** (0.127)
상수항		33.970** (13.610)	37.316*** (13.222)	1.717 (1.388)	0.826 (0.593)
공적분 검정	t_{BDM}	-3.405	-3.254*	-5.858***	-6.376***
	F_{PSS}	4.063*	5.060**	12.657***	14.736***
adj. R^2		0.236	0.235	0.649	0.548
자기상관 존재	p-value	0.608	0.535	0.433	0.116
	d-stat	2.084	1.673	2.157	1.954
이분산성 존재(p-value)		0.443	0.104	0.435	0.247
계수의 구조적 안정성(t-stat)		0.921	2.434***	0.579	0.301

주: 괄호 안은 표준오차(standard error) 수치를 나타내며 *, **, ***는 각각 10%, 5%, 1%에서 통계학적으로 유의함을 뜻함. 모형의 최적 시차는 Kripfganz and Schneider(2023)의 알고리즘을 따라 AIC 기준으로 택함. t_{BDM}과 F_{PSS}는 각각 Pesaran *et al.*(2001)의 t, F 통계량이며 한계검정법의 유의수준 임곗값을 따라 통계학적 유의함을 결정함. 자기상관은 Breusch-Godfrey LM 검정과 Durbin-Watson 검정, 이분산성은 White 검정, 계수의 구조적 안정성 여부는 CUSUM 검정을 활용함.

자료: <표 3-7>과 동일.

<표 3-12> ARDL 모형 분석 결과: 경유

설명변수		종속변수: △북한 시장 경유 가격$_t$			
		코로나19 이전		코로나19 이후	
		ARDL(6,0,4,0)	ARDL(6,0,9)	ARDL(2,2,4,3)	ARDL(2,2,3)
adj(α)		-0.355*** (0.123)	-0498*** (0.121)	-0.876*** (0.142)	-0.839*** (0.137)
장기 효과	국제시장 경유 가격$_{t-1}$	0.466 (0.373)	-0.489 (0.429)	0.601*** (0.105)	0.589*** (0.055)
	북한 시장 쌀 가격$_{t-1}$	0.298 (0.922)		0.076 (0.356)	
	달러 시장환율$_{t-1}$	-3.286 (6.899)	-17.437*** (5.861)	1.394*** (0.150)	1.351*** (0.118)
상수항		12.862 (9.811)	82.427*** (27.037)	-3.266 (2.323)	-2.258** (1.012)
공적분 검정	t_{BDM}	-2.879	-4.097**	-6.184***	-6.120***
	F_{PSS}	3.680	7.644***	10.813***	13.002***
adj. R^2		0.285	0.242	0.558	0.487
자기상관 존재	p-value	0.179	0.239	0.781	0.652
	d-stat	2.194	2.132	2.111	1.996
이분산성 존재(p-value)		0.442	0.441	0.435	0.435
계수의 구조적 안정성(t-stat)		0.610	0.843	0.521	0.589

주: 괄호 안은 표준오차(standard error) 수치를 나타내며 *, **, ***는 각각 10%, 5%, 1%에서 통계학적으로 유의함을 뜻함. 모형의 최적 시차는 Kripfganz and Schneider(2023)의 알고리즘을 따라 AIC 기준으로 택함. t_{BDM}과 F_{PSS}는 각각 Pesaran *et al.*(2001)의 t, F 통계량이며 한계검정법의 유의수준 임겟값을 따라 통계학적 유의함을 결정함. 자기상관은 Breusch-Godfrey LM 검정과 Durbin-Watson 검정, 이분산성은 White 검정, 계수의 구조적 안정성 여부는 CUSUM 검정을 활용함.
자료: <표 3-7>과 동일.

를 보여준다. 휘발유와 경유는 모두 원유로부터 추출된다는 특징 때문에 필연적으로 제품가격 간 높은 상관관계를 보이며, <표 3-11>과 <표 3-12>의 결과 또한 상당히 흡사하게 나타난다.

먼저 코로나19 이전 북한 시장 휘발유 가격, 국제시장 휘발유 가격, 북한 시장 쌀 가격 및 달러 시장환율의 최적 시차는 (1, 0, 0, 3)이며, 국제시장 휘발유 가격 및 북한 시장 쌀 가격은 장기 정적 영향만 있는 것으로 나타났다. 한계검정 결과, F-통계량은 유의수준 10%에서 귀무가설을 기각하나 t-통계량은 귀무가설을 기각하지 못한다. 종합적으로 유의수준 5%와 10%에서 장기균형관계가 없다는 귀무가설을 유보하는 것으로 나타난다. 북한 시장 경유 가격 모형의 경우 선택 시차는 (6, 0, 4, 0)이며, 한계검정 결과 종속변수와 설명변수 간 장기균형관계가 북한 시장 휘발유 가격과 마찬가지로 2020년 이전에는 나타나지 않는다. 두 모형 모두 잔차 진단 결과 모형의 적합성과 안정성은 검증된다.

두 상품가격 모두 장기균형관계가 성립되지 않는 것은 북한이 정제유에 대한 해외 의존도가 매우 높은 것을 고려하면 의외의 결과이다. 이에 대한 이유로 제시할 수 있는 설명은 역시 UN 대북제재의 영향이다. [그림 3-9]와 [그림 3-10]이 보여주듯이 북한 시장 정유제품 가격은 2014년과 2017년에 급등하는데, 이 시기는 연료 관련 제재 내용이 담긴 UN 대북제재가 가해진 이후라는 공통점이 있다. 먼저 북한이 2013년 2월에 3차 핵실험을 강행하자 UN안보리 결의안 2094호가 통과되었는데, 이 결의안에는 대북 항공유와 로켓연료 공급 금지 내용이 포함됐으며, 북한의 광물 거래를 제한하는 내용이 처음으로 들어갔다. [그림 3-9]와 [그림 3-10]의 범위 밖이지만 실제로 휘발유와 경유 가격은 Daily NK 자료 기준으로 2013년 5월에 전월 대비 각각 22.9%, 17.5% 급등했으며, 2014년까지 계속 불안정한 모습을 보인다.

이후 상대적으로 안정적인 가격을 유지하던 북한 시장 정제유 가격은 2017년 들어 다시 급등한다. 이때도 역시 북한당국이 4차, 5차, 6차 핵실험 및 미사일 실험을 여러 차례 강행한 후 UN 대북제재가 강하게 가해진 시기이다. 특히 2016년 3월, 12월 그리고 2017년 6월, 8월, 9월, 12월까지 6차례나 유례없이 강력한 제재가 이뤄졌고, 정제유 공급량 제한도 이루어졌다. 이로 인한 기대심리가 북한 시장에서의 정제유 가격 상승으로 이어졌을 가능성이 높다. 전술했듯이 이 모형에는 설명변수로 포함한 변수 외에는 변화가 없다는 매우 큰 가정을 하고 있다는 단점이 있다. 대북제재와 그로 인해 직접적으로 영향을 받는 공급이 연결되어 있어 코로나19 이전 정제유에 대한 본 절에서의 시계열 모형 분석 결과가 예상과는 다르게 나타난 것으로 파악된다.

이는 <표 3-11>과 <표 3-12>의 2020년 이후 결과를 봐도 파악할 수 있다. 북한 시장 휘발유와 경유 가격이 모두 국제가격, 쌀 가격 및 달러 시장환율과 장기균형관계가 성립하는 것으로 나타난 것이다. 두 모형 모두 수정된 결정계수가 코로나19 이전 분석 결과에 비해 대폭 상승하여 모형 설명력 또한 크게 올랐다. 휘발유와 디젤 가격 모형 모두 국제가격과 달러 시장환율이 북한 시장가격에 양(+)으로 장기적 영향을 미치는 것으로 드러났다. 이는 합리적인 결과로 국제 유가 상승은 해외 의존도가 높은 북한 휘발유 시장가격에 그대로 전이될 가능성이 높다. 결과에 따르면 국제 휘발유 가격이 1% 상승하면 북한 시장가격이 0.54% 증가한다. 달러 환율 또한 1% 상승(북한 원화의 평가절하) 시 북한 시장가격이 1.03% 증가하는 것으로 나타나 환율전가(exchange rate pass-through)가 1에 가깝다. 2020년 이전과 다른 결과가 나온 것은 2017년 이후 대북제재에 큰 변화가 없었기 때문이다. 실제로 분석기간을 정제유 관련 대북제재가 이뤄지고 난 이후인 2018년 1월부터 2024년 8월까지로 설정하여 북한 시장 정제유 가격 모형을 실험해 볼 경우 2020년 이후 모형과 비슷한 결과가 나온다.[42]

코로나19 이후 분석 결과는 정제유 가격이 최근 상승하고 있는 이유도 일부 설명한다. 정제유의 경우 최근 강화된 러북협력으로 인해 북한으로 유입되고 있는 공급량이 상당할 것으로 추측되며, 또한 [그림 3-9]와 [그림 3-10]이 보여주듯이 2024년 들어 국제시세가 하락하고 있다. 그럼에도 불구하고 북한 시장 정제유 가격은 크게 상승하는 상황이다. 실증분석 결과에 따르면, 국제가격 계수보다 북한 시장환율 계수가 더 크게 나타난다. 즉, 최근 북한에서 발생하고 있는 환율 상승세의 영향이 정제유 수입가격 상승으로 이어져 북한 시장 정제유 가격 상승을 유발하고 있다는 것이다.

마지막으로 북한 시장 정제유 가격 결정에 있어 북한 시장 쌀 가격은

---

42 <부표 3-6>을 참고하라.

영향이 별로 없다는 것을 <표 3-11>과 <표 3-12>의 결과를 통해 알 수 있다. 먼저 쌀 가격을 포함한 모형의 경우 두 정제유 모두 분석 시기와 무관하게 북한 시장 쌀 가격의 계수가 크지 않고 통계적으로 유의미하게 나타나지 않는다. 특히 코로나19 이후 분석 결과는 북한 시장 쌀 가격의 유무 여부가 전체 결과에 전혀 영향을 미치지 않는다. 다만, 코로나19 이전의 경우 쌀 가격이 포함되지 않은 휘발유 가격 모형은 약하게 공적분 관계가 도출되나 계수가 구조적으로 안정적이지 않은 것으로 나타난다. 경유 가격 모형의 경우 장기균형관계가 5% 유의수준에서 드러나는데, 문제는 달러 시장환율 계수의 부호가 음(-)이라는 점이다. 이는 전술했듯이 제재로 인해 예상과는 다른 결과가 나타난 것으로 해석된다.

마. ARDL 모형 분석 결과 정리

북한당국이 시장가격 제정 시 고려한다는 원가, 수요와 공급, 국제가격 및 환율의 3가지 요소와 관련하여, 국제가격 및 환율에 대해서만, ARDL 모형 분석을 통해 다른 요소에 별다른 변화가 없다는 전제하에 검증할 수 있다. 본 절에서 분석한 결과를 정리하면 당국의 직접적인 관리를 받거나 해외 의존도가 낮은 상품이 아닌 경우에는 여전히 국제가격 및 환율의 영향력이 큰 것을 알 수 있다. 다만, 쌀 가격의 경우 북한당국의 시장정책이 직접적인 영향을 미치는 것으로 보이며, 대체 품목이 아닌 이상 타 상품가격에 미치는 영향은 미미한 것으로 보인다.

해외와의 교역과 거의 무관한 돼지고기의 시장가격은 국제가격 및 환율과 느슨한 조건이 아니라면 장기균형관계가 성립되지 않는다. 즉, 설명변수로 활용된 국제가격, 환율 및 쌀 가격이 아닌 다른 요소로부터 시장가격이 영향을 받을 가능성이 높은 것이다. 국제가격 및 환율의 경우 돼지고기 수입이 제로(0)에 가까우므로 영향력이 없는 것을 설명할 수 있으며, 쌀 가격이 영향을 미치지 않는다는 점은 더 이상 상대가격 기준으로서의 역할이 없다는 것을 암시한다. 과거에 쌀 가격이 상대가격 기준이 된 것은 식량난으로 인해 쌀의 중요성이 워낙 높아 사실상 화폐의 기능을 맡고 있었기 때문으로 보인다. 현재도 북한은 식량이 부족한 것으로 알려졌지만 과거 고난의 행군 시절 수준만큼 부족한 것은 아니기 때문에 쌀의 중요성도 자연스럽게 상대적으로 하락한 것으로 이해할 수 있다.

실제로 본 절에서의 분석 중 쌀 가격이 통계적으로 유의미한 영향을 준 것은 옥수수 가격뿐이며, 쌀 가격을 제외하고 분석을 진행한 결과가 쌀 가격을 포함한 결과와 크게 다르지 않게 나타났다. 옥수수의 경우 쌀의 대체재이기 때문에 영향을 받은 것으로 볼 수 있으며, 상대가격 기준이기 때문이거나 북한 시장물가 수준을 대표하기 때문인 것은 아니라고 판단된다. 북한 시장물가지수를 구축하여 북한 시장물가를 분석한 임송·문승현(2023) 또한 더 이상 쌀 가격 변화만으로 북한 시장물가 변화를 평가하기에는 무리가 있다고 지적한다.

돼지고기와 반대로 해외 의존도가 극도로 높은 정제유 가격의 경우 국제가격과 환율이 큰 영향을 미치는 것으로 나타났다. 다만, 코로나19 이전 시기의 결과가 보여주듯이 대북제재와 같이 상품 공급이나 소비자의 기대심리에 직접적으로 영향을 미치는 요소는 본 절에서의 분석 결과를 크게 왜곡시키는 것으로 판단된다.

마지막으로 쌀 가격은 북한당국이 시장 친화적 정책을 펼치며 시장에 크게 손을 대지 않았던 코로나19 이전 시기에는 전반적으로 국제가격, 환율 그리고 대체재 가격과 장기균형관계에 있었다. 하지만 2020년부터 북한당국이 양곡유통, 판매 등에 직접적인 개입을 하기 시작하자 쌀 가격은 국제가격, 환율, 대체재 가격보다는 정책에 더 영향을 받고 있을 가능성이 높아졌다. 이는 북한당국이 쌀 가격을 여전히 굉장히 중요하게 여긴다는 점을 입증한다. 하지만 동시에 본 절의 분석에서 쌀 가격이 타 상품가격 형성에 미치는 영향이 크지 않다고 나온 점은 북한 시장 상품가격을 분석하는 데 있어 쌀 가격만을 보는 것이 더 이상 적절하지 않다는 것을 의미한다고 할 수 있다.

제4절 소결 및 정책적 시사점

본 장에서는 북한 시장의 상품가격 형성, 특징과 결정요인에 대해 살펴보았다. 북한당국은 시장을 합법화하며 가격 설정에 원가, 수요와 공급, 국제가격 및 환율을 반영하고, 쌀 가격을 상대가격의 기준으로 삼는 방침을 도입하였다. 2010년대에 들어 북한당국의 시장 친화적인 정책이 달러라이제이션 현상과 중국과의 무역 확대와 맞물리며, 북한경제의 국제시장과의 연계성이 더욱 강화되었다. 하지만 2020년 들어 북한당국은 국영유통망을 장악하고 시장을 관리하는 정책을 내세우고 있어 북한 시장 상품가격에 대한 국제가격과 시장환율의 영향력이 약화되었을 것으로 추측된다.

북한 시장 상품가격은 2000년대 후반부터 본격적으로 축적되었다. 본 연구는 수집한 자료를 바탕으로 북한 시장 상품가격의 특징을 알아봤다. 먼저 북한경제가 달러라이제이션화되고 시장물가가 안정화되면서 상품가격의 지역별 격차는 상당히 줄어들었다. 상품가격의 변동성도 감소했으나 대북제재의 직격탄을 맞은 정제유와 같은 제품의 경우 가격이 급등하기도 하였다. 또한 코로나19 이후 북한당국이 국경을 봉쇄하자 상품공급이 평양이나 신의주에 비해 어려운 혜산시장에서 상대적으로 가격이 크게 상승하는 추세가 관찰되었다.

전반적으로 북한 시장의 상품가격은 북한당국이 시장을 합법화하며 밝힌 바와 같이 국제가격 및 시장환율을 상당히 고려하여 결정되는 듯한 특징을 보인다. 북한 시장환율을 활용해 구축한 위안/달러는 2020년 이전까지는 국제시세와 비교해도 굉장히 흡사할 정도며, 쌀, 휘발유와 경유 가격도 국제(중국)가격 추세와 비슷한 것을 확인할 수 있다. 다만, 2020년 이후에는 시장환율이 크게 변동하는 것을 관찰할 수 있고, 이에 따라 해외 의존도가 압도적으로 높은 정제유를 제외하면 북한 시장과 국제(중국)시장 상품가격 간 추세 차이가 관측된다.

이들 결정요인을 계량적으로 검증하기 위해 쌀, 옥수수, 돼지고기, 휘발유, 경유 5개 품목에 대해 ARDL 모형을 통해 실증분석했다. 코로나19 이전에 이들 설명변수와 강건하게 장기균형관계를 나타내는 상품은 쌀과 옥수수다. 다만, 이 결과가 다른 세 품목의 가격이 국제가격, 쌀 가격 및 시장환율과 무관한 것으로 나타났다는 의미는 아니다. 돼지고기 가격의 경우 품목 특성상 북한에서 외부와의 접점이 없어 내부 공급 상황에 따라 가격이 결정되었을 가능성이 높으며, 휘발유와 경유 가격의 경우 여러 차례 가해진 대북제재로 인해 장기균형관계가 형성되지 않은 것으로 분석된다.

북한당국이 시장통제정책을 강화하기 시작한 2020년부터는 옥수수, 휘발유 및 경유가 설명변수와 장기균형관계를 보인다. 휘발유와 경유의 경우 2017년 이후 추가로 정제유 공급에 영향을 주는 대북제재가 없었기 때문에 국제가격과 시장환율의 영향이 북한 시장가격에 전이된 것으로 분석된다. 다만, 쌀의 경우 북한당국의 정책이 국영유통망, 특히 양곡거래를 장악하는 방향으로 나아가자, 국제시장과의 장기적인 연동성이 사라진 모습이다.

본 연구의 분석 결과를 통해 다음과 같은 함의를 도출할 수 있다. 먼저 북한 시장의 상품가격은 외부요인인 국제(중국)가격의 영향을 받으며, 이에 따라 자연스럽게 시장환율의 영향도 받는다고 볼 수 있다. 돼지고기와 같이, 현재 북한에서 사실상 대외적으로 관계가 없는 품목이 아닌 이상 정도의 차이가 있을 뿐 국제시세와 같은 외부 요인이 북한 시장 상품가격 형성에 영향을 주는 것이다. 특히 쌀이나 옥수수 같은 곡물이 북한에서 대외 의존도가 높은 편이 아님에도 불구하고 시장가격 형성에 있어 외부 시장가격 및 환율의 영향을 받는 것으로 나타난다는 점은 북한경제의 달러라이제이션 수준이 상당하며 외부 경제 의존도가 높다는 점을 유추하게 한다. 본 연구에서는 자료의 한계로 분석된 품목 수가 많지 않지만, 현재 북한 시장에서 거래되고 있는 많은 품목이 중국에서 수입되고 있는 것을 고려하면 이들 품목의 시장가격 결정요인도 상당 부분 북한 시장환율이나 중국 시장가격으로 설명할 수 있는 가능성이 크다고 할 수 있다.

다음으로, 북한 시장 상품가격을 분석하는 데 있어 더 이상 쌀 가격만을 볼 수는 없다. 물론 북한에서 시장이 합법화될 당시 북한의 시장환율이 쌀 가격에 맞춰 설정된 정황이 있으며, 국정가격을 설정하는 데 있어 쌀 가격이 기준이 되기도 하였다. 또한 당시 북한에서 식량난으로 인해 쌀이 사실상의 화폐와 같은 기능을 하고 있었기 때문에 북한 시장에서 가장 중요한 상품을 뽑자면 쌀인 것이 합리적이다. 하지만 현재 북한에서 쌀 가격은 직접적으로 영향을 미칠 수 있는 옥수수와 같은 대체재의 가격이 아니라면 다른 상품가격 형성에 있어 영향력이 없는 것으로 나타났다. 즉, 북한 시장물가를 분석하는 데 쌀 가격만을 활용하는 것은 지양할 필요가 있다.

다만, 본 연구의 실증분석은 북한 시장 상품가격 형성에 영향을 미칠 수밖에 없는 수요 및 공급, 정책 등이 분석기간 중 크게 변하지 않았다는 큰 가정을 하고 있다는 단점이 있다. 앞서 설명한 정제유 가격 분석 결과와 같이 국제가격의 영향을 받는 것이 분명한데도 장기균형관계가 성립되지 않은 건 대북제재라는 외부 요인이 크게 작용했을 가능성이 매우 크다. 또한 분석할 수 있었던 품목의 종류가 자료의 한계로 제한적이기 때문에 북한 시장에서 거래되고 있는 많은 수의 다른 상품가격 또한 비슷하게 결정될 가능성은 제기할 수 있으나 실증분석을 통해 확인할 수는 없다. 그럼에도 불구하고 본 연구의 실증분석에 포함된 품목들은 북한주민이나 북한경제에 있어 매우 중요한 역할을 맡고 있으므로 본 장에서의 연구가 북한 시장 상품가격 형성 과정을 이해하는 데 이바지한다고 볼 수 있다.

본 연구의 결과가 우리 정부의 대북정책에 주는 시사점은 다음과 같다. 먼저 앞서 지적한 바와 같이 북한 시장물가의 대리 지표로 쌀 가격을 활용하면 실상과 다른 결론에 도달할 수 있다. 따라서 현재 한국은행이 다양한 상품가격 조사를 통해 시장물가를 추정하고 있지만 자료의 연속성 문제가 존재하므로 최대한 더 정확하고 많은 자료 확보를 통해 추정치의 신뢰성을 높여 나갈 필요가 있다.

또한 본 연구의 실증분석 결과는 북한 시장 상품가격이 외부 요인에 의해 상당한 충격을 받을 수도 있다는 점을 암시한다. 대북제재로 인해 정제유 가격이 오른 것이나 중국 곡물가격 상승이 북한에도 전이되었다는 것은 향후 외부 충격이 북한 시장 상품가격에 큰 영향을 미칠 가능성을 내포한다.

우리는 코로나19 시기에 쌀 가격 관리 등의 정책을 통해 북한당국이 외부 충격에 어떻게 반응하는지 관찰할 수 있었다. 특히 코로나19 이후 북한당국의 시장 개입으로 기존에 성립하던 장기균형관계가 무너진 것을 통해 북한당국이 시장 쌀 가격을 굉장히 중요시한다는 점을 간접적으로 유추할 수 있다. 즉, 북한주민 후생에 있어 쌀 가격이 미치는 영향이 큰 것이다. 그리고 단기적으로 이러한 시장 개입은 쌀 가격을 상대적으로 낮게 유지시킬 수 있었기 때문에 북한주민에게 도움이 되었을 것으로 판단된다.

하지만 이러한 북한당국의 시장 개입은 장기적인 해법은 아닐 것이다. 2024년 들어 쌀을 포함한 대부분의 상품가격이 상승하고 있고, 특히 시장환율이 2배 이상 올랐기 때문이다. 즉, 북한당국의 물가 관리를 위한 시장 개입은 장기적으로 실효성이 크게 나타나지 않은 것이다. 이러한 물가 상승의 정확한 이유에 대해서는 아직 파악되고 있지 않다. 최근 북한이 강화된 러북협력으로 러시아로부터 정제유나 밀과 같은 지원을 받는 것으로 알려져 있음에도 불구하고 북한 시장물가는 계속 불안정한 상황이다. 이는 북한이 지원받고 있는 물품을 시장에 공급하고 있지 않거나, 시장환율을 적용하여 수입하고 있을 가능성을 제기한다. 먼저 정제유 가격은 2024년 들어 상승세를 이어 나가고 있는데, 북한당국이 정제유와 같은 전략물자를 군 비축용으로만 활용하고 있을 경우 시장물가에 큰 영향을 미치지 않을 것이다. 혹은 본 장의 실증분석 결과처럼 시장환율이 북한 시장 정제유 가격에 영향을 미친 것으로 보인다. 북한경제는 수출보다는 수입 의존도가 훨씬 높으므로, 북한 원화의 평가절하로 인한 수출상품 경쟁력 상승보다는 수입가격 상승으로 인한 부정적인 영향의 피해가 더 클 것이다. 즉, 시장환율의 상승은 수입물가 상승, 곧 시장물가 상승으로 이어지고 이는 북한주민의 구매력 하락으로 이어지기 때문에 후생에 악영향을 미치게 될 것으로 우려된다.

참고문헌

고명현, 「북한의 탈달러라이제이션과 신뢰의 위기」, 『KDI 북한경제리뷰』, 제23권 제12호, 한국개발연구원, 2021.

김규철, 『북한의 석유 교역 분석과 정책적 시사점』, 정책연구시리즈 2018-10, 한국개발연구원, 2018.

______, 『북한의 식량가격 결정요인 연구』, 정책연구시리즈 2021-06, 한국개발연구원, 2021.

김영윤, 「북한 암시장의 경제 사회적 영향」, 『통일정책연구』, 제6권 제1호, 민족통일연구원, 1997.

김일한, 「북한의 시장가격 결정요인 분석」, 『북한연구학회보』, 제15권 제2호, 북한연구학회, 2011.

남성욱, 「북한의 7.1 경제관리개선조치와 농업개혁 전망」, 『농촌경제』, 제28권 제1호, 한국농촌경제연구원, 2005.

대한무역투자진흥공사, 「2023 북한 대외무역 동향」, KOTRA자료 24-070, 2024.

대한무역투자진흥공사 상하이무역관, 「북한 부동산의 가파른 성장세」, 2018.

박상진, 「북한의 양강도 혜산시장 리뷰」, 『KDB북한개발』, 통권 4호, KDB 산업은행, 2015.

박영자, 「북한의 사금융시장」, 한국수출입은행 편, 『북한의 금융』, 한국수출입은행 북한동북아연구센터 총서, 도서출판 오름, 2016.

양문수, 『북한경제의 시장화: 양태, 성격, 메커니즘, 함의』, 파주: 한울, 2010.

이석, 「북한의 새 경제와 대북제재: 분석과 가설」, 『KDI 북한경제리뷰』, 제21권 제6호, 한국개발연구원, 2019.

______, 「북한의 중장기 경제 추세와 2022~23년 북한경제 평가」, 『KDI 북한경제리뷰』, 제25권 제1호, 한국개발연구원, 2023.

이석기 · 양문수 · 정은이, 『북한 시장실태 분석』, 연구보고서 2014-738, 산업연구원, 2014.

이정철, 『북한 가격 정책 변화 내용 분석: 변화를 읽는 틀과 방향』, 연구용역보고서, 통일부, 2007.

이종규, 「북한경제의 달러라이제이션: 원인과 영향」, 이석 편, 『북한경제의 변화와 남북한 경제통합 분석』, 연구보고서 2017-10, 한국개발연구원, 2017.

임송・문승현, 『북한의 시장물가: 2006~2022』, BOK 경제연구 제2023-13호, 한국은행, 2023.

임수호, 「최근 북한 환율변동의 배경과 전망」, 『이슈브리프』, 통권 227호, 국가안보전략연구원, 2020.

정승호, 「2021년 북한의 시장물가 및 환율의 추세와 특징」, 『KDI 북한경제리뷰』, 제24권 제1호, 한국개발연구원, 2022.

______, 「북한 시장물가 조사방법 및 개선점」, 『KDI 북한경제리뷰』, 제25권 제10호, 한국개발연구원, 2023.

정연욱, 『북한 인플레이션에 관한 연구: 시장가격 변동을 중심으로』, 박사학위논문, 북한대학원대학교, 2019.

정은이, 「북한의 국경지역 시장에 대한 연구: 회령지역의 사례를 중심으로」, 『KDI 북한경제리뷰』, 제13권 제11호, 한국개발연구원, 2011.

______, 「북한 부동산시장의 발전에 관한 분석 ― 주택사용권의 비합법적 매매 사례를 중심으로 ―」, 『동북아경제연구』, Vol. 27, No. 1, 한국동북아경제학회, 2015, pp.289~328.

정정길・전창곤, 「북한 농민시장의 실태 분석」, 『농촌경제』, 제23권 제2호, 한국농촌경제연구원, 2000.

최상오・김나율・이정균・이희신, 『위성자료를 활용한 북한 소비시장 변화와 무역에 관한 연구』, 미발간보고서, 대외경제정책연구원, 2024.

최지영, 「2014~2020년 북한 시장의 소비자물가 및 환율 변동: 추세, 특징, 시사점」, 『KINU Insight』, No. 3, 통일연구원, 2021.

통일부, 『북한 경제・사회 실태 인식보고서』, 통일부, 2024.

한국수출입은행, 「평양 통일거리시장 상품가격」, 『수은북한경제』, 2004년 가을호, 한국수출입은행, 2004.

______, 「평양 통일거리시장 상품가격」, 『수은북한경제』, 2005년 가을호, 한국수출입은행, 2005.

한기범, 『북한 정책결정과정의 조직행태와 관료정치: 경제개혁 확대 및 후퇴를 중심으로(2000~09)』, 박사학위논문, 북한대학원대학교, 2009.

홍민・차문석・김혁, 『2022 북한 공식시장 현황』, KINU 연구총서 22-28, 통일연구원, 2022.

홍성국, 「북한 농민 시장의 실태와 시사점」, 『통일경제』, 제50호, 현대경제연구원, 1999.

Choi, Young-Yun, "Technology, Market Efficiency, and Market Creation: The Impact of Cell Phone Access in North Korea," Workshop at KDI Office of North Korean Economic Studies, January 2024.

Engle, Robert F. and Clive W. J. Granger, "Co-Integration and Error Correction: Representation, Estimation, and Testing," *Econometrica*, Vol. 55, No. 2, March, 1987, pp.251~276.

Kim, Yunho, "Cell Phones in North Korea: Has North Korea Entered the Telecommunications Revolution?" A US-Korea Institute at SAIS & Voice of America Report, 2014.

Kripfganz, Sebastian and Daniel C. Schneider, "ARDL: Estimating Autoregressive Distributed Lag and Equilibrium Correction Models," *The Stata Journal*, 23, Number 4, 2023, pp.983~1019.

Mun, Sung Min and Seung Ho Jung, "Dollarization in North Korea: Evidence from a Survey of North Korean Refugees," *East Asian Economic Review*, Vol. 21, No. 1, March 2017, pp.81~100.

Noland, Marcus, "North Korea as a Complex Humanitarian Emergency: Assessing Food Insecurity," *Asia and the Global Economy*, 2, 2022, 100049.

Pesaran, M. Hashem, Yongcheol Shin, and Richard J. Smith, "Bounds Testing Approaches to the Analysis of Level Relationships," *Journal of Applied Econometrics*, 16, 2001, pp.289~326.

<웹사이트 및 자료>

Asiapress, 「북한 시장 최신 물가정보」 (https://www.asiapress.org/korean/nk-korea-prices/, 검색일: 2024. 10. 18).

Daily NK, 「북한 시장동향」(https://www.dailynk.com/market/, 검색일: 2024. 10. 18).

______, 북한 시장가격 구매 자료.

FRED Database(https://fred.stlouisfed.org/, 검색일: 2024. 10. 1).

중국국가통계국(http://data.stats.gov.cn/english/easyquery.htm?cn=A01, 검색일: 2024. 11. 30).

중국해관통계(http://stats.customs.gov.cn/indexEn, 검색일: 2024. 10. 24).

오피넷(https://www.opinet.co.kr/glopopdSelect.do, 검색일: 2024. 11. 30).

좋은벗들, 「오늘의 북한 소식」(https://www.gf.or.kr/category/nknews, 검색일: 2024. 10. 21)

통계청, 「북한통계포털」(https://kosis.kr/bukhan/index/index.do/, 검색일: 2024. 11. 1).
한국무역협회 K-stat(https://stat.kita.net/, 검색일: 2024. 10. 5).

<언론매체>

『Daily NK』, 「北 '리셀 시장'도 흥하나?…400$ 짜리 TV 500$에 후닥닥 팔려」, 2023. 2. 9.

______, 「[단독]北, "환율 상승 조장하면 단호히 쳐갈겨야" 정치자료 배포」, 2024. 9. 26.

『KBS』, 「환율이 8개월 만에 60% 급등…폭망한 '김정은노믹스'? [뒷北뉴스]」, 2024. 6. 1.

『Radio Free Asia』, 「북 장마당 쌀값이 안정된 이유」, 2016. 6. 13.

『VOA』, 「[기자문답] "북한 식량난, 자연재해와 국경통제로 더 악화"」, 2021. 8. 4.

『조선신보』, 「경제관리 개신조치」, 2002. 7. 26.

『중앙일보』, 「북한에서는 왜 휘발유를 'L' 대신 'kg'으로 팔까?」, 2017. 9. 20.

부 록

1. 북한 시장 상품가격 데이터 제공 매체

본 장에서 활용한 Daily NK 외에 북한 시장 상품가격 자료를 공개하는 북한전문매체와 데이터베이스는 다음과 같다.

가. 한국농촌경제연구원

한국농촌경제연구원은 NK투자개발에 의뢰해 계간지 『KREI 북한농업동향』[43]을 통해 농업과 밀접한 관계가 있는 식료품 및 농자재 58개 품목의 가격을 2013년부터 분기별로 발표하고 있다. 북한 내 6개 주요 시장의 매 분기 말 산술평균 가격을 제공하고 있는데, 어떤 시장가격인지는 밝히지 않는다. 그리고 월별 평균값을 통해 분기 가격을 내는 것이 아니라 분기 말(3, 6, 9, 12월) 자료이기 때문에 엄밀히 말해서는 시계열의 연속성이 다소 떨어지는 단점이 있다.

나. 한국은행 경제정보시스템

한국은행은 현재 경제통계시스템 DB를 통해 2006년 1분기부터 2023년 4분기까지의 시장물가지수를 공개하고 있다. 임송・문승현(2023)은 이 시장물가지수가 평양을 포함한 북한의 5개 지역 시장에서 거래되는 71개 품목의 재화와 서비스 품목의 가격자료를 이용하여 작성되고 있다고 설명한다. 현재 북한 시장가격 관련 품목 수와 시계열 길이 측면에서 가장 방대한 자료다. 다만, 달러 및 위안화 환율을 제외하면 지수(index)로만

---

43 『KREI 북한농업동향』은 2023년까지만 발간되어 2024년부터 북한 시장가격 데이터는 한국농촌경제연구원의 다른 계간지인 『세계농업』을 통해 제공되고 있다.

제공되고 있다는 단점이 있으며, 평양을 제외한 다른 4개 지역 시장이 어디인지는 밝히지 않는다. 그리고 한국은행의 자료 또한 한국농촌경제연구원의 자료와 마찬가지로 분기별 평균 가격이 아니라 각 분기 말 가격을 제공한다는 점에서 연속성이 다소 떨어진다는 단점이 있다.

다. AsiaPress

AsiaPress는 2017년 5월부터 날러 및 위안 환율, 쌀(백미), 옥수수, 휘발유, 경유 등 6개 품목의 시장가격을 제공하고 있으며, 최근 들어서는 매주 발표하고 있을 정도로 발표 빈도가 잦다. 주로 양강도와 함경북도에서 가격을 조사하고 있다고 밝히고 있으며, 두 지역의 산술평균 가격만을 제공하고 조사지역별 가격을 제공하지는 않는다.

라. SPN서울평양뉴스, NK투자개발

SPN서울평양뉴스와 NK투자개발도 자체적으로 북한 시장가격을 조사하고 있다. 다만, 두 곳 모두 유료로 서비스를 제공하고 있다.

마. 좋은벗들

사단법인 좋은벗들은 과거 '오늘의 북한 소식'을 통해 종종 북한 시장가격을 보도한 바 있으나 2012년 8월을 마지막으로 업데이트되고 있지 않아 최근 북한 시장가격 자료는 없다.

2. ARDL 모형 전체 분석 결과

제3절의 ARDL 모형 분석 결과 표에서 제외되었던 단기 효과 계수를 포함한 표를 제공한다. 표에서 <부표 3-1>을 제외하고 3, 5열은 북한 시장 쌀 가격을 제외하고 실험한 모형 결과를 나타낸다. <부표 3-1>에서 3, 5열은 북한 시장 옥수수 가격을 제외하고 실험한 모형 결과를 나타낸다.

<부표 3-6>은 분석기간을 대북제재로 정제유 도입 상한선이 정해진 이후인 2018년 1월부터 2023년 6월까지로 했을 때의 결과를 나타낸다.

<부표 3-1> ARDL 모형 분석 전체 결과: 쌀

설명변수		종속변수: △북한 시장 쌀 가격$_t$			
		코로나19 이전		코로나19 이후	
		ARDL(1,3,1,4)	ARDL(1,1,0)	ARDL(2,3,4,0)	ARDL(3,7,0)
adj(α)		-0.606*** (0.115)	-0.572*** (0.111)	-0.313** (0.145)	-0.351*** (0.122)
장기 효과	중국 시장 쌀 가격$_{t-1}$	0.144 (0.403)	0.333 (0.427)	0.127 (1.070)	-0.308 (1.074)
	북한 시장 옥수수 가격$_{t-1}$	0.064 (0.060)		0.651*** (0.180)	
	달러 시장환율$_{t-1}$	1.710** (0.827)	1.019* (0.534)	0.096 (0.176)	0.016 (0.195)
단기 효과	△북한 시장 쌀 가격$_{t-1}$			-0.259* (0.146)	-0.067 (0.162)
	△북한 시장 쌀 가격$_{t-2}$				0.244 (0.152)
	△중국 시장 쌀 가격$_t$	1.982** (0.883)	1.930** (0.893)	0.466 (0.714)	-0.360 (0.835)
	△중국 시장 쌀 가격$_{t-1}$	-0.927 (0.953)		0.774 (0.706)	-0.040 (0.857)
	△중국 시장 쌀 가격$_{t-2}$	1.680* (0.892)		-1.170* (0.688)	-1.180 (0.836)
	△중국 시장 쌀 가격$_{t-3}$				-1.640* (0.857)
	△중국 시장 쌀 가격$_{t-4}$				-0.022 (0.877)

<부표 3-1>의 계속

설명변수		종속변수: △북한 시장 쌀 가격$_t$			
		코로나19 이전		코로나19 이후	
		ARDL(1,3,1,4)	ARDL(1,1,0)	ARDL(2,3,4,0)	ARDL(3,7,0)
단기 효과	△중국 시장 쌀 가격$_{t-5}$				0.329 (0.854)
	△중국 시장 쌀 가격$_{t-6}$				-2.657*** (0.815)
	△북한 시장 옥수수 가격$_t$	0.259*** (0.065)		0.495*** (0.101)	
	△북한 시장 옥수수 가격$_{t-1}$			0.087 (0.109)	
	△북한 시장 옥수수 가격$_{t-2}$			-0.202** (0.092)	
	△북한 시장 옥수수 가격$_{t-3}$			-0.142 (0.095)	
	△달러 시장환율$_t$	0.906** (0.375)	0.583* (0.315)	0.030 (0.057)	0.006 (0.069)
	△달러 시장환율$_{t-1}$	-0.621 (0.451)			
	△달러 시장환율$_{t-2}$	-0.820** (0.374)			
	△달러 시장환율$_{t-3}$	-0.877*** (0.315)			
상수항		-4.436 (4.278)	-0.338 (2.745)	0.824 (0.650)	2.938*** (0.894)
공적분 검정	t_{BDM}	-5.281***	-5.159***	-2.620	-2.887
	F_{PSS}	7.393***	8.964***	3.823	3.941
adj. R^2		0.436	0.249	0.451	0.277
자기상관 존재	p-value	0.583	0.684	0.665	0.235
	d-stat	2.041	1.548	1.949	2.199
이분산성 존재(p-value)		0.443	0.003***	0.435	0.433
계수의 구조적 안정성(t-stat)		0.827	1.186	0.874	0.749

자료: <표 3-7>과 동일.

<부표 3-2> ARDL 모형 분석 전체 결과: 옥수수

설명변수		종속변수: △북한 시장 옥수수 가격$_t$			
		코로나19 이전		코로나19 이후	
		ARDL(2,2,2,1)	ARDL(3,4,1)	ARDL(3,6,5,5)	ARDL(3,4,2)
adj(α)		-0.263*** (0.070)	-0.230*** (0.069)	-0.926*** (0.217)	-0.661*** (0.185)
장기 효과	중국 시장 옥수수 가격$_{t-1}$	0.026 (0.338)	0.279 (0.426)	1.750*** (0.233)	1.961*** (0.225)
	북한 시장 쌀 가격$_{t-1}$	2.642** (1.004)		0.136 (0.226)	
	달러 시장환율$_{t-1}$	3.686 (2.741)	3.133 (3.252)	0.619*** (0.119)	0.638*** (0.111)
단기 효과	△북한 시장 옥수수 가격$_{t-1}$	0.238* (0.119)	0.222* (0.113)	0.376* (0.191)	0.273 (0.176)
	△북한 시장 옥수수 가격$_{t-2}$		0.156 (0.116)	0.393** (0.393)	0.362** (0.166)
	△중국 시장 옥수수 가격$_t$	0.442 (0.464)	0.445 (0.464)	1.125** (0.532)	0.417 (0.598)
	△중국 시장 옥수수 가격$_{t-1}$	0.928 (0.468)	0.722 (0.460)	-1.244* (0.672)	-0.093 (0.621)
	△중국 시장 옥수수 가격$_{t-2}$		-0.497 (0.442)	-1.185* (0.593)	-1.656*** (0.591)
	△중국 시장 옥수수 가격$_{t-3}$		1.064** (0.438)	-0.873 (0.724)	-1.197* (0.617)
	△중국 시장 옥수수 가격$_{t-4}$			-1.556** (0.754)	-0.826 (0.0.631)
	△중국 시장 옥수수 가격$_{t-5}$			-0.385 (0.716)	
	△북한 시장 쌀 가격$_t$	0.675*** (0.221)		0.622*** (0.220)	
	△북한 시장 쌀 가격$_{t-1}$	-0.428* (0.239)		0.093 (0.223)	
	△북한 시장 쌀 가격$_{t-2}$			0.022 (0.207)	
	△북한 시장 쌀 가격$_{t-3}$			0.328* (0.175)	
	△북한 시장 쌀 가격$_{t-4}$			0.486*** (0.175)	

<부표 3-2>의 계속

설명변수		종속변수: △북한 시장 옥수수 가격$_t$			
		코로나19 이전		코로나19 이후	
		ARDL(2,2,2,1)	ARDL(3,4,1)	ARDL(3,6,5,5)	ARDL(3,4,2)
단기 효과	△달러 시장환율$_t$	-0.629 (0.651)	-0.904 (0.770)	0.259* (0.151)	0.173 (0.165)
	△달러 시장환율$_{t-1}$			-0.380*** (0.138)	-0.267* (0.148)
	△달러 시장환율$_{t-2}$			-0.226 (0.146)	-0.166 (0.168)
	△달러 시장환율$_{t-3}$			-0.282 (0.189)	-0.092 (0.187)
	△달러 시장환율$_{t-4}$			-0.223 (0.181)	
상수항		-12.706* (6.386)	-4.689 (7.165)	2.552 (1.370)	2.609*** (0.869)
공적분 검정	t_{BDM}	-3.785**	-0.332*	-4.259**	-3.570**
	F_{PSS}	4.268*	4.292*	5.333**	4.336*
adj. R^2		0.283	0.187	0.518	0.195
자기상관 존재	p-value	0.355	0.205	0.128	0.027**
	d-stat	2.030	2.090	2.093	1.926
이분산성 존재(p-value)		0.335	0.441	0.434	0.434
계수의 구조적 안정성(t-stat)		0.852	0.546	0.324	0.813

자료: <표 3-7>과 동일.

<부표 3-3> **ARDL** 모형 분석 전체 결과: 돼지고기

설명변수		종속변수: △북한 시장 돼지고기 가격$_t$			
		코로나19 이전		코로나19 이후	
		ARDL(1,1,1,1)	ARDL(1,0,1)	ARDL(3,0,0,4)	ARDL(3,5,4)
adj(α)		-0.388*** (0.111)	-0.433*** (0.110)	-0.273** (0.103)	-0.211* (0.113)
장기 효과	국제시장 돼지고기 가격$_{t-1}$	-0.393 (0.505)	-0.065 (0.360)	0.574** (0.247)	0.081 (0.353)
	북한 시장 쌀 가격$_{t-1}$	0.014 (0.616)		-0.409 (0.476)	
	달러 시장환율$_{t-1}$	-3.457 (2.078)	-3.473* (1.857)	-0.411 (0.255)	-0.754** (0.316)
단기 효과	△북한 시장 돼지고기 가격$_{t-1}$			-0.095 (0.128)	-0.097 (0.132)
	△북한 시장 돼지고기 가격$_{t-2}$			-0.239* (0.131)	-0.284** (0.129)
	△국제시장 돼지고기 가격$_t$	0.046 (0.170)	-0.028 (0.154)	0.157** (0.062)	-0.021 (0.102)
	△국제시장 돼지고기 가격$_{t-1}$				0.220** (0.105)
	△국제시장 돼지고기 가격$_{t-2}$				0.115 (0.097)
	△국제시장 돼지고기 가격$_{t-3}$				-0.068 (0.091)
	△국제시장 돼지고기 가격$_{t-4}$				0.321*** (0.090)
	△북한 시장 쌀 가격$_t$	0.469* (0.252)		-0.112 (0.106)	
	△달러 시장환율$_t$	0.345 (0.925)	0.185 (0.935)	0.054 (0.118)	0.018 (0.104)
	△달러 시장환율$_{t-1}$			0.291** (0.139)	0.330** (0.133)
	△달러 시장환율$_{t-2}$			0.221 (0.152)	0.290** (0.142)
	△달러 시장환율$_{t-3}$			-0.313* (0.169)	-0.314* (0.160)
상수항		15.780** (7.586)	17.676** (7.434)	4.543*** (1.418)	3.481** (1.588)
공적분 검정	t_{BDM}	-3.483*	-3.930**	-2.644	-1.870
	F_{PSS}	4.149*	5.838**	3.347	2.241

<부표 3-3>의 계속

설명변수		종속변수: △북한 시장 돼지고기 가격$_t$			
		코로나19 이전		코로나19 이후	
		ARDL(1,1,1,1)	ARDL(1,0,1)	ARDL(3,0,0,4)	ARDL(3,5,4)
adj. R^2		0.237	0.202	0.281	0.413
자기상관 존재	p-value	0.465	0.803	0.674	0.342
	d-stat	1.788	1.938	1.926	1.981
이분산성 존재(p-value)		0.156	0.020**	0.435	0.431
계수의 구조적 안정성(t-stat)		0.437	0.625	0.791	1.002**

자료: <표 3-7>과 동일.

<부표 3-4> ARDL 모형 분석 전체 결과: 휘발유

설명변수		종속변수: △북한 시장 휘발유 가격$_t$			
		코로나19 이전		코로나19 이후	
		ARDL(1,0,0,3)	ARDL(1,0,3)	ARDL(2,4,4,3)	ARDL(2,1,3)
adj(α)		-0.274*** (0.081)	-0.255*** (0.078)	-0.853*** (0.145)	-0.544*** (0.085)
장기 효과	국제시장 휘발유 가격$_{t-1}$	0.150 (0.511)	-0.071 (0.532)	0.544*** (0.083)	0.363*** (0.060)
	북한 시장 쌀 가격$_{t-1}$	1.012 (0.959)		-0.189 (0.253)	
	달러 시장환율$_{t-1}$	-13.665** (6.194)	-15.215** (6.740)	1.034*** (0.111)	0.898*** (0.127)
단기 효과	△북한 시장 휘발유 가격$_t$			0.604*** (0.135)	0.302*** (0.104)
	△국제시장 휘발유 가격$_t$	0.041 (0.145)	-0.018 (0.133)	0.160 (0.157)	-0.242*** (0.087)
	△국제시장 휘발유 가격$_{t-1}$			-0.193 (0.125)	
	△국제시장 휘발유 가격$_{t-2}$			-0.166 (0.099)	
	△국제시장 휘발유 가격$_{t-3}$			-0.147 (0.094)	
	△북한 시장 쌀 가격$_t$	0.278 (0.270)		-0.166 (0.195)	
	△북한 시장 쌀 가격$_{t-1}$			0.064 (0.198)	
	△북한 시장 쌀 가격$_{t-2}$			0.103 (0.184)	
	△북한 시장 쌀 가격$_{t-3}$			-0.377** (0.172)	
	△달러 시장환율$_t$	-1.514 (0.962)	-1.396 (0.956)	0.254* (0.140)	0.292** (0.141)
	△달러 시장환율$_{t-1}$	0.331 (1.087)	0.560 (1.064)	-0.601*** (0.220)	-0.092 (0.177)
	△달러 시장환율$_{t-2}$	2.236** (0.877)	2.386*** (0.865)	-0.377** (0.171)	-0.149 (0.166)
상수항		33.970** (13.610)	37.316*** (13.222)	1.717 (1.388)	0.826 (0.593)
공적분 검정	t_{BDM}	-3.405	-3.254*	-5.858***	-6.376***
	F_{PSS}	4.063*	5.060**	12.657***	14.736***

<부표 3-4>의 계속

설명변수		종속변수: △북한 시장 휘발유 가격$_t$			
		코로나19 이전		코로나19 이후	
		ARDL(1,0,0,3)	ARDL(1,0,3)	ARDL(2,4,4,3)	ARDL(2,1,3)
adj. R^2		0.236	0.235	0.649	0.548
자기상관 존재	p-value	0.608	0.535	0.433	0.116
	d-stat	2.084	1.673	2.157	1.954
이분산성 존재(p-value)		0.443	0.104	0.435	0.247
계수의 구조적 안정성(t-stat)		0.921	2.434***	0.579	0.301

자료: <표 3-7>과 동일.

<부표 3-5> ARDL 모형 분석 전체 결과: 경유

설명변수		종속변수: △북한 시장 경유 가격$_t$			
		코로나19 이전		코로나19 이후	
		ARDL(6,0,4,0)	ARDL(2,0,0)	ARDL(2,2,4,3)	ARDL(2,2,3)
adj(α)		-0.355*** (0.123)	-0.318*** (0.110)	-0.876*** (0.142)	-0.839*** (0.137)
장기 효과	국제시장 경유 가격$_{t-1}$	0.466 (0.373)	0.233 (0.426)	0.601*** (0.105)	0.589*** (0.055)
	북한 시장 쌀 가격$_{t-1}$	0.298 (0.922)		0.076 (0.356)	
	달러 시장환율$_{t-1}$	-3.286 (6.899)	-7.260 (4.630)	1.394*** (0.150)	1.351*** (0.118)
단기 효과	△북한 시장 경유 가격$_{t-1}$	0.147 (0.141)	-0.157 (0.122)	0.520*** (0.129)	0.410*** (0.118)
	△북한 시장 경유 가격$_{t-2}$	-0.064 (0.113)			
	△북한 시장 경유 가격$_{t-3}$	0.067 (0.107)			
	△북한 시장 경유 가격$_{t-4}$	0.179* (0.099)			
	△북한 시장 경유 가격$_{t-5}$	0.293*** (0.091)			
	△국제시장 경유 가격$_t$	0.165 (0.174)	0.074 (0.149)	0.366 (0.219)	0.057 (0.169)
	△국제시장 경유 가격$_{t-1}$			-0.366** (0.180)	-0.322* (0.178)
	△북한 시장 쌀 가격$_t$	0.828** (0.334)		0.216 (0.288)	
	△북한 시장 쌀 가격$_{t-1}$	0.653 (0.462)		-0.200 (0.288)	
	△북한 시장 쌀 가격$_{t-2}$	1.165*** (0.410)		0.342 (0.263)	
	△북한 시장 쌀 가격$_{t-3}$	0.681** (0.328)		-0.397 (0.249)	
	△달러 시장환율$_t$	-1.165 (0.988)	-2.310* (1.202)	0.149 (0.207)	0.090 (0.207)
	△달러 시장환율$_{t-1}$			-0.834*** (0.292)	-0.665** (0.293)
	△달러 시장환율$_{t-2}$			-0.585** (0.250)	-0.501* (0.262)

<부표 3-5>의 계속

설명변수		종속변수: △북한 시장 경유 가격$_t$			
		코로나19 이전		코로나19 이후	
		ARDL(6,0,4,0)	ARDL(2,0,0)	ARDL(2,2,4,3)	ARDL(2,2,3)
상수항		12.862 (9.811)	23.691** (10.784)	-3.266 (2.323)	-2.258** (1.012)
공적분 검정	t_{BDM}	-2.879	-2.899	-6.184***	-6.120***
	F_{PSS}	3.680	4.283*	10.813***	13.002***
$adj.\ R^2$		0.285	0.202	0.558	0.487
자기상관 존재	p-value	0.179	0.417	0.781	0.652
	d-stat	2.194	1.861	2.111	1.996
이분산성 존재(p-value)		0.442	0.003***	0.435	0.435
계수의 구조적 안정성(t-stat)		0.674	0.615	0.521	0.589

자료: <표 3-7>과 동일.

<부표 3-6> ARDL 모형 분석 결과: 휘발유와 경유(2018. 1~2023. 6)

설명변수		종속변수: △북한 시장 휘발유 가격$_t$	종속변수: △북한 시장 경유 가격$_t$
		ARDL(8,8,8,0)	ARDL(7,1,0,7)
adj(α)		-1.021*** (0.149)	-0.885*** (0.161)
장기 효과	국제시장 휘발유/경유 가격$_{t-1}$	0.303*** (0.084)	0.166** (0.077)
	북한 시장 쌀 가격$_{t-1}$	0.500* (0.262)	1.040*** (0.228)
	달러 시장환율$_{t-1}$	0.756*** (0.139)	0.929*** (0.171)
단기 효과	△북한 시장 휘발유/경유 가격$_{t-1}$	0.105 (0.129)	0.194 (0.125)
	△북한 시장 휘발유/경유 가격$_{t-2}$	0.325** (0.135)	0.053 (0.121)
	△북한 시장 휘발유/경유 가격$_{t-3}$	0.214 (0.130)	0.293** (0.115)
	△북한 시장 휘발유/경유 가격$_{t-4}$	0.134 (0.122)	0.029 (0.107)
	△북한 시장 휘발유/경유 가격$_{t-5}$	0.364*** (0.122)	0.175* (0.097)
	△북한 시장 휘발유/경유 가격$_{t-6}$	0.433*** (0.126)	0.268*** (0.094)
	△북한 시장 휘발유/경유 가격$_{t-7}$	0.191* (0.110)	
	△국제시장 휘발유/경유 가격$_t$	-0.149 (0.122)	-0.086 (0.149)
	△국제시장 휘발유/경유 가격$_{t-1}$	-0.334** (0.151)	
	△국제시장 휘발유/경유 가격$_{t-2}$	-0.217 (0.148)	
	△국제시장 휘발유/경유 가격$_{t-3}$	0.112 (0.140)	
	△국제시장 휘발유/경유 가격$_{t-4}$	0.044 (0.139)	
	△국제시장 휘발유/경유 가격$_{t-5}$	0.203 (0.137)	
	△국제시장 휘발유/경유 가격$_{t-6}$	0.213* (0.117)	

<부표 3-6>의 계속

설명변수		종속변수: △북한 시장 휘발유 가격$_t$	종속변수: △북한 시장 경유 가격$_t$
		ARDL(8,8,8,0)	ARDL(7,1,0,7)
단기 효과	△국제시장 휘발유/경유 가격$_{t-7}$	0.306** (0.116)	
	△북한 시장 쌀 가격$_t$	-0.130 (0.267)	0.921*** (0.272)
	△북한 시장 쌀 가격$_{t-1}$	-1.199*** (0.427)	
	△북한 시장 쌀 가격$_{t-2}$	-1.398*** (0.452)	
	△북한 시장 쌀 가격$_{t-3}$	-1.716*** (0.428)	
	△북한 시장 쌀 가격$_{t-4}$	-1.624*** (0.419)	
	△북한 시장 쌀 가격$_{t-5}$	-1.181*** (0.398)	
	△북한 시장 쌀 가격$_{t-6}$	-1.187*** (0.371)	
	△북한 시장 쌀 가격$_{t-7}$	-0.832** (0.314)	
	△달러 시장환율$_t$	0.772*** (0.0.158)	0.058 (0.296)
	△달러 시장환율$_{t-1}$		-0.356 (0.327)
	△달러 시장환율$_{t-2}$		0.378 (0.337)
	△달러 시장환율$_{t-3}$		0.261 (0.346)
	△달러 시장환율$_{t-4}$		0.593 (0.359)
	△달러 시장환율$_{t-5}$		-0.395 (0.395)
	△달러 시장환율$_{t-6}$		-1.023*** (0.360)
상수항		-1.529 (2.171)	-7.169** (2.793)
공적분 검정	t_{BDM}	-6.834***	-5.501***
	F_{PSS}	13.298***	8.367***

<부표 3-6>의 계속

설명변수		종속변수: △북한 시장 휘발유 가격$_t$	종속변수: △북한 시장 경유 가격$_t$
		ARDL(8,8,8,0)	ARDL(7,1,0,7)
adj. R^2		0.538	0.503
자기상관 존재	p-value	0.158	0.684
	d-stat	2.151	1.874
이분산성 존재(p-value)		0.442	0.442
계수의 구조적 안정성(t-stat)		0.776	0.571

자료: <표 3-7>과 동일.

제4장

북한 시장의 비상품가격

최 지 영 (통일연구원)

제1절 머리말

본 장에서는 지금까지 북한경제 연구에서 많이 다루지 않았던 북한 시장의 비상품가격에 대해 다룬다. 북한 시장의 비상품가격은 상품가격을 제외한 요금, 사용료, 조세, 준조세 등을 총망라한다.[1] 가계 입장에서 요금과 사용료는 서비스 이용을 위한 지출이며, 조세와 준조세는 시장 경제활동에 참여하기 위한 지출의 성격을 갖는다. 본 장에서는 서비스가격 제정 원리, 시장 경제활동 관련 조세 규정과 같이 비상품가격에 대한 북한의 제도를 살펴보는 한편, 개별 품목들의 가격이 지역, 시점에 따라 어떻게 형성되어 있는지를 파악하고자 시도했다.

1. 북한 시장가격체계와 비상품가격: 조사・분석의 의의

지금까지 북한 시장의 가격에 대한 연구는 상품가격, 특히 소비재 가

1 서비스가격과 함께 조세, 준조세를 '비상품가격'으로 분류하는 것이 통상적인 가격 분류에 어긋나는 것처럼 보일 수 있다. 조세, 준조세는 재정수입에 속하지만, 가계 입장에서 장세와 같은 조세, '8.3 비용'과 같은 준조세는 시장 경제활동을 지속하기 위해 지출하는 사용료의 성격을 갖기도 한다. 즉, 상품가격과 함께 북한주민들의 '생계비'를 구성한다는 차원에서 서비스가격, 조세, 준조세를 함께 '비상품가격'으로 분류하고자 한다.

격을 중심으로 이루어졌다. 계획경제가 붕괴하면서 표면적으로 드러난 가장 큰 변화는 북한의 소비재 시장이었기 때문에, 외부세계는 소비재의 가격에 주목했다. 2000년대 후반부터 주요 상품의 시장가격 수준이 비교적 정기적으로 수집되어 축적되기 시작했고, 이를 토대로 북한 시장의 물가를 설명하는 다양한 연구들이 이루어진 바 있다.[2] 그러나 기존 연구들의 분석은 대부분 상품가격에 편중되어 있는데, 이는 비상품가격에 대한 접근이 매우 어렵기 때문이다. 우선, 상품은 규격, 상표(브랜드), 종류, 단위를 특정하여 그 가격 정보를 수집하는 것이 가능하지만, 상품에 비해 개별 품목의 이질성이 큰 비상품에 대해서는 이러한 접근이 쉽지 않다. 북한 시장에 어떠한 종류의 비상품들이 존재하는지 파악하기도 쉽지 않을 뿐더러, 일부 품목은 시장 거래가 활성화되었다고 보기 어려운 품목들도 많다. 즉, 소비재의 시장가격 정보가 비교적 원활하게 입수되고 있는 것은 '종합시장'이 공식화되면서 시장 거래가 활발해졌기 때문이다. 반면, 서비스 시장은 개인이 국영 부문의 생산수단을 임대하는 형태로 이루어질 뿐만 아니라 개인 간 거래 자체가 합법과 불법의 모호한 경계[3]에 있는 경우도 있어, 가격 정보가 외부세계로 입수되는 것이 상대적으로 용이하지 않다.

상품가격과 비상품가격 정보의 비대칭적인 입수는 북한 시장가격에 대한 종합적 이해를 가로막고 있다. 통상 가계의 소비지출에서 서비스 품목이 차지하는 비중이 30% 이상이라는 점을 감안할 때, 상품가격에 편중된 분석은 북한 시장의 물가지수와 같은 중요한 지표를 왜곡할 우려도 있다. 본 연구는 북한 시장의 가격체계를 종합적으로 이해하기 위한 첫 단추로 '비상품가격'에 대한 조사와 분석을 시도한다. 그러나 기존 연구

---

2 최지영(2015; 2023), 임송·문승현(2023) 참조.

3 예를 들면 전자는 '체육 시설'을 특정 기업 소속으로 등록하고 이를 활용하여 스포츠 서비스를 사적으로 판매하는 경우에 해당한다. 공식적으로 운영자는 해당 기업의 직원으로 등록되며, 운영 과정에서 발생하는 수입의 일부는 이를 허가한 기관이나 기업으로 흘러들어 간다. 후자의 사례(개인 간 거래)로 대표적인 것은 의료서비스라 할 수 있다. 북한에서 의료서비스는 무상이지만 공식부문의 임금이 너무 낮기 때문에, 의사가 일종의 '부업' 형태로 환자에게 '유상 진료'를 제공하는 방식이다.

가 상품가격에 편중될 수밖에 없었던 그 제약조건은 여전히 유효하며, 본 연구의 결과만으로 상품가격에 편중된 기존 연구들을 보완하기는 어렵다. 다만, 본 연구는 북한 시장에 어떠한 종류의 '비상품'들이 존재하는지, 그 가격이 품목별, 지역별, 기간별로 어떠한 변동을 보이는지를 그대로 보이고자 하며, 이를 토대로 관찰한 몇 가지 사실들만 제한적으로 언급하고자 한다.

2. 비상품가격 조사 개요

본 연구에서 조사한 '비상품가격'은 크게 '서비스가격'과 '조세와 준조세'로 구분된다. '서비스가격'은 가계지출에 직접적으로 영향을 미치며, 서비스 산업의 발전이라는 측면에서도 북한경제 변화를 설명하는 데 중요한 변수이다. 그러나 북한 시장의 서비스에 대해서는 주택시장, 사금융시장 등 특정 시장의 거래 관행에 대한 연구가 제한적으로 이루어져 왔을 뿐, 서비스 산업 전반이나 가격 수준에 대한 연구는 거의 이루어지지 못했다. 본 연구에서는 선행연구, 대북 전문매체들을 통해 북한 시장의 서비스 항목을 발굴하고, 이에 대한 가격 정보 수집을 시도했다.

한편, 본 연구에서 다루는 '조세와 준조세'는 북한당국이 수취하는 재정수입이지만, 경제주체의 입장에서는 시장 경제활동에 참여하기 위해 지불하는 대가, 사용료라고도 볼 수 있다. 조세와 준조세는 다음과 같이 구분할 수 있다. '내각 지시' '재정성 지시', '시장관리규정' 등에 근거하여 재정기관에 의해 공식적으로 부과되는 '장세', '국가납부금'은 조세에 포함되나, 조세 이외에 여러 단위에 의해 임의적이고 비공식적으로 부과되는 각종 '사회적 과제', '지원금'과 같은 '세외(稅外) 부담'은 '준조세(quasi-tax)'로 분류한다. 일반적으로 '조세'는 시장 매대를 가진 판매자나 식당, 주차장과 같은 서비스업 운영자가 부담하나, 북한경제 내 널리 확산된 '사회적 과제'는 일반 주민들이 부담하며, 그 종류가 지역, 시점, 단위의 특성에 따라 매우 다양하다.[4]

본 연구에서는 북한의 평양, 신의주, 혜산 지역을 대상으로 2023년 9월부터 2024년 10월까지 서비스에 해당하는 55개 품목, 조세와 준조세에 해당하는 40여 개 품목에 대한 가격 조사를 시도했다. <표 4-1>은 본 연구에서 조사를 시도한 서비스가격의 주요 조사 품목으로, Browning and Singelmann(1978)의 서비스 산업 분류 기준을 적용하였다. Browning and Singelmann(1978)에 따르면, 물류·유통 서비스(distributive services)와 생산자 서비스(producer services)가 "재화 지향적(good oriented)"이라면, 개인서비스(personal services)와 사회서비스(social services)는 "소비 지향적

<표 4-1> 조사 대상 서비스 가격 종류

서비스 산업		조사품목	조사품목 수	
대분류	소분류			
물류·유통 서비스	운수	버스 이용료, 지하철 이용료, 택시 이용료(기본/㎞당/장거리), 승합택시(5명) 써비차 이용료(1톤 화물트럭)	7개	16개
	보관	자전거 보관료(시간/1일), 주차장 이용료(시간/1일/1개월) 짐 보관료(한 짝/개인 집), 창고 임대료(1일/10톤),	9개	
생산자 서비스	통신/방송	휴대전화 기본요금(분기당)	1개	11개
	금융보험	대부 이자(1개월, 돈주/일반) 송금 수수료(해외/국내)	4개	
	부동산업	주택비, 연료(가스/석탄/땔감나무)	4개	
	전기가스 수도업	수도료(월), 전기료(KW당)	2개	
개인 서비스	음식·숙박	외식비(7종), 숙박비(여관 숙박/개인 숙박)	9개	22개
	문화	영화 관람료	1개	
	기타	이발비(2종), 미용비(5종), 목욕비(3종), 운송료(구루마꾼 이용료), 중개료	12개	
사회 서비스	의료	병원 이용료(의사 수입), 약국 약품(3종)	4개	6개
	교육	학원비(월), 과외비(월)	2개	
총계			55개	

자료: Daily NK 서비스가격 조사 결과를 바탕으로 저자 작성.

4 예를 들어 농번기에는 도시 노동자들도 농촌지역에 가서 농사일을 도와야 하는 '사회적 과제'가 주어진다. 노동력을 직접 제공할 수도 있고, 참여하지 않는 대신 일정 금액을 납부할 수도 있다. 이러한 '사회적 과제'는 세대 혹은 개인에 할당되며, 형식적으로는 '기부금', '지원금'의 형태이지만 실제로는 강제성을 가진 '준조세'에 해당한다.

(consumption-oriented)”이다. 물류·유통 서비스에는 재화 이동과 연계된 운수, 보관 서비스, 재화 판매와 연계된 도소매 서비스가 포함되며, 생산자 서비스에는 재화에 대한 소유권을 중개하는 금융보험업, 부동산업 등이 포함된다. 반면, 소비 지향적인 서비스는 소비자를 대면하여 서비스를 제공한다. 사회서비스에는 보건, 의료, 교육 서비스가 포함되는데 공공부문이 제공하는 비중이 높은 편이다. 반면, 개인서비스에는 가장 이질적인 서비스들이 포함되며, 통상 개별 소비자들에게 집중되는 특징을 가지기 때문에 사회서비스에 비해 수요, 공급에 직접 반응한다는 특징이 있다.[5]

후술하겠지만, 북한경제에서 물류·유통 서비스와 개인서비스는 시장가격에 준하는 거래가 비교적 활성화되어 있다. 반면, 생산자 서비스나 사회서비스와 같이 서비스 제공에 수반되는 인프라의 국가 소유 성격이 강한 경우에는 ‘비공식화’의 진전 수준이 상대적으로 낮은 편이다.

<표 4-2>는 본 연구에서 조사한 조세, 준조세의 종류이다. 조세에는 장세(시장사용료)와 국가납부금이 포함되는데, 이는 시장 경제활동과 관련한 사용료, 소득세의 성격을 지니며 계획 부문 경제활동에 대해 부과되는 조세와는 구분된다. 북한에서는 이와 같이 시장 경제활동과 관련한

<표 4-2> 조사대상 조세, 준조세 종류

<table>
<tr><th colspan="2">조세</th><th rowspan="2">조사품목</th><th rowspan="2" colspan="2">조사품목 수</th></tr>
<tr><th>대분류</th><th>소분류</th></tr>
<tr><td rowspan="2">조세</td><td>종합시장 매대</td><td>장세</td><td>1개</td><td rowspan="2">7개</td></tr>
<tr><td>상점 등 서비스</td><td>국가납부금(환전, 식당, 미용, 사진, 주차장, 버스)</td><td>6개</td></tr>
<tr><td colspan="2" rowspan="3">준조세</td><td>농번기 사회적 과제(하루/전체)</td><td>2개</td><td rowspan="3">35~40개</td></tr>
<tr><td>이동 작업/8.3 비용/외화벌이</td><td>3개</td></tr>
<tr><td>그 외 비정기적 사회적 과제</td><td>30~35개</td></tr>
<tr><td colspan="3">총계</td><td colspan="2">42~47개</td></tr>
</table>

자료: <표 4-1>과 동일.

5 Browning and Singelmann(1978), pp.32~33.

조세를 '집금수입'으로 부르며, 2022년에는 최고인민회의 예산보고[6]에서 공식적인 예산수입 항목으로 포함되었다.

미리 밝혀두자면, 본 연구에서 시도한 비상품가격들에 대한 조사는 품목에 따라 정보 수집 결과에 편차가 컸다. 서비스가격의 경우 평양은 38.2~52.7%, 신의주는 43.6~61.8%, 혜산은 45.5~50.9% 수준으로 가격 정보가 확보되었다. 상품가격에 대한 정보를 비교적 많이 수집한 기존 연구들과 대비된다.[7] 서비스가격에 대한 정보 수집이 어려운 이유는 다음과 같다. 첫째, 서비스는 규격, 용량, 브랜드를 특정하기 용이한 상품과 달리 조사품목의 특징을 구체적으로 제시하기 어렵다. 둘째, 서비스 거래의 비공식성도 가격 정보 수집에 영향을 미친다. 북한경제 내 소비재 시장은 2000년대에 합법화되었지만, 서비스 거래의 상당 부분은 합법과 불법의 모호한 경계에 있다. 불법성이 큰 서비스 거래일 경우, 이에 대한 정보를 수집하기 어려울 가능성이 높다. 셋째, 상품과 달리 서비스는 판매자와 구매자가 일대일로 거래하는 과정에서 흥정(협상)을 할 가능성이 크다. 따라서 해당 서비스를 직접 이용하지 않는 이상 그 가격 정보가 공공연히 알려질 가능성이 더 낮기도 하다.

조세와 준조세의 경우 장세나 국가납부금과 같은 조세 정보는 비교적 잘 취합되었지만, 준조세의 경우 종류가 매우 다양하고 지역별, 시기별 편차도 매우 큰 것으로 확인되었다. 조사기간에 취합된 준조세의 종류는 35~40개 정도이지만, 지역별로 매월 납부하는 준조세의 종류는 최소 1개에서 최대 10개까지 편차가 매우 컸다. 이는 준조세 자체가 '수해복구 지원금', '○○지역 건설사업 지원금'과 같은 형태로 특정한 사건이나 사업과 결부되어 부과되기 때문인 것으로 보인다. 본 연구는 이러한 준조세

6 북한의 국회 성격인 '최고인민회의'는 매년 초 지난해 예산에 대한 결산과 올해 예산계획을 발표한다.

7 한국은행이 발표한 시장 물가지수의 경우, 2006~22년이라는 기간에 대해 70여 개의 상품과 서비스가격을 5개 지역으로부터 조사한 정보를 토대로 한다(2006년에 63개 품목에서 시작하여, 2020년 기준 71개 품목을 조사하였다). 동 연구는 70여 개 품목의 종류를 모두 밝히고 있지는 않지만, '서비스'가 포함되었을 가능성이 높은 '주거', '광열', '잡비'의 경우 각각 3~9개, 5개, 13~15개에 불과하고 해당 분류에서도 상품이 포함되었을 것을 고려하면 전체 지수가 상품 정보에 편중되었을 가능성이 커 보인다(임송・문승현, 2023).

의 특성을 감안하여, 특정 품목의 지역별 편차나 시기별 추세를 해석하기보다는 해당 지역 가계의 총부담금을 비교하는 방식으로 접근하였다.

제2절 서비스가격

1. 북한의 서비스가격 제정 원리

북한의 공식적인 가격체계는 가격 부여 대상에 따라 상품가격에 해당하는 도매가격, 소매가격, 수매가격과 서비스가격에 해당하는 요금, 운임으로 구성된다. 상품가격에서 도매가격이 생산자 간 거래에 적용되는 가격이라면, 소매가격은 소비자가 직접 지불하는 가격이다. 또한 수매가격은 국가가 생산자로부터 사들이는 생산물의 가격으로 협동농장에 대한 농산물 수매가격이 대표적이다. 상품가격은 원래 전통적인 사회주의 가격 제정 원리에 따라 사회적 필요노동에 기초하며, 국가가격위원회와 같은 가격제정기관에 의해 '유일적'으로 제정되는 것이 원칙이다. 그러나 소매가격에는 예외가 존재하는데, 거래 당사자 간 결정하는 '협의가격'과 농민시장에 적용되던 '시장가격'이 그것이다. 잘 알려져 있듯이, 사회주의 경제의 만연한 부족은 '암시장'의 출현으로 이어지고, 농민시장에만 적용되던 시장가격의 적용 범위가 확대되는 것이 일반적인 제도 변화의 과정이다. 북한에서도 현실 경제에서 상품과 서비스의 시장 거래는 이미 광범위하게 확산되어 왔다. 따라서 기존 소매가격 내에서 예외로 인정되던 '협의가격'과 '시장가격'은 서비스가격의 책정에도 적용된다고 볼 수 있다.

그러나 현실 경제에서는 계획가격과 시장가격이 공존하므로, 계획 부문의 서비스가격 제정 원리에 대해서도 살펴볼 필요가 있다. 우선, 북한의 가격체계에서 서비스가격은 요금(료금)에 해당한다. 북한의 재정금융사전에 따르면, 요금은 일반적으로 봉사(서비스)에 대한 가격이다. 즉, "여러 가지 봉사활동과 봉사적 성격을 띠는 설비 및 시설의 이용에 대해

[그림 4-1] 북한의 가격체계

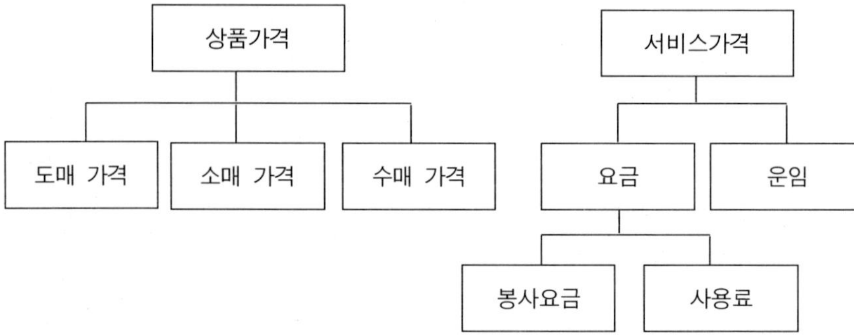

자료: 홍익표 외(2004), p.55, <그림 3-2>를 일부 수정.

지불하는 가격의 한 형태”로 그 대상에 따라 ‘봉사요금’과 ‘사용료’로 구분되는데, 전자는 직접 봉사활동을 제공하는 데 대하여 지불되는 가격이며, 후자는 봉사적 성격을 띤 설비와 시설의 이용에 대하여 지불하는 가격으로 정의된다. 한편, 재정금융사전은 ‘운임’을 별도로 설명하고 있는데, 이는 “수송봉사에 대하여 지불되는 요금”의 일종이라 할 수 있다.[8]

전통적인 가격결정 원리에 따르면 상품의 경우 도매가격은 원가, 거래수입금(turnover tax), 이윤(사회순소득)으로 구성되는데, 소매가격은 여기에 상업부가금(유통비와 상업유통기관의 이윤)이 부가된다. 마찬가지로 서비스가격인 봉사요금은 봉사원가, 거래수입금, 이윤으로 구성된다. 부가금이 따로 추가되지 않는 이유는 상품과 달리 서비스는 별도의 유통과정이 존재하지 않기 때문이다. ‘봉사요금’ 중에서 생산 과정에 필요한 체신, 통신, 기계설비의 수리와 같은 서비스에는 ‘생산적 요금’이 부과되지만, 문화예술, 체육 활동 등과 같이 개인적 소비에 연관된 서비스에는 ‘비생산적 요금’이 부과된다. 재정금융사전에 따르면, 일반적으로 노동자들의 생활 편의를 위한 봉사요금은 저렴하게, 주택사용료, 수도사용료, 전기사용료도 매우 낮은 가격에서 책정된다.

8 사회과학출판사(1995), p.445; p.1338.

2. 서비스가격 조사 결과

가. 물류 · 유통 서비스

물류 · 유통 서비스는 교통 · 운수 서비스와 보관 서비스로 구분하여, 총 16개 품목의 가격에 대해 조사했다.

교통 · 운수 서비스를 북한에서는 '수송봉사'라고 하며, 이에 대해 지불하는 요금은 '운임'이라고 한다. 재정금융사전은 수송대상의 종류(여객, 화물), 운수 형태(철도, 자동차, 배, 비행기) 등에 따른 운임 책정 기준을 설명하고 있다. 기본적으로 운임은 '원가를 보상하고 일정한 수익성을 보장'해야 하며, 생산물 가격과 마찬가지로 국가에 의해 통일적으로 제정되어야 한다고 밝히고 있다. 그러나 본 조사에서 수집된 교통 · 운수 서비스가격은 재정금융사전이 밝힌 운임 제정 원칙과는 꽤 거리가 있는 것으로 확인되었다.

본 조사에서는 교통 · 운수 서비스에 대해 총 7개 품목의 가격을 조사했지만, 세 지역 간 비교가 가능한 조사 결과가 수집된 것은 버스 이용료, 택시 이용료(2㎞ 기본요금), 써비차 이용료(1톤 화물트럭)[9]이다. 철도수송을 중심으로 하고, 도로 · 해운 수송이 보조적으로 이루어지는 북한의 전통적인 교통 · 운수 서비스 체계는 1990년대 중반 전력난으로 철도운행이 크게 차질을 빚기 시작하면서 도로수송의 비중이 증가하는 형태로 변화했고, 그 과정에서 민간 공급의 비중이 확대되었다. 즉, 공식부문이 제공하던 대중교통 서비스가 설비 노후화, 자금난, 에너지 부족에 직면했고, 수송 수요의 일부는 민간자금으로 구입한 차량을 '공식부문'에 임대하여 영업이 이루어지는 방식으로 변경되었다. 이른바 '돈주'라고 불리는 민간 사업자가 차량을 구입하고, '기관', '기업소'에 명의를 빌려 운영하는 방식으로, 북한에서는 흔히 '사회주의 모자'를 쓴다고 표현한다.[10]

---

9 '써비차'란 서비스차의 줄임말로, 당, 군, 내각과 같은 공식부문의 기관, 기업소에 등록하여 운행하는 트럭, 승합차를 의미한다(이석기 외, 2017, p.109). 써비차의 운영 실태는 가격 조사 결과와 함께 후술한다.

조사 결과를 토대로 북한 내 교통·운수 서비스의 거래 현황을 살펴보자. 버스 이용료의 경우, 평양과 신의주는 조사기간 버스 이용료가 5원으로 일정하게 조사[11]된 반면, 혜산은 10㎞ 기준 버스 이용료가 3,000원에서 12,000원까지 4배 상승하는 것으로 조사되었다. 평양, 신의주의 경우 버스 이용료가 매우 저렴한 것을 볼 때 국정가격인 것으로 추정되나, 신의주는 현재 운행되지 못하고 있어 큰 의미가 없다. 반면, 혜산은 시장가격이 적용된 이른바 '벌이 버스'[12]인 것으로 보이며, 조사기간 동안 이용료가 지속적으로 상승한 것으로 확인된다. 평양의 버스 이용료가 국정가격이라면, 혜산의 시장가격 기준 이용료는 3,000원을 적용했을 때도 600배나 비싼 셈이다.

반면, 택시의 경우 전 지역에서 시장가격으로 보이는 높은 가격이 수집되었다. 평양의 가격 수준이 가장 높았는데, 택시 기본요금(2㎞ 운행 기준)은 2달러로 조사기간 내 동일한 가격이 조사되었다. 반면, 신의주와

[그림 4-2] 교통·운수 서비스(버스 이용료)

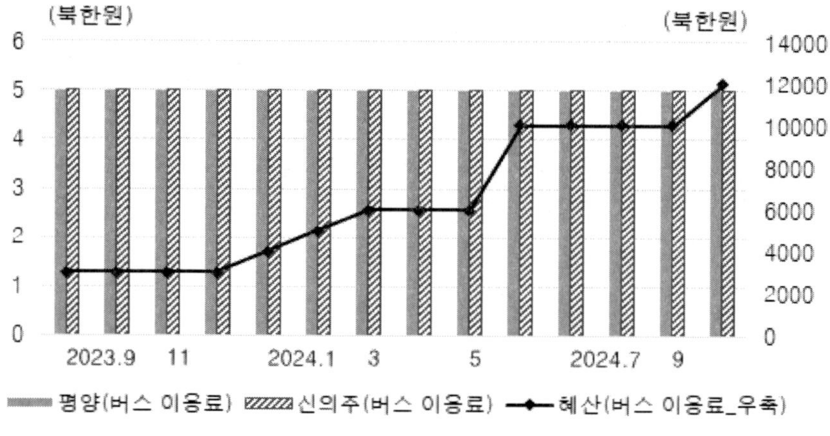

자료: 서비스가격 조사 결과를 토대로 저자 작성.

10 이석기 외(2017), pp.108~130.

11 기본요금 여부, ㎞당 기준은 조사되지 않았다.

12 민간이 운영하는 시내버스, 시외버스를 일컫는 것으로, 민간 사업자가 기관, 기업소의 명의를 빌려 등록한다. 개별적으로 버스 기사, 차장을 고용하고 주유, 수리를 담당하며 일반 대중교통 운임보다 수십 배 비싼 시장가격이 책정된다(이석기 외, 2017, pp.114~115).

[그림 4-3] 교통 · 운수 서비스(택시 기본요금)

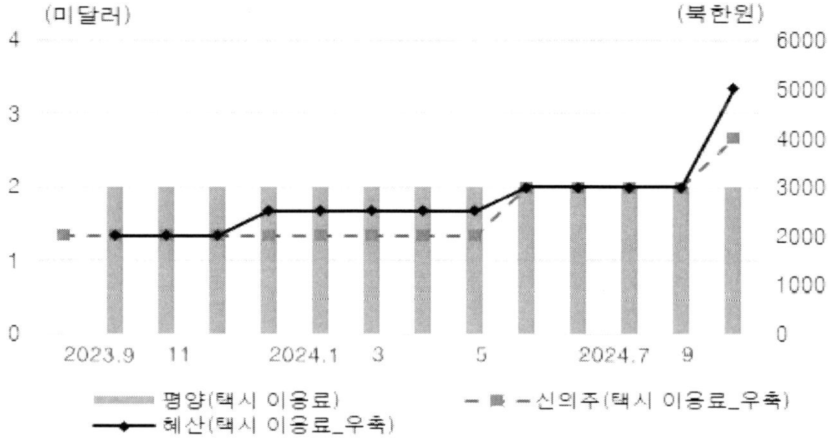

자료: 서비스가격 조사 결과를 토대로 저자 작성.

혜산은 2023년 9월 기준 요금이 2,000원으로 동일했지만, 조사기간 내 상승하여 2024년 10월 기준 신의주는 4,000원, 혜산은 5,000원으로 확인되었다. 2023년 9월 기준 평양의 북한원/달러 환율은 8,380원으로, 이를 적용했을 때 평양의 택시 기본요금(16,760원)은 신의주와 혜산의 8.38배 수준인 셈이다. 한편, 북한의 시장환율은 2024년을 전후로 급등하는 추세를 보이고 있는데, 북한원 기준으로 수집된 신의주와 혜산의 택시 기본요금은 시장환율 급등을 반영한 수준일 가능성도 있어 보인다. 2024년 10월 기준 신의주와 혜산의 북한원/달러 환율은 2023년 9월 대비 1.9배 상승했는데, 기본요금 또한 2~2.5배 상승했기 때문이다.

버스, 택시는 공식부문에 등록되어 여객을 운송하는 역할을 하며, 시장가격을 적용하더라도 비교적 정해진 노선과 운행시간이 있고 주로 여객을 운송한다는 점에서 외관상으로는 대중교통에 가깝다. 반면, '써비차'는 공식부문에 등록되어 있더라도, 정해진 노선이나 운행시간이 없고 화물과 여객을 가리지 않고 운송한다. 써비차는 대부분 화물차(트럭)나 승합차(봉고)의 형태이며, 원거리 화물 운송을 위주로 개인 상행위에 활발하게 사용된다는 점에서 비공식성이 훨씬 더 강하다.[13] 본 연구의 써비차 이용료 조사 결과도 이에 부합한다고 볼 수 있는데, 대부분 '달러 표시'

가격이 수집되었으며 지역 간 가격 편차가 크고, 시기별 가격도 일정하지 않게 조사되었다. 비공식성이 강할수록 일정한 요금이 책정되어 있지 않고, 써비차 운영자와 이용자 간 협상을 통해 가격이 결정될 가능성이 높기 때문인 것으로 보인다. 평양 지역의 경우, 평성과의 왕복(62.8㎞) 기준 이용료가 2023년 9월 50달러에서 2024년 10월 100달러로 두 배 상승한 것으로 확인되었다. 혜산 지역의 써비차 이용료는 100㎞(왕복) 기준으로 2023년 9월~2024년 5월 동안 50~80달러까지 상승하였다. 2024년 6~10월은 '북한원 표시' 가격이 수집되었는데, 약 70~80만원 수준으로 조사되었다. 신의주 지역의 써비차 이용료는 평양과 왕복(200㎞) 기준으로 2024년 2~4월에는 180~200달러로 조사되었으나, 그 외 기간에는 150달러 수준인 것으로 나타났다. 세 지역에서 써비차 이용료 추세는 상승, 하락이 일정하지 않았고, ㎞당 이용료도 일정하다고 보기 어려웠다.

[그림 4-4] 교통 · 운수 서비스(써비차 이용료)

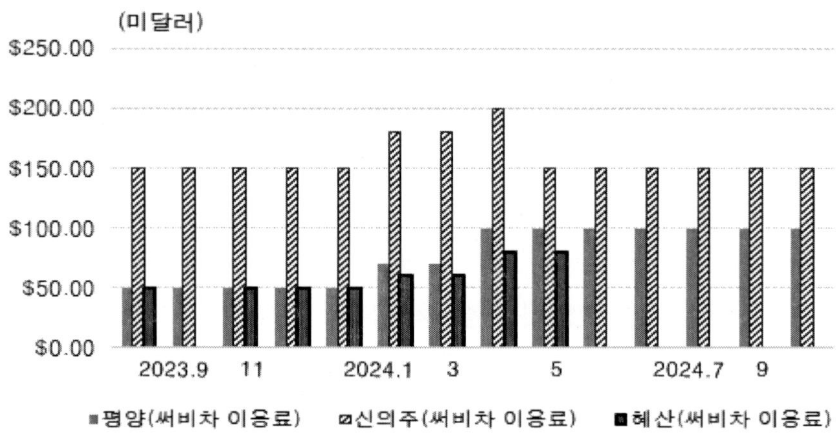

자료: 서비스가격 조사 결과를 토대로 저자 작성.

---

13 필자가 북한이탈주민들을 인터뷰한 경험에 따르면, 공식부문이라도 어떤 기관에 등록된 써비차를 이용하느냐에 따라 운송 과정에서 발생하는 검열, 단속 정도가 다르다. 당, 군과 같이 소위 '힘 있는' 기관 소속 번호판을 단 차량은 검열, 단속 대상이 되는 경우가 적기 때문에, 밀수품을 운반하는 데 유리하다. 즉, 어떤 번호판을 단 써비차를 임대하느냐에 따라 검열, 단속을 회피하는 정도가 다르기 때문에, 민간 사업자들이 선호하는 써비차일수록 이용료가 비쌀 가능성이 있다.

물류・유통 서비스 가운데 자전거 보관료, 짐 보관료, 주차장 이용료, 창고 임대료는 보관 서비스로 분류했다. 이 중에서도 자전거 보관료와 짐 보관료는 지역 간 가격 격차가 없는 것으로 나타났는데, 종합시장의 '시장관리소'가 제공하는 공공서비스에 가깝기 때문인 것으로 보인다. 주차장 이용료도 지역 간 격차가 크다고 볼 수는 없어 일정한 부과 기준이 있는 것으로 추정된다. 반면, 창고 임대료는 지역 간 가격 격차가 큰 것으로 확인되었는데, 보관 물품의 종류, 부피, 물량, 합법성 여부가 가격에 영향을 미치는 것으로 보인다.

자전거 보관료와 짐 보관료는 넓게 보면, 시장 사용료의 일종이라고도 볼 수 있다. 북한에서 자전거는 시장 판매자와 구매자들이 물품 운송에 보편적으로 활용하는 운송수단으로 대부분의 종합시장에는 자전거 보관대가 설치되어 있다. 짐 보관료 또한 종합시장에 부설된 '창고' 사용료인 것으로 추정된다. 북한 종합시장은 상당 부분이 옥외 시장으로 폐장 이후 판매 상품을 '매대'에 보관하기 어렵기 때문에, 시장 뒤편에 '창고'가 설치된 경우가 많다. 창고는 대부분 시장 판매자들이 이용하며 자전거 보관료와 마찬가지로 시장관리소에서 사용료를 징수하는데, 본 조사에서 수집된 짐 보관료가 이에 해당하는 것으로 보인다. 그러나 종합시장에 부설된 창고는 공간이 협소하고 도난 등의 위험도 있기 때문에, 시장 주위의 개인 살림집을 상품 보관 장소로 활용하는 경우도 더러 있다. 본 조사에서 수집된 '창고 보관료'가 이에 해당하는 것으로 보인다.

본 조사에서는 세 지역의 자전거 보관료(시간당)가 모두 2023년 9월 200원이었으나, 2024년 6월을 기점으로 300원으로 상승한 것으로 파악되었다. 전 지역의 자전거 보관료 수준과 상승 시점이 동일하다는 것은 이것이 일괄적으로 책정된 공공부문 사용료에 가깝다는 점을 보여준다. 이것은 짐 보관료(한 짝)도 마찬가지이다. 2023년 9월 1,000원에서 2024년 6월을 기점으로 2,000원으로 상승한 것으로 확인된다. 종합시장의 '시장관리소'는 지역 인민위원회 상업관리국 산하로, 장세와 시장 사용료를 징수하는데, 이는 지방예산으로 귀속된다. 자전거 보관료와 짐 보관료는 종합시장에 부설된 공공 인프라를 사용하는 대가로서, 공식부문에서

<표 4-3> 보관 서비스

(단위: 북한원)

분류		평양	신의주	혜산
소분류	조사품목			
보관 서비스	자전거 보관료(시간당)	200~300	200~300	200~300
	주차장 이용료(시간당)	1,000	1,500~2,000	1,000
	짐 보관료(한 짝)	1,000~2,000	1,000~2,000	1,000~2,000
	창고 임대료(1개월)	$50~60	$70~100	$40~50

자료: 서비스가격 조사 결과를 토대로 저자 작성.

일괄적으로 책정하는 것으로 보인다.

한편, 주차장 이용료(시간당)의 경우 평양과 혜산은 조사기간 내 1,000원으로 동일했지만, 신의주 지역은 2023년 9월 기준 2,000원에서 2024년 6월 기준 1,500원으로 하락한 것으로 확인되었다. 주차장의 경우, 종합시장에 부설된 것이라기보다 기관, 기업소, 단체들이 여분의 토지를 주차장으로 활용하는 경우가 더 많기 때문에, 위치 등에 따라 가격 차이가 발생할 수 있어 보인다. 다만, 지역 간 가격 격차가 크다고 보기는 어렵다는 점에서, 일정한 부과 기준이 존재할 가능성도 있어 보인다.

창고 임대료는 보관 서비스 가운데 가장 비공식성이 높은 것으로 보인다. 1개월 기준 가격 수준이 지역별로 동일하지 않고, 모두 '달러 표시' 가격으로 조사되었다. 전술했듯이, 종합시장에 부설된 창고를 이용하기 어려운 경우 시장 주위 개인 살림집이나 기관, 기업소의 창고를 이용하게 된다. 전자제품과 같이 상품이 비교적 고가이거나, 축산물·수산물과 같이 냉동·냉장 시설이 구비되어야 하는 경우 높은 사용료를 지불하고 창고를 이용해야 한다. 이와 같이 보관 물품의 특성이 다양할 경우 창고 임대료가 균일하지 않을 가능성이 높고, 창고 소유자와 이용자 간 흥정(협상)에 의해 임대료 수준이 책정될 수도 있다. 특히 북한에서 전자제품과 같은 상품들은 밀수품의 비중도 상당한 것으로 알려져 있는데, 검열·단속에 따르는 위험 부담도 임대료에 포함될 가능성이 있다.[14] 본 조사

14 평양 지역의 경우, 책정된 창고 임대료 이외에 20달러의 뇌물이 필요하다고 조사되기도

에서 창고 보관료의 가격이 여타 보관 서비스 사용료에 비해 일정하지 않게 도출된 것은 이러한 이유 때문인 것으로 보인다.

창고 임대료와 주차장 이용료의 수준을 비교해 보자. 1개월 단위의 주차장 이용료는 모든 지역에서 수집되지는 않았지만, 대체로 8~12만원 범위로 조사되었다. 40~100달러 수준의 창고 임대료에 시장환율(8,000 북한원/달러)을 적용하면 32~80만원인데, 이는 주차장 이용료의 4~6.7배 수준이다. 두 서비스의 내용이 같다고 보기는 어렵지만, '비공식성'이 클수록 서비스가격의 수준이 대체로 높다고 볼 수 있다.

나. 개인서비스

개인서비스(personal service)에는 음식・숙박업, 영화・오락・문화 서비스업 등이 포함되는데, 개별 소비자를 대면하여 서비스 제공이 이루어지는 경우가 많다. 개인서비스는 의료, 교육 등 사회서비스(social service)와 같이 소비지향적이지만 그 규모가 더 작으며, 서비스의 종류도 매우 이질적(heterogeneous)이라는 특성을 갖는다.[15] 음식・숙박 서비스, 영화・오락・문화 서비스는 가계 소비와 직접적으로 연계된 업종이기도 하며, 영세한 규모로 서비스 제공이 가능한 경우가 많아 진입장벽도 상대적으로 낮은 편이다.

북한에서 개인서비스와 가장 가까운 개념은 '편의봉사'이다. 북한의 재정금융사전에 따르면, 편의봉사는 "근로자들의 생활상 편의를 도모"하기 위한 것이다. 그러나 사회주의 경제 이론에서 서비스업은 가치를 생산하지 않는 비생산적 노동이기 때문에, 편의봉사는 단순히 국민소득이 재분배되는 영역이다. 또한 편의봉사는 재화를 판매하는 도소매업과 달리 봉사활동에 필요한 일정한 설비를 갖추고 수요자들의 주문에 따라 생활용품의 수리, 가공 등의 봉사작업을 수행(수리수선 편의, 가공 편의)하거나, 이발, 미용(이용 편의), 목욕(위생 편의)과 같이 일정한 설비를 갖추어 봉

했다.

15 Browning and Singelmann(1978), pp.32~33.

사를 제공하고 요금을 받는다. 재정금융사전은 “일상생활에서 절실히 필요한 편의봉사의 요금은 눅게 정하고 그 밖의 편의봉사 요금은 비싸게 정하여 수요를 조절하는 것을 원칙”[16]으로 한다고 설명하고 있다. 1990년대 이전에는 위와 같은 편의봉사 요금 제정 원리에 따라 국정가격에 가까운 낮은 수준의 봉사요금이 책정되었으나, 공공부문이 제공하는 개인서비스의 종류는 매우 한정되어 있었다.[17]

1990년대 중반 경제위기로 계획경제가 마비되면서, 편의봉사 기업소들의 운영도 크게 악화되었다. 잘 알려져 있듯이, 경제위기 당시 노동자들의 생계 유지 방안은 크게 두 가지로 구분된다. 직장과 무관한 비공식 경제활동에 뛰어들거나, 직장과 연관된 경제활동을 통해 사익을 추구하는 경우이다. 경제위기 이후 편의봉사 기업소들은 대부분은 후자의 방법으로 유지되었다고 볼 수 있다. 예를 들어 이용 편의(이발, 미용)를 제공하는 편의봉사 기업소라면, 계획 부문에서 원자재 공급이 이루어지지 않기 때문에 이를 시장에서 조달하고, 서비스 제공도 시장가격을 적용하는 방식으로 영업을 지속하는 것이다.

본 조사에서 수집된 개인서비스들을 보면, 한 지역 내에서도 다양한 품목이 수집되어 가격이 일률적이지 않다. 개인서비스의 ‘이질적’인 특징이 잘 반영되어 있다고 볼 수 있다. 음식, 숙박, 문화, 미용, 기타 서비스로 분류하여 총 22개 품목에 대한 조사를 시도하였지만, 세 지역의 가격 수준을 비교할 수 있는 품목들은 다음 <표 4-4>에 제시된 10개에 불과했다.

음식 서비스의 경우, ‘인조고기밥’은 1,000원 내외, ‘옥수수 국수’는 2,000~3,000원 정도, ‘냉면’은 10,000~30,000원 정도에서 가격이 수집되었으나, 개별 음식 서비스의 세부 내용이 워낙 다양하여 이를 지역적 특징으로 분류하기는 어렵다. 다만, 평양 지역의 경우 세 종류의 음식 서비스(인조고기밥, 옥수수 국수, 냉면) 가운데 가장 고가인 경우가 1,500원, 3,000원, 30,000원으로 다른 두 지역(1,000원, 2,500원, 20,000원)의 가격

---

16 사회과학출판사(1995), pp.1183~1184.

17 선행연구가 언급한 1980년대 사례에 따르면, 인구 10만명인 강원도 회양군에 목욕탕이 1개 설치되어 있었다고 한다(이석기 외, 2017, pp.130~131).

<표 4-4> 개인서비스

(단위: 북한원)

분류		평양	신의주	혜산
소분류	조사품목			
음식	인조고기밥	800~1,500	1,000	700~1,000
	옥수수 국수	3,000	2,000~2,500	2,500
	냉면	15,000~30,000	10,000~20,000	10,000~20,000
숙박	여관 숙박비	2,000	2,000	1,000~2,000
문화	영화관람료	2,000	2,000	3,000
미용	남자 이발비	3,000~10,000	5,000	5,000
	여자 파마	10,000~50,000	15,000	15,000~50,000
	대중목욕탕	1,000	3,000	3,000
기타	운송료(구루마꾼, 1㎞)	15,000~20,000	10,000~15,000	10,000~13,000
	중개료	30%	30%	30%

자료: 서비스가격 조사 결과를 토대로 저자 작성.

수준보다 높은 것으로 확인되었다.

미용 서비스와 운송료의 경우에도 유사한 특징이 발견된다. 남자 이발비나 여자 파마 비용은 다양한 가격 정보가 수집되었고, 한 지역 내에서도 서비스 종류에 따라 가격 편차가 드러났다. 배송 서비스와 유사한 운송료(구루마꾼, 1㎞)의 경우에도 운송수단(오토바이, 리어카)의 종류나 무게 등에 따라 가격이 다양한 것으로 확인되었다.

반면, 여관 숙박비는 평양, 신의주, 혜산 지역이 2023년 12월 이후 동일한 것으로 확인되었고,[18] 영화 관람료는 평양, 신의주가 2,000원으로 동일하고 혜산 지역은 3,000원으로 50% 더 비싼 것으로 수집되었다. 음식, 미용 서비스와 직접적으로 비교하기는 어렵지만, 공공여관이나 영화관과 같이 공공시설에 기반한 개인서비스는 그 품질이 비교적 동질하기 때문에 지역별 가격 편차가 적은 것으로 보인다.

18 혜산지역만 2023년 9~11월 공공여관 숙박비가 1,000원으로 수집되었다.

다. 생산자 서비스

생산자 서비스(producer service)는 소비자 서비스와 대비되는 개념으로, 기업의 경영활동에 요구되는 서비스이다.[19] 생산자가 재화와 서비스를 생산하는 과정에 중간재로 투입하는 서비스라는 점에서 간접적인 수요를 충족시킨다는 특성을 가지며, 대부분 기업이 고도화, 전문화되는 과정에서 서비스가 외부화된 형태이다.[20] 시장경제에서 금융·보험 서비스, 부동산 서비스와 같은 생산자 서비스는 대부분 사적 소유 형태이며, 규모의 경제가 필요한 통신 서비스도 상당 부분 민영화가 이루어져 있다. 그러나 사적 소유가 제한적인 사회주의 경제에서 생산자 서비스는 대부분 정부가 제공한다. 북한도 마찬가지로 주택(살림집)의 개인 소유는 제한[21]되어 있으며, 금융, 보험, 통신, 전기, 수도 서비스도 기본적으로 국가가 제공한다. 즉, 국유나 협동적 소유 형태로 생산자 서비스가 제공되고, 주민들은 이에 대한 사용료를 지불하는 형태이다. 그러나 공식부문의 생산자 서비스 제공 역량은 세부 품목별로 차이가 크며, 서비스 제공 역량이 낮은 경우 해당 품목의 비공식화가 진전되어 있기도 하다.

본 조사에서는 통신, 금융, 부동산 서비스가격과 전기료, 수도료 관련 정보를 수집하였다. 공식부문이 제공하는 서비스의 경우 가격이 국정가격 수준으로 저렴한 경우도 있었지만, 충분한 서비스가 제공된다고 볼 수는 없었다. 또한 실제 공식부문의 공급 역량이 유지되는 경우 가격 수준이 저렴하다고 보기는 어려웠다. 반면, 비공식성이 높은 서비스는 고가의 수수료가 책정되는 것으로 관찰되었다.

---

19 전기가스수도업은 일반적인 산업 분류에서 서비스업과 별도로 분류되나, 서비스 공급이 생산 과정에 중간재 성격으로 투입된다는 점에서 생산자 서비스로 분류하였다.

20 Coffey and Bailly(1992).

21 북한도 '개인소유'라는 이름으로 사적소유를 제한적으로 허용하고는 있으나, 1972년 사회주의헌법 개정으로 토지에 대한 개인소유를 폐지하고 개인소유 주택에 대한 규정도 폐지하였다. 이후 살림집(주택)은 국가가 기본적으로 공급하고, 주민들은 살림집에 대한 '이용권'을 갖는다. 그러나 1972년 헌법 개정 이전에 존재하던 극소수의 개인소유 주택이 남아 있고, 2009년 제정된 '살림집법'의 제2조도 살림집을 소유 형태에 따라 국가소유살림집, 협동단체소유살림집, 개인소유살림집으로 구분하고 있다(문홍안, 2017).

공식부문의 생산자 서비스가 국정가격 수준으로 책정된 경우는 주택비(부동산 서비스), 전기료, 수도료(전기가스수도 서비스) 정도라고 할 수 있으며, 시장가격 수준으로 책정된 경우는 휴대전화 기본요금(통신 서비스)이 해당한다. 반면, 생산자 서비스 중에서도 금융서비스에 대한 사용료로는 이른바 '사금융시장'의 높은 이사율과 수수료가 수집되어, 비공식성이 매우 높은 것으로 확인되었다.

우선 주택비라는 명칭으로 수집된 '살림집 사용료'를 살펴보자. 전술하였듯이, 북한의 주택(살림집)은 대부분 국가소유로, 이용자는 '살림집허가증'을 얻고 '사용료'를 부담해야 한다. 우리 기준에서는 '살림집 사용료'가 아파트 관리비 같은 개념이지만, 북한 제도상에서는 조세로 분류된다. 2009년 제정된 북한의 부동산 관리법은 부동산을 이용하는 대가로 국가예산에 납부하는 자금을 부동산 사용료라고 규정하고 있으며, 기관, 기업소, 단체와 공민은 "부동산가격에 따라 정해진 부동산사용료를 제때에 납부해야 한다"고 규정(제32조)하고 있다. 또한 부동산 가격과 부동산 사용료는 국가가격제정기관이 정하며, 사용료의 납부는 '해당 지역의 재정기관'이 한다고 규정(제36조)하고 있다. 같은 해 제정된 '살림집법'에서도 '사용료의 지불'을 명시하고 있는데, "살림집을 이용하는 공민은 정해진 사용료를 제때에" 납부해야 하며, 사용료 수준은 "국가가격제정기관"이 한다고 규정(제42조)되어 있다. 법령을 토대로 볼 때, 부동산 사용료는 공식부문이 일괄적으로 '부동산 가격'에 따라 제정하는 것으로 해석할 수 있다.[22] 본 연구에서 살림집 사용료, 이른바 '주택비'는 평양과 신의주는 매월 150원으로 같았고, 혜산 지역은 연 5,000원(416원/월)으로 확인되었다. 부동산 관리법의 조문만을 놓고 보면, 부동산 가격에 따라 사용료 편차가 발생한다고도 볼 수 있다. 그러나 평양과 신의주의 경우 사용료가 동일하게 책정되었다는 점에서, 소유형태(국유, 협동적 소유)나 소속(기관, 기업소, 단체)에 따른 차이일 가능성도 있어 보인다.

다음으로, 전기료(전력사용요금), 수도료(생활용수 사용료)의 조사 결과

22 국정원(2024a), pp.759~765; 국정원(2024b), pp.105~116.

<표 4-5> 생산자 서비스

분류		평양	신의주	혜산
소분류	조사품목			
통신	휴대전화 기본요금(분기)	5,000원	5,000원	5,000원
금융	대부 이자(돈주)	10~20%	10~20%	10~20%
	대부 이자(일반)	20~30%	20~30%	20~30%
	해외 송금	없음	10~15%	10~15%
	국내 송금	5~10%	5~10%	10%
부동산	주택비	150원(월)	150원(월)	5,000원(연)
	연료(석탄, 톤)	$10~80	$10~80	150~800위안
수도 전기	수도료(월)	100원	100원	없음
	전기료(kw당)	50원	50원	없음

자료: 서비스가격 조사 결과를 토대로 저자 작성.

를 살펴보자. 우선, 북한의 법령을 살펴보면 전력법과 상수도법은 각각 전기 요금과 생활용수 사용료 납부를 규정하고 있다. 1995년 제정된 전력법은 "기관, 기업소, 단체와 공민은 전력사용요금을 정해진 대로 납부"해야 하며, "전력사용요금은 상급기관을 거치지 않고 직접 해당 지역 송배전 기관에 납부한다"고 명시(제59조)하고 있다. 2009년 제정된 상수도법도 제44조에서 생활용수 사용료 납부를 명시하고 있으며, 이는 상수도 시설의 보수과 관리에 이용한다고 규정하고 있다.[23]

조사 결과를 보면 평양, 신의주의 전기료와 수도료는 각각 50원, 100원으로 거의 무상에 가까운 수준인 반면, 혜산 지역은 전기료와 수도료가 '없음'으로 조사되었다. 혜산 지역의 전기료, 수도료가 '없음'으로 조사된 이유는 대도시인 평양, 신의주보다 혜산 지역의 전기, 수도 서비스의 공급이 더 열악하기 때문인 것으로 보인다. 사실상 50~100원 상당의 저렴한 국정가격이 책정된다고 해도, 북한 전역의 전기, 상하수도 공급이 열악하여 그 가격으로 적절한 서비스를 이용한다고 보기는 어렵다.

한편, 전기료의 경우 다른 조사에서는 kW 기준이 아니라, 가계가 보유

23 국정원(2024a), pp.923~938; 국정원(2024b), pp.117~124.

한 전자제품의 종류와 개수에 따라 부과되는 관행도 발견되었다. 한국농촌경제연구원이 발간하는 「세계농업」은 2020년부터 전자제품 종류별 전기료 정보를 제공하고 있는데, 품목별로 보면 믹서기 1,500원, 밥솥 2,000원, 다리미 700원, TV 1,500원, 고데기 500원이며, 2020년~2024년 2/4분기(분기별) 기간 중 동일한 것으로 조사되었다. 선술한 전력법의 제59조는 "전력공업지도기관이 전력계량수단을 정기적으로 검정하며 전력 공급과 소비를 정확히 계산하여야 한다"고 규정하고 있으나, 개별 살림집의 계량기가 잘 설치되지 않거나 전력 공급이 원활하지 않아 계량기 설치가 무의미한 경우도 더러 있을 것으로 보인다. 대체로 전력 공급이 수요를 따라가지 못해, 태양열이나 배터리를 이용해서 가계 전력 수요를 자체적으로 충족시키는 것이 보편적이기도 하다. 즉, 전기 및 수도 서비스가 공식부문이 기본적으로 제공하는 생산자 서비스임에도 불구하고, 일률적인 가격 책정이 어려울 정도로 공급 역량이 제한적인 것으로 해석할 수 있다.

반면, 전 지역에서 비교적 균질한 품질의 서비스(통화 시간, 문자 메시지 제공)가 제공되는 휴대전화의 경우, 서비스가격이 전 지역에서 분기별 5,000원으로 동일한 것으로 확인되었다. 무상에 가까운 평양, 신의주 지역의 주택비, 전기료, 수도료의 서비스가격 수준에 비해 휴대전화 기본요금은 상당히 높은 수준으로 책정된 것이다. 북한에서 이동통신 서비스(이동통신봉사)는 중앙체신지도기관이 관할하며 이동통신 요금도 국가가격기관이 책정하는 것으로 법령에 규정[24]되어 있기 때문에, 이를 시장가격이라고 분류할 수는 없지만, 요금수준 자체는 시장가격에 가까운 것이다.

한편, 생산자 서비스가격 조사에서 두드러지는 특징은 금융서비스에 대한 높은 수수료 지불이다. 대부 이자율은 10~30% 수준으로 조사되었고, 해외 송금과 국내 송금도 각각 20~30%, 5~10% 수준으로 책정되었다. 본 조사에서 수집된 금융서비스 수수료는 이른바 사금융시장의 수수료이다. 물론 북한에도 공식부문의 상업은행이 존재하며, 저축과 송금 서비스

24 이동통신 요금에 대해서는 2020년 제정된 이동통신법 제38조에 "이동통신봉사를 받는 이동통신가입자는 정해진 요금을 물어야 한다. 이동통신봉사와 관련한 요금은 국가가격기관이 정한다."와 같이 규정되어 있다(국정원, 2024b, pp.646~652).

를 이용할 수 있지만 개인 대상 대부 서비스를 제공하지는 않는다. 따라서 본 조사에서 수집된 대부 이자율은 사금융시장의 고리대를 의미한다. 대부 서비스는 전문 사금융업자인 돈주를 이용하는 경우 전 지역에서 10~20%로, 일반인들 간 대부 서비스는 20~30%인 것으로 관찰되었다. 전 지역에서 동일한 이자율이 책정되었다는 점, 전문 사금융업자를 이용하는 경우 더 낮은 이자율이 적용된다는 점이 눈에 띈다.

그러나 소비자들이 부담하는 금융서비스가격은 다른 생산자 서비스가격과 비교하기 어려울 정도로 높은 수준이다. 대부 서비스와 달리 국내 송금 서비스는 상업은행을 이용할 수 있음에도 불구하고, 5~10%의 수수료를 부담하는 방식으로 거래가 이루어진다는 점도 눈여겨볼 필요가 있다. 상업은행과 같은 공식 금융기관에 대한 북한주민들의 신뢰도는 상대적으로 낮은 편이다. 2009년 말 몰수형 화폐개혁 당시 예금의 교환 한도도 제한되었고, 공식 금융기관을 이용할 경우 소득 출처나 송금 이유를 해명해야 할 우려를 갖기도 한다. 공식 금융기관의 송금 수수료가 상대적으로 저렴해도, 사금융을 이용한 송금을 선호하는 이유이다.

라. 사회서비스

사회서비스에는 행정, 국방과 같은 정부 서비스와 교육, 의료, 사회복지 서비스 등이 포함된다. 공공부문이 서비스 공급자인 경우는 공공사회서비스(public and social service)로 불리기도 한다. 가계 소비생활에 직결되는 사회서비스는 교육, 의료 서비스라 할 수 있는데, 공공부문은 국민들이 기본적인 수준에서 해당 서비스들을 이용할 수 있도록 의무교육이나 필수 의료와 같은 서비스들을 공급한다. 그러나 시장경제에서는 공공부문 외에도 민간이 공급하는 다양한 종류와 품질의 교육, 의료 서비스가 존재한다. 쉽게 예상할 수 있듯이, 사회주의 국가인 북한은 원칙적으로 국가가 대부분의 사회서비스를 제공하는 것을 지향한다. 즉, 개인이 사적 이익을 추구하기 위해 교육, 의료 서비스를 제공하는 것은 불법에 가깝다. 그러나 기본적인 행정, 국방 서비스 이외 많은 사회서비스들의 경우 공식부문의 공급 역량이 매우 낮은 편이다. 개인서비스만큼 활발하다고 볼 수는 없지만, 사회서비스 내에서도 비공식적인 경제활동이 존재하고 있다.

사회서비스에 대한 북한의 제도들을 살펴보자. 사회주의 국가인 북한은 원칙적으로 무상치료제와 무상의무교육제를 시행하고 있다. 사회주의 헌법의 제72조는 “무상으로 치료받을 권리”를 명시[25]하고 있고, 의료법에서도 의료사업이 “완전하고 전반적인 무상치료제에 기초한다”고 규정(제3조)하고 있다.[26] 무상의무교육제는 교육법에 명시되어 있다. 교육법 제12조는 “공민은 중등일반교육을 받을 의무와 무료로 교육받을 권리를 가진다”고 명시하고 있고, 제13조에서 중등 일반 의무교육학제를 12년으로 규정[27]하고 있다.

이와 같이 북한의 제도에 따르면 교육, 의료 서비스는 국가가 공급하는 것이 원칙이다. 본 연구에서 ‘병원 이용료’나 ‘학원비’에 대한 조사를 시도했지만, 전자는 대부분 ‘없음’으로 조사되었고 후자는 ‘불법’이라는 결과가 수집되었다. 그러나 여타 편의봉사 기업소들의 사정과 마찬가지로 경제위기 이후 교육, 의료 서비스 종사자들에 대한 처우는 매우 열악한 실정이다. 배급제가 완전하게 작동하지 않을 뿐만 아니라 국정임금만으로 생계를 유지하기 어렵기 때문에 이들도 여러 부업 활동에 뛰어들 수밖에 없다. 특히 의료서비스의 경우 국가로부터의 의약품이나 의료기기 공급이 제한적이기 때문에 무상치료제가 유명무실한 경우가 많다. 외래 진료는 무상이더라도, 의약품은 대부분 시장가격으로 구입해야 한다. 또한 수술 등이 필요한 경우, 의료서비스 종사자도 의료기기를 시장에서 조달해야 하기 때문에 환자에게 비용을 요구할 수밖에 없는 구조이기도 하다. 그러나 의료서비스는 치료나 처치가 워낙 다양하기 때문에, 이에 대한 서비스가격을 수집하는 것이 거의 불가능하다. 이에 따라 본 조사에서는 의사 개인의 소득에 대한 정보를 지역별로 수집했는데, 그

---

25 국정원(2024a), pp.34~81.

26 국정원(2024a), pp.940~946.

27 국정원(2024a), pp.739~745.

<표 4-6> 사회서비스

(단위: 북한원)

분류		평양	신의주	혜산
소분류	조사품목			
의료서비스	병원 이용료	무상	무상	무상
	의사 개인 소득	$100~200	$80~150	500~1,000위안
	진통제(1알)	100~200	100~200	150~200
	포도당 주사(국산)	2,000~3,000	2,000~3,000	
	포도당 주사(중국산)	5,000~6,000	5,000~6,000	5,000~6,000
교육서비스	과외비(월)	$100~150	$50~100	300~800위안

자료: 서비스가격 조사 결과를 토대로 저자 작성.

특성상 조사기간별 변동 추이가 일정하지 않은 것으로 나타났다. 의료서비스는 아니지만 환자들이 구입해야 하는 의약품 가격도 조사했는데, 이 경우에는 지역 간 격차가 크지 않은 것으로 관찰되었다. 진통제 1알은 평양과 신의주에서 100~200원, 혜산에서 150~200원 수준이었고, 포도당 주사(중국산) 가격도 지역별로 같은 범위 내에 형성되어 있었다.

한편, '학원비' 정보는 거의 수집되지 않았지만 '과외비' 정보는 지역별로 수집되었다. 북한이탈주민 인터뷰에 기반한 연구들에 따르면 북한에서도 사교육이 존재하는데, 교사의 부업 활동인 경우가 많다고 한다.[28] 본 조사에서는 평양의 1개월 과외비가 100~150달러 수준, 신의주는 50~100달러 수준으로 수집되었고, 혜산은 300~800위안 정도로 수집되었다.

사회서비스와 연관된 여러 품목들의 가격 정보를 종합하면, 상품이라고 할 수 있는 의약품 가격은 지역 간 편차가 없는 반면, 교육, 의료 서비스는 어느 정도 편차가 발생하는 것을 확인할 수 있다. 이러한 차이는 서비스 자체의 특성에 따른 결과일 수 있는데, 서비스는 상품에 비해 이질적일 뿐만 아니라 거래의 비공식성이 높기 때문이다.

28 『연합뉴스』, 「평양에도 '일타강사' 있다…과외받으러 원정 오기도」, 2023. 12. 16(https://www.yna.co.kr/view/AKR20231214086700504).

제3절 조세와 준조세

1. 시장 경제활동 관련 조세 규정

본 절에서 논의할 조세와 준조세는 시장 경제활동과 연관되어 부과되는 것으로, 공식부문의 계획 경제활동과 연관된 조세와 구분할 필요가 있다. 계획 부문의 조세는 국가예산수입법, 재정법과 같은 상위법령에 명시되어 있다. 2011년 개정된 국가예산수입법에 따르면 국가예산수입은 거래수입금, 국가기업리익금, 협동단체리익금, 봉사료수입금, 감가상각금, 부동산사용료, 사회보험료, 재산판매 및 가격편차수입금, 기타수입금으로 구성된다(제2조).[29] 거래수입금, 봉사료수입금 등의 경우 상품과 서비스(봉사) 가격에 포함되며, 국가기업리익금, 협동단체리익금은 국영기업, 협동단체의 이윤에 대해 부과된다. 즉, 각각의 예산수입 항목들이 기준에 따라 부과되는데, 재정기관은 각 기관, 기업소, 단체들로부터 이를 '납부금'의 형태로 징수한다. 이에 따라 국가예산수입법의 제3조는 국가예산수입을 중앙예산수입과 지방예산수입으로 구분하며, 각각에 소속된 기관, 기업소, 단체의 납부금이 이를 구성한다고 규정하고 있다.

반면, 시장 부문에 부과되는 조세인 집금수입은 국가예산수입법과 같은 상위 법령에 명문화되었는지 여부가 확인되지는 않았다. 2022년 최고인민회의에서 집금수입이 언급된 이후 국가예산수입법이 개정되었을 가능성도 있지만, 현재 시점에서 집금수입을 공식적으로 확인할 수 있는 문서는 2000년대 초 북한이 시장 거래를 공식화한 이후 발표한 '시장관리규정'이다. 내각결정 제27호 '시장관리규정'의 제3장 '시장의 운영'에서

---

29 2022년 북한의 최고인민회의 예산보고에서 기관, 기업소, 단체의 이윤에 대한 공제금(사회주의 국가예산수입 가운데 생산단위 이윤에 대한 과세는 이익 공제금, deduction from profit 이라 칭함)인 '국가기업리익금', '협동단체리익금'의 명칭이 각각 '국가기업리득금'과 '협동단체리득금'으로 변경된 것이 확인되었다. 이에 따라 국가예산수입법도 개정되었을 것으로 보이나, 아직 개정된 원문이 입수되지 않았다. 개정 사항을 반영한다면, 제2조의 내용도 '국가기업리득금'과 '협동단체리득금'으로 변경되어야 한다.

'제13조'는 시장 사용료와 국가납부금을 규정하고 있다.[30] 본 연구에서 조사한 '장세'가 바로 '시장 사용료'이다. 북한의 시장은 내각 산하의 지역 인민위원회가 관리하는 '공설 시장'으로, 각 시장에는 인민위원회에 소속된 '시장관리소'가 있다. 시장관리소는 시장에서 매대를 갖고 영업활동을 하는 판매자에게 '시장 사용료'를 일 단위로 받는다. 반면, 국가납부금은 시장 경제활동으로부터 발생하는 소득에 부과하는 과세이기 때문에, "소득규모를 고려하여 소득의 일정한 비율로 월에 한 번씩 재정기관이 직접" 징수한다.[31] 지금까지 '장세'에 대해서는 일부 연구가 이루어졌지만,[32] 그 이외의 조세에 대해서는 실제 납세자에게 부과되는 수준이나 징수 관행이 구체적으로 알려지지 않았다. 본 연구에서는 서비스 부문의 '국가납부금' 규모에 대한 조사를 최초로 시도했다. 서비스의 종류는 물류・유통 서비스와 개인서비스에 포함된 몇 개 업종으로 한정했다.

한편, 준조세에 해당하는 '사회적 과제', '세외 부담'은 이를 부과하는 단체(지역 인민위원회, 인민반, 당 위원회 등)가 일정하지 않을 뿐더러, 임의적이고 비정기적인 성격을 갖고 있어 조사하기가 매우 까다롭다. 본 연구에서는 보편적으로 지역 편차 없이 부과될 것으로 예상되는 '농번기 사회적 과제(이른바 농촌 동원)'와 '8.3 비용', '외화벌이 과제'에 대해서 조사를 시도했으나, 조사 결과가 일정하게 수집되지 않았다. 또한 지역별, 시기별로도 사회적 과제의 종류에 큰 차이를 보이는 것으로 확인되었다.

---

30 시장관리규정 제13조의 내용은 다음과 같다. "시장에서 상품을 전문적으로 파는 국영기업소, 협동단체와 개별적 주민들은 시, 군 인민위원회 상업부서에 등록하고 등록증을 받은 다음 재정부서에 등록하여야 하며 시장사용료와 국가납부금을 내야 한다. 시장사용료는 매대 면적과 위치를 고려하여 정하고 시, 군 인민위원회 상업부서가 발급한 전표에 따라 매일 시장관리소가 받아 붙인다. 국가납부금은 소득규모를 고려하여 소득의 일정한 비율로 월에 한 번씩 재정기관이 직접 받는다. 국영기업소, 협동단체, 개인들은 월마다 소득액을 시, 군 인민위원회 재정부서에 신고하여야 한다"(임수호, 2008, pp.279~283).

31 국가납부금의 경우, 반드시 '시장' 내에서 영업활동을 하는 경우에만 부과되지는 않는다. 북한의 내각지시 제24호 종합시장설치문에 따르면, "시장 밖이나 집에서 공업상품을 가공하여 넘기거나 상품을 판매하는 대상, 각종 상품을 되거리하는 사람들은 해당 지역 재정기관에 빠짐없이 등록하고 소득규모에 따라 국가납부금을 바치도록 대책을 세울 것"이라고 지시하고 있다(임수호, 2008, pp.272~278).

32 홍민・차문석・김혁(2022).

2. 조사 결과

가. 조세: 장세와 국가납부금

본 연구에서 조사한 장세와 국가납부금 현황은 다음의 <표 4-7>과 같다. 장세는 종합시장에서 매대를 가진 판매자가 매일 시장관리소에 납부하는 시장 사용료이며, 국가납부금은 서비스 영업으로 벌어들이는 소득의 일부를 매월 납부하는 것이라 볼 수 있다. 유의할 것은 <표 4-7>의 조사 결과가 해당 지역의 장세, 국가납부금 수준을 대표하지 않는다는 것이다. 우선, 장세는 같은 지역 내에서도 시장에 따라 차이가 있으며, 한 시장 내에서도 판매 품목의 종류, 매대의 크기와 위치에 따라 그 규모가 다르다. 국가납부금도 원칙적으로 시장 경제활동으로 벌어들인 소득에 대한 과세라는 점에서, 개별 서비스 판매자마다 납부액이 다를 수밖에 없다.

본 조사에서 수집된 장세 정보는 평양과 신의주가 3,000원, 혜산이 2,000원인 것으로 확인되었다. 북한당국이 종합시장을 공식화한 초기에 부과된 장세의 규모를 보면, 대체로 판매 상품의 가격과 비례하여 곡물과 채소는 낮게, 축산물이나 전자기기는 높게 책정되어 있다. 이러한 기준은

<표 4-7> 조세: 장세와 국가납부금

(단위: 북한원)

조세		조사품목	평양	신의주	혜산
소분류	조사품목				
종합시장 매대	장세(일)	장세	3,000	3,000	2,000
서비스 영업	국가납부금 (월)	환전상	-	-	-
		식당	20~30만	19~30만	10~13만
		미용실	15~40만	8~30만	8~20만
		사진관	12~30만	7~20만	6~11만
		주차장	30~50만	20~30만	8~30만
		버스	$50~120	$50~100	$50~80

자료: 서비스가격 조사 결과를 토대로 저자 작성

<표 4-8> 종합시장 매대의 판매 품목별 장세

(단위: 북한원)

연도	곡물	채소	수산물	축산물	의류	구두	전자기기
2004[1)]	100	80	200	250	120	200~400	250
2019[2)]	3,000	2,400	6,000	7,500	3,600	6,000~12,000	7,500

주: 1) 재정성 지시 제30호 「시장관리소 재정관리 세칙」.
2) 평안남도 평성시장.

자료: 『Daily NK』, 「[북한읽기] 비정상적으로 오르는 장세, 무엇이 문제인가?」, 2019. 12. 6.

코로나19 팬데믹 직전인 2019년까지 유지된 것으로 보인다.[33] 본 연구의 조사 결과를 <표 4-8>의 2019년 기준 평성시장 장세와 비교하면, 곡물이나 채소류에 대한 장세 수준과 유사하다. 또한 본 연구의 조사기간인 2023년 9월~2024년 10월에는 모든 지역에서 장세 수준의 변동이 없었던 것으로 파악되었다. 선행연구에 따르면, 북한당국은 2020~22년 코로나19 팬데믹 기간에 매대 간격을 넓히고 장세 인상을 시도하는 등 시장 관리에 대한 정책을 일부 조정하였는데, 장세가 일괄적으로 인상되었는지는 확인하기 어렵다. 그러나 본 연구의 조사기간 동안 장세 조정을 통한 정책 개입은 적어도 평양, 신의주, 혜산 지역에는 이루어지지 않았던 것으로 보인다. 북한은 코로나19 팬데믹 이후 2022년 하반기부터 무역 통제를 점차 완화하였고, 2023~24년에는 시장활동이 안정화된 것으로 추정된다. 이에 따라 급격한 정책 변화가 시도되지 않았을 가능성도 있다.

다음으로, 국가납부금에 대한 조사 결과를 살펴보자. 본 연구에서는 환전상, 식당, 미용실, 사진관, 주차장, 버스 영업에 대한 국가납부금 규모 조사를 시도했고, 환전상을 제외한 나머지 서비스 영업에 대한 결과가 수집되었다.[34] 유의할 것은 같은 업종이라고 해도, 지역별로 영업장의 규모,

---

33 선행연구가 파악한 바에 따르면, 2019년 당시 여러 지역에서 장세 조정이 이루어졌지만 인상과 인하가 균일하지 않다(『Daily NK』. 「북한 일부 시장 장세 인하 조치…보천군 의류 매대 50% 인하」, 2019. 7. 23; 「코로나 사태 후 1년 넘게 장세 변동 無…북한, 상인 불만 의식?」, 2021. 8. 16. 홍민 외, 2022, pp.59~60에서 재인용).

34 환전상 국가납부금에 대한 정보는 한 지역, 한 시점에서 1건(50$)이 수집되었다. 환전상 국가납부금이 수집되지 않은 이유는 확실하지 않으나, 북한당국이 최근 외화 보유, 거래를 엄격히 단속하고 있는 것과 연관이 있을 가능성도 있어 보인다. 최근 북한당국은 공식부문의 환전 경로인 '협동화폐거래소' 이용을 권고하고, 시장거래에 외화 결제, 사금

[그림 4-5] 국가납부금 규모(식당, 미용실)

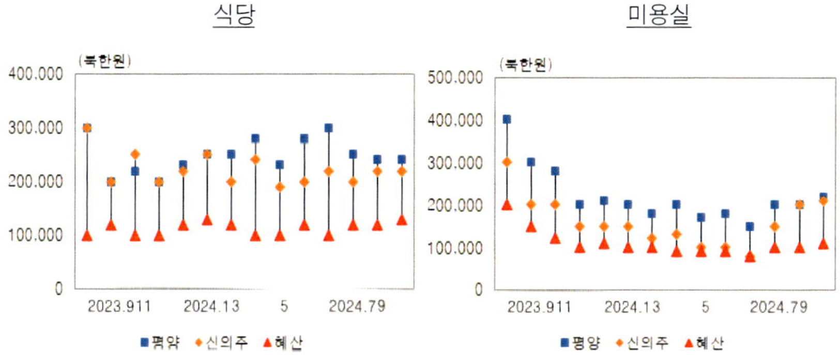

자료: 서비스가격 조사 결과를 토대로 저자 작성.

서비스의 품질을 특정할 수 없다는 점이다. [그림 4-5]에 나타난 국가납부금 수준은 평양이 가장 높고, 혜산이 가상 낮은 것으로 확인되있다. 이러한 결과는 다른 서비스 업종의 경우에도 거의 유사하다. 조사대상의 영업장 규모 등 구체적인 특성이 영향을 미칠 수도 있지만, 평양 지역의 서비스 업종 수입이 여타 지역보다 높을 가능성도 있어 보인다. 북한당국이 애초에 밝힌 국가납부금 부과 기준은 원칙적으로 소득 규모에 따른 것이기 때문이다.[35] 그러나 현실의 국가납부금 부과 기준은 불확실하다. 조사처를 통해 국가납부금 등락 원인을 파악해 본 데 따르면, 1년 단위로 인민위원회가 제시한 납부금을 매월 나누어 내는데, 한 달 납부금이 정해진 것이 아니라 연간 총액을 맞추는 방식이다. 따라서 실적이 좋은 달에 많이 납부하기는 하지만, 수입을 파악하여 일정한 비율을 책정하는 방식은 아니다. 재정기관이 해당 단위의 실적을 정확히 파악할 수 있는 징수 인프라가 제대로 구축되지 않아, 이러한 납부 관행이 정착된 것일 가능성도 있어 보인다.

식당 국가납부금의 경우 평양과 신의주 간 격차는 신의주, 혜산 간 격차보다 작은 것으로 나타났다.[36] 식당의 국가납부금 규모는 연중 지속적

융시장을 활용한 환전을 엄격하게 단속하고 있다.

35 임수호(2008), pp.272~278을 참고하라.

36 종업원 규모 면에서 신의주 지역의 식당 규모는 평양 지역의 식당 규모보다 조금 더 크

으로 등락하였지만, 한 지역 내에서 등락의 편차가 크다고 보기는 어려웠다. 반면, 미용실 업종의 경우에는 세 지역 모두 등락폭이 꽤 심한 편이다. 평양과 혜산은 2023년 9월~2024년 1월까지 큰 폭으로 하락하다가 안정화되는 것처럼 보이는데, 신의주는 하락세가 2024년 7월까지 지속되었다가 이후 상승한 것으로 나타났다.

주차장, 버스 영업에 대한 국가납부금 규모를 살펴보면 [그림 4-6]과 같다. 여타 국가납부금은 모두 북한원 표시로 수집되었는데, 버스 영업에 대한 국가납부금만 모든 지역에서 달러 표시로 수집되었다.[37] 주차장, 버스 영업에 대한 국가납부금도 등락이 있기는 하지만, 식당, 미용실 업종의 추세와 달리 납부금 수준이 일괄적으로 한 시점에 등락하는 모습이다. 주차장 국가납부금은 2023년 12월 이후 세 지역에서 대체로 하락하고 있다. 평양, 신의주의 경우 종업원 규모나 소속에는 변경이 없었음에도 불구하고 국가납부금 규모가 특정 시점에 변동한 것으로 확인된다.[38] 버스 영업에 대한 국가납부금의 경우 2023년 9~11월에는 등락이

[그림 4-6] 국가납부금 규모(주차장, 버스)

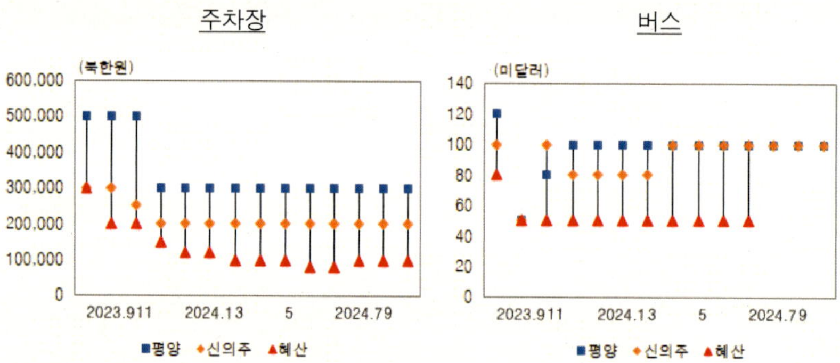

자료: 서비스가격 조사 결과를 토대로 저자 작성.

다고도 볼 수 있어서, 일부 조사 시점에는 국가납부금 규모가 동일한 것으로 파악되기도 했다. 혜산 지역은 조사대상의 구체적 정보가 입수되지 않았지만, 식당 이외 서비스의 국가납부금 규모도 세 지역 가운데 가장 낮았다.

37 혜산 지역은 2024년 8~10월 국가납부금이 북한원 표시로 입수되었다.

38 혜산 지역은 구체적인 정보가 입수되지 않았다.

일정하지 않았으나, 평양과 혜산은 2023년 12월 이후, 신의주는 2024년 4월 이후 납부금 수준이 일정한 것으로 확인되었다. 주차장, 버스 영업의 국가납부금도 평양이 가장 높고, 혜산이 가장 낮은 것으로 확인되었다. 그러나 신의주 버스 납부금이 2024년 4월 상승하면서, 평양과의 격차가 없어졌다.

나. 준조세

징세, 국가납부금은 시장 경제활동으로부터 창출된 소득을 공식부문인 재정기관이 징수하는 것이다. 시장 경제활동이나 서비스업과 연관된 수입의 상당 부분은 지방 인민위원회의 수입으로 귀속되어 종합시장의 관리나 지방경제 운영에 사용되는데, 지방예산은 중앙예산과 함께 국가예산을 구성한다. 즉, 인민경제를 운영하는 내각이 관할하는 재정수입인 것이다.

반면, 준조세를 부과하는 기관은 일정치 않은데, 이는 북한의 국가재정 자체가 분열된 상태이기 때문이다. 박형중・최사현(2013)은 최고지도자의 정치권력을 강화하기 위한 목적으로, 수령기관과 특수기관이 인민경제를 운영하는 정권기관(내각)으로부터 분리되어 각각의 독립된 재정주체로 성장해 왔다고 설명한다. 거래수입금, 국가기업이익(득)금, 시장 사용료(장세)는 내각으로 귀속되어 인민경제 운영을 위한 재정지출로 사용된다. 그러나 수령기관, 특수기관은 각각 당・군과 연계된 기관, 기업소, 단체들을 통해 별도의 수입 원천을 확보하고 있으며, 현물, 내화, 외화, 노동력과 같은 다양한 방식으로 준조세를 동원할 수 있는 권력을 갖고 있다. 권력 위계상 낮은 위치에 있는 하위 기관, 기업소, 인민반은 위로부터의 '사회적 과제'를 떠안을 수밖에 없는 것이다. 준조세는 사회적 과제, 정책과제, 혁명자금 등과 같은 여러 명칭을 갖고 있을뿐더러, 다양한 명목의 지원금 형태로도 부과된다. 부과 대상도 세대, 학생, 노동자 등 일정치 않으며, 그 형태도 파철, 폐지, 농축수산물과 같은 현물부터 농번기 농촌활동과 같은 노동력 동원, 현금 납부 등 다양하다. 특히 현물이나 노동력으로 준조세를 납부하기 어려운 경우, 이를 현금으로 대체하는 방식까지 임의성과 자의성이 매우 높다.

준조세는 특성상 북한의 법령이나 공식 문헌에서 그 근거를 찾기 어려우며, 그 형태와 종류도 부과하는 기관, 목적, 지역에 따라 워낙 다양하기 때문에 조사하기가 까다롭다. 본 연구에서는 북한주민들이 통상적으로 부담하는 것으로 알려진 '농번기 농촌활동'과 '8.3 비용', '외화벌이'에 대해 조사했는데, 모든 지역에서 자료가 수집되지는 않았다.[39] 우선, '농번기 농촌활동'은 기본적으로 노동력을 제공하는 형태이나, 참여하지 않을 경우 현금을 납부해야 한다. 본 조사에서는 농번기 농촌활동에 전 기간 참여하지 않는 대가로 15만원을 납부해야 하는 것으로 확인되었다. 다음으로, '8.3 비용'은 출근하지 않고 비공식 경제활동에 종사하기 위해 소속기관에 납부하는 준조세로 평양, 신의주에서만 수집되었고, 월 30~50달러인 것으로 확인되었다. '외화벌이'와 관련해서는 '충성의 외화벌이', '외화벌이 계획'이라는 명칭의 준조세들이 수집되었는데, 각각이 동일한 것인지는 확인하기 어렵다.[40] '외화벌이'는 지역별로 편차가 있었는데, 연 20달러부터 5만원까지 다양했고, 현금 이외에 현물 납부도 존재하는 것으로 확인되었다.

북한 전역에서 비교적 공통적으로 부과되는 준조세 이외에도 대략 30~35종의 준조세(기타 준조세)가 각 지역에서 부과되었다. 그러나 이들은 부과 시점이나 금액이 일정하지 않아, 개별적으로 논의하기 어렵다. 따라서 각 지역에서 매월 부과되는 기타 준조세(전술한 농번기 농촌활동, 8.3 비용, 외화벌이 과제와 현물로만 표시된 준조세도 제외)들의 금액과 개수를 합산하여, 지역별 · 시기별 변화를 보고자 시도하였다.

조사 결과는 [그림 4-7]과 같다. 기타 준조세들의 총액은 대체로 평양이 가장 높았고, 혜산이 가장 낮았다. 조사기간 내에서 월평균으로 환산

---

39 본 연구에서는 북한 전역에서 보편적으로 부과되는 준조세 이외에는 개별 준조세의 종류와 금액, 지역을 특정하지 않고 설명한다.

40 '충성의 외화벌이' 자금은 수령기관인 당39호실이 관리하는 북한의 대표적 준조세로 알려져 있다(박형중 · 최사현, 2013, pp.57~58; pp.99~100).

[그림 4-7] 기타 준조세[1] 현황(총액, 개수)

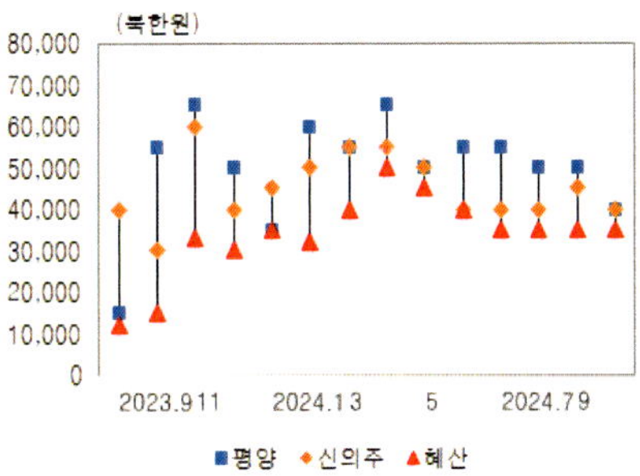

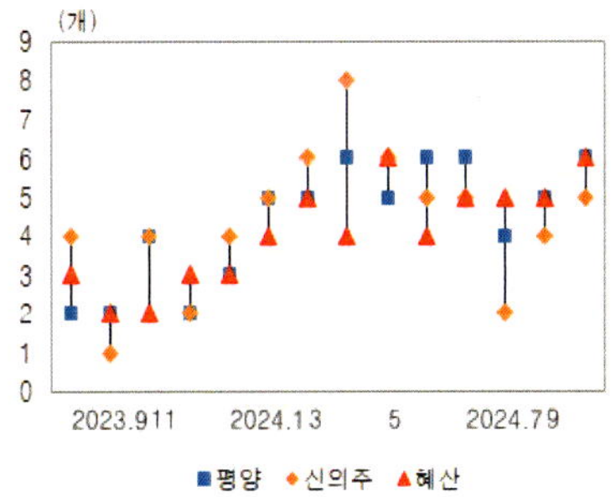

주: 1) 보편적 준조세인 농번기 농촌활동, 8.3 비용, 외화벌이를 제외한 모든 준조세를 칭함.
자료: 서비스가격 조사 결과를 토대로 저자 작성.

하면 평양과 신의주는 각각 5만원, 4만 5천원, 혜산은 약 3만 4천원의 준조세를 부담한다고 볼 수 있다. 그러나 부과되는 기타 준조세의 개수에서 지역별 특징이 뚜렷하다고 보기는 어려웠다. 2023년 9월~2024년 4월까지는 신의주에서 조사된 준조세 개수가 가장 많았지만, 이후에는 평양, 혜산 지역보다 대체로 그 수가 적었다. 월평균으로 환산하면 세 지역 모두 월별로 4개 정도의 준조세를 부과받는 것으로 확인되었다.

제4절 평가와 시사점

본 장에서는 북한 시장의 비상품가격을 서비스가격과 조세, 준조세로 구분하여 살펴보았다. 비상품에 대한 지출은 북한가계 소비의 상당 부분을 차지할 것으로 예상됨에도 불구하고, 품목의 이질성, 가격 정보 수집의 어려움으로 인해 거의 연구가 이루어지지 못했다. 본 연구는 북한 시장가격체계에 대한 종합적인 이해를 제고하고자 비상품가격의 제정원리, 관련 제도 등을 살펴보는 한편, 평양, 신의주, 혜산 지역의 가격 정보를 수집하여 분석을 시도하였다.

이를 통해 본 연구는 북한 시장에 어떠한 종류의 서비스, 조세, 준조세들이 존재하며, 그 가격이 품목별, 지역별, 기간별로 어떠한 변동을 보였는지를 관찰한 대로 보이고자 했다. 이하에서는 본 연구에서 발견한 몇 가지 특징들을 정리한다.

첫째, 시장가격으로 대변되는 비공식화 수준은 서비스업의 종류에 따라 차이가 있었다. 음식, 미용 서비스와 같은 개인서비스는 대부분 시장가격 수준의 가격 정보가 수집되어 비공식화 수준이 가장 높은 것으로 나타났고, 교통·운수 서비스의 경우에도 시장가격의 적용 범위가 상대적으로 넓은 것으로 나타났다. 개인서비스는 특성상 영세한 규모로 진입이 가능하고, 소비 지향적인 서비스로 비공식 경제활동이 확산되기 유리한 것으로 보인다. 또한 개인서비스가격은 세부 품목 내에서도 가격 정보가 다양하여 서비스 자체의 '이질성'이 확인되기도 했다. 교통·운수 서비스의 경우 혜산에서 '벌이버스' 가격으로 보이는 요금이 수집되었고, 택시, 써비차의 서비스가격은 모든 지역에서 시장가격이 수집되어 민간 사업자의 참여를 확인할 수 있었다. 반면, 생산자 서비스나 사회서비스의 경우 국정가격으로 수집된 사례가 상대적으로 많았는데, 이는 공급 역량과는 무관해 보인다. 생산자 서비스 가운데 전기료, 수도료는 매우 낮은 가격이거나 '없음'으로 수집되었는데, 높은 사용료를 부과하기에는 전력과 상하수도 공급 역량이 낮기 때문인 것으로 보인다. 또한 의료, 교육 서비스의 시장 거래가 현실적으로 이루어지고 있지만, '외래 진료'가 '무료'라거나 '학원비'는 '불법'이라는 답변이 함께 취합된 것으로 보아 개인서비스에 비해 시장 거래가 활성화되지 않은 것으로 추정된다.

둘째, 시장가격으로 거래되는 서비스의 경우에도, 비공식성의 정도가 높을수록 가격 수준이 높고 외화 거래 비중도 높은 것으로 확인되었다. 물류·유통 서비스 가운데 '써비차'나 '창고 임대료'는 가격 수준이 높고, 외화로 거래되며, 지역 간 편차가 큰 것으로 나타났다. '써비차'의 높은 이용료는 대중교통에 가까운 버스, 택시 요금과 비교되며, '창고 임대료'의 수준도 시장관리소가 제공하는 '자전거 보관료'나 '짐 보관료'와 비교된다. 대중교통 요금이나 종합시장 사용료의 경우 서비스 제공을 위해 시장가격을 부과하더라도 지역 인민위원회가 일정한 기준을 갖고 요금 및 사용료를 책정할 가능성이 높다. 반면, '써비차'나 '창고 임대료'는 형식상 공식부문에 소속되어 있더라도(이른바, 사회주의 모자를 쓰더라도), 실질적으로 개인 간 거래인 경우가 많다. '써비차'는 당, 군 소속 기관의 명의를 대여한 트럭, 승합차로 여객, 화물을 가리지 않고 운송하며, 일정한 노선이 있는 대중교통이 아니기 때문에, 운영자와 수요자 간 협의에 의해 거래가 성사되는 경우가 많다. 개인 살림집이나 기관의 창고를 대여하는 '창고 임대료'도 유사한 형태라고 할 수 있다. 즉, 공식부문이 일정한 기준을 갖고 운영하는 형태가 아니라는 점에서 비공식성이 높고, '밀수품'의 운송이나 보관에는 검열, 단속에 대한 리스크도 동반되기 때문에 일반적으로 높은 가격이 형성되어 있다.

서비스의 비공식성 정도가 가격에 미치는 영향이 가장 잘 드러나는 업종은 생산자 서비스인 사금융시장과 의료, 교육과 같은 사회서비스의 시장 거래라고 볼 수 있다. 생산자 서비스는 대체로 공급자의 소유 형태가 국유(전기수도, 통신, 부동산)인 경우가 많아 국정가격이 상대적으로 많이 수집되었음에도 불구하고 금융서비스만은 유독 높은 대부 이자율과 송금 수수료가 수집되었다. 공식 금융제도에 대한 낮은 신뢰도, 개인 대상 대부가 존재하지 않는 제도적 취약성으로 인하여, 금융서비스의 비공식화는 크게 진전되어 있는 것으로 볼 수 있다. 사실상 고리대라고 할 수 있는 이자율, 수수료는 북한의 금융 포용(financial inclusion) 수준이 매우 낮다는 것을 보여준다. 이러한 특징은 의료, 교육 서비스의 시장 거래에서도 나타난다. 사회서비스 전반에 대한 공식부문의 공급 역량이 전반적으로 낮은 데다, 시장 수요를 충족시킬 만한 제도도 뒷받침되지 않아 거래의 상당 부분이 불법적으로 이루어지고 있는 것으로 보인다.

셋째, 서비스가격 전반에서 지역 간 격차가 뚜렷하다고 보기는 어려웠으나, 개인서비스가격과 국가납부금 규모는 평양 지역의 우위가 부분적으로 확인되었다. 특히 국가납부금은 개인서비스나 물류・유통 서비스와 같이 비공식화가 상대적으로 진전된 업종에서 수집되었다는 점에서 해당 서비스들의 가격 수준이 국가납부금 규모와 연관이 높을 가능성도 있어 보인다. 즉, 평양에서 비교적 고가의 개인서비스들이 거래된다면, 이는 높은 국가납부금 수준으로 연결될 수 있는 것이다. 특히 택시 기본요금, 음식・미용 서비스, 의료, 교육 서비스 일부는 평양에서 가장 높은 가격 정보가 수집되었다. 평양은 북한에서 가장 소득 수준이 높은 지역일 것으로 예상되는바, 이는 비공식화가 진전된 업종에 대한 수요를 형성함으로써 높은 가격으로 이어질 수 있는 것이다. 다른 한편으로, 평양 시민들은 상대적으로 안정된 시장물가[41]와 국가의 저렴한 공공서비스를 이용할 수 있다[42]는 점에서, 절약한 소득의 일부를 서비스 지출로 이전시킬 가능성도 있다. 국가납부금이 시장 경제활동에서 창출된 소득에 대한 과세라는 점에서, 그것의 지역 간 격차는 개별 지역 소비자들의 구매력과 서비스업 발전 수준을 짐작케 한다. 그러나 여러 번 강조했듯이 서비스의 특성상 품목의 이질성이 매우 강하기 때문에, 다른 요인들이 서비스가격에 영향을 미칠 가능성도 염두에 두어 해석할 필요가 있다.

넷째, 공식부문의 사용료, 사금융시장의 이자율, 수수료에 있어서는 전국적인 편차가 크지 않은 것으로 확인되었다. 종합시장의 보관 서비스(자전거 보관료, 짐 보관료), 휴대전화 통신 서비스는 공식부문이 제공하는 것으로, 해당 서비스를 제공, 유지하기 위해 시장가격에 준하는 사용료를 책정한다. 이와 같이 공식부문이 책정하는 사용료는 전국적으로 가격 수준과 상승 시점이 동일한 것으로 파악되는바, 상업성, 정보산업성과 같은 중앙기관의 지도하에 일괄적으로 책정할 가능성도 있어 보인다. 독특한 것은, 공식부문의 사용료와 정반대의 성격을 가지는 사금융시장의 이자율, 수수료 수준도 세 지역에서 유사하게 수집되었다는 것이다. 사금융시장의 대부 이자율은 돈주에게 빌리는 경우 10~20%, 일반인들 간 거래가 20~30%로 수집되었으며, 국내 송금 수수료도 5~10% 사이로 수집되었다. 물론 10%p, 5%p의 범위로 수집되었다는 점에서, 개별 거래에 적용되는

---

41 선행연구에 따르면, 평양의 시장물가는 비평양 지역에 비해 상대적으로 안정적이다. 시장물가의 변동성이 적은 것도 식량을 포함한 여러 상품들을 국가가 우선적으로 공급한 결과일 것이다(임송・문승현, 2023, pp.54~55).

42 버스, 지하철과 같은 대중교통 요금은 국정가격이 실제로 적용되는 것으로 확인되었다. 평양은 국가 제공 서비스의 공급 역량이 가장 높을 것으로 예상되는 지역으로, 평양시민들은 저렴한 가격으로 공공서비스들을 이용하고 있을 가능성이 높다.

이자율, 수수료에는 차이가 존재할 것으로 보인다. 그럼에도 불구하고 북한주민들이 통상적이라고 받아들이는 사금융시장의 이자율, 수수료 수준이 전국적으로 유사하게 형성되어 있다는 점을 발견할 수 있다.

다섯째, 본 연구에서 1년여간 수집한 준조세의 종류는 약 35~40개에 달하며, '농번기 농촌활동', '8.3 비용', '외화벌이'와 같이 보편적으로 부담하는 준조세 이외에도 다양한 형태의 '사회적 과제', '지원금' 등이 부과되는 것으로 확인되었다. 지역별로 부과되는 준조세의 종류는 매우 다양하였고, 금액이나 부과 시기도 일정하지 않은 것으로 관찰되었다. 북한주민들이 부담하는 기타 준조세는 월평균 약 4개이며, 금액으로 환산하면 약 3만 4천원~5만원 수준인 것으로 관찰되었다. 물론, 개별 준조세들의 강제성 정도나 부과 대상을 구체적으로 파악하기 어렵다는 점에서 실질적인 부담을 측정하는 데는 한계가 있다. 그럼에도 불구하고 북한주민들의 낮은 소득수준을 감안할 때 준조세 부담이 생계비에 미치는 영향이 적다고 보기는 어려워 보인다.

한국은행 경제통계시스템(ECOS)에 따르면, 북한의 국내총생산에서 서비스업이 차지하는 비중은 30.9%(2023년 기준)에 달한다. 서비스업의 발전 수준이 높다고 보기는 어렵지만, 1990년대 중반 계획경제의 붕괴 이후 생계유지를 위한 자영업의 형태로 비공식적인 서비스업이 확산되어 왔으며, 이는 북한경제의 전반적 회복에 기여한 것으로 추정된다. 그럼에도 불구하고 북한 시장의 서비스 거래에 대해서는 다양한 연구가 이루어지지 못했으며, 이를 시장가격체계라는 큰 틀에서 이해하려는 시도도 부족했다. 본 연구는 선행연구들의 한계를 극복하고, 북한 시장을 보다 종합적인 틀에서 이해하고자 비상품가격에 대한 조사와 분석을 시도했다.

물론 본 연구에는 본질적인 한계가 존재한다. 그것은 북한의 서비스가격에 대한 조사 결과가 상품시장가격에 대한 조사 결과와는 비교할 수 없을 정도로 커다란 불확실성을 갖는다는 것이다. 실제로 본 연구에서도 애초에 조사하고자 한 품목들 가운데 절반 수준의 정보가 수집되었을 뿐만 아니라 조사 결과를 지역별, 시기별로 비교하는 일도 현실적으로 불가능할 만큼 한계가 분명하였다. 이는 서비스가격 조사의 경우 해당되는

(적절한) 규격과 품질을 특정하기 어려운 데다, 특히 북한의 경우 관련 거래가 합법과 불법의 모호한 경계에서 이루어지는 경우가 많아 가격 정보의 수집 자체가 과연 가능한 것인지 의심이 될 정도로 어렵고 불확실한 것일 수밖에 없기 때문이다. 따라서 이러한 특징을 가진 서비스가격 조사 결과를 토대로 분석을 진행하는 일은, 적어도 엄밀한 학술적 논의의 기준으로는 쉽게 용인되기 어려운 일일지도 모른다. 본 연구의 제반 결과는 바로 이러한 한계를 직시한 상태에서 받아들여져야 할 것이다.

그럼에도 불구하고 이제까지 살펴보았지만 북한의 서비스가격, 준조세 부담은 궁극적으로 가계지출을 구성한다는 점에서, 북한가계의 생계비 수준을 측정하는 데 중요하다. 본 연구의 시행착오를 토대로, 앞으로 북한 시장의 서비스 거래, 조세와 준조세 부담 실태에 대한 연구가 더 다양하게 이루어지기를 기대한다. 본 연구가 의미가 있다면 바로 이 점일 것이다.

참고문헌

국정원, 『북한법령집 上』, 2024a.

______, 『북한법령집 下』, 2024b.

문홍안, 「북한살림집법을 통해 본 북한부동산시장의 변화와 통일시 시사점」, 『비교사법』, 제24권 2호(통권 77호), 2017.

박형중・최사현, 『북한에서 국가재정의 분열과 조세 및 재정체계』, 통일연구원, 2013.

이석기・곽은옥・김석신・김연호・양문수・이영훈, 『북한의 서비스 산업』, 산업연구원, 2017.

임수호, 「시장관리규정: 내각결정 제27호(2003.5.5.)」, 『계획과 시장의 공존· 북한의 경제개혁과 체제변화 전망』, 삼성경제연구소, 2008.

임송・문승현, 『북한의 시장물가: 2006~2022』, 『BOK 경제연구 2023-13』, 한국은행, 2023.

사회과학출판사, 『재정금융사전』, 1995.

최지영, 「북한의 물가와 인플레이션: 연구동향과 과제」, 『북한연구학회보』, 19(1), 2015, pp.27~55.

______, 「2014~2020년 북한 시장의 소비자물가 및 환율 변동: 추세, 특징, 시사점」, 『KINU INSIGHT』 No.3, 통일연구원, 2023.

한국농촌경제연구원, 『북한농업동향』, 2023년 12월호.

______, 『세계농업』, 2024년 6월호.

홍민・차문석・김혁, 『2022 북한 공식시장 현황』, KINU 연구총서 22-28, 통일연구원, 2022.

홍익표・이정철・동용승, 『최근 북한의 가격・유통체제 변화 및 향후 개혁과제: 중국과의 비교 연구』, 정책연구 04-15, 대외경제정책연구원, 2004.

Browning, H. and J. Singelmann, "The Emergence of a Service Society: Demographic and Sociological Aspects of the Sectoral Transformation of the Labor Force in the U.S.A.," 1978.

Coffey W. J. and A. S. Bailly, "Producer Services and Systems of Flexible Production," *Urban Studies*, Vol. 29, 1992.

<언론매체>

『연합뉴스』, 「평양에도 '일타 강사' 있다…과외받으러 원정 오기도」, 2023. 12. 16(https://ww.yna.co.kr/view/AKR20231214086700504).

『Daily NK』, 「[북한읽기] 비정상적으로 오르는 장세, 무엇이 문제인가?」, 2019. 12. 6.

<자료>

한국은행 경제통계시스템(https://ecos.bok.or.kr, 접속일: 2024. 10. 18).

제5장

결 론

이 석 (한국개발연구원)

본 연구는 북한의 시장가격에 대한 연구를 새롭게 조명하여 이를 한 차원 더 높게 만들려는 목적으로 시도되었다. 그리고 이는 역설적으로 현재 외부세계의 북한 시장가격 연구가 당면한 어려움 또는 딜레마를 직접적으로 반영하는 것이었다. 실제로 현재 외부세계에서는 북한의 시장가격에 대한 우리의 관측치에 다양한 의구심을 제기하고 있으며, 북한의 시장가격 움직임 역시 이제까지 우리가 예측한 것과는 다른 양상을 보이는 것 아니냐는 질문을 제기하고 있다. 본 연구에서는 이러한 질문과 의구심들을 배경으로 하면서도, 외부세계의 북한 시장가격 연구의 중요성을 환기하고, 앞으로는 더욱 이를 발전시킬 여지가 충분하다는 사실을 확인하는 것이 중요한 과제였다.

이를 위해 본 연구에서는 북한의 시장가격과 이에 대한 외부세계의 관측치 자체에 대한 본격적 논의를 시작으로 하여, 북한의 상품가격 결정 메커니즘을 분석하고, 더욱 나아가 이제까지 제대로 태클되지 않은 북한의 시장서비스가격에 대한 경제학적 분석 역시 시도하였다. 이러한 과정을 통해 본 연구에서 도달한 결론을 요약하면 다음과 같다.

첫째, 비록 북한 시장가격에 대한 외부세계의 관측치가 다양한 한계와 문제점들을 보유하고는 있지만 이를 토대로 북한의 시장가격을 분석하는 일은 가능하며, 또한 의미 있는 일이다. 표면적으로 이들 관측치에 나타나는 관측 결과의 불일치성 등과 같은 문제는 북한 시장가격의 특징 자체로 인해 얼마든지 발생 가능한 것이기 때문이다. 또한 이들의 신뢰성 역시 높다고 판단할 수 있다. 특히 2020년 이전, 코로나19 시기 이전에 생성된 관측치들의 신뢰성은 상대적으로 더욱 높다고 평가할 수 있기 때문이다. 주의할 점은 북한의 시장가격 형태이다. 실제로 북한의 시장가격과 관련하여 현재 우리가 잘 알고 있는 곡물과 같은 상품가격은 물론, 서비스의 가격, 노동에 대한 가격, (임금) 금융에 대한 가격 등이 형성되어 있는 것으로 파악된다. 여기에 더해 시장가격이라고 부를 수 있는지는 불확실하지만, 각종 장세와 사회적 과제 등과 같은 국가납부금 역시 본질적으로 시장에서 시장가격을 중심으로 형성되고 있는 것으로 파악된다. 이외에도 국가가 무료로 제공하는 의료나 교육과 같은 공공서비스 역시 정확한 시장가격이 형성되어 있는지는 불확실하지만 시장에서 일정한 비용이 지출되고 있음은 분명하다. 따라서 시장가격에 대한 분석은 단순한 상품가격에 대한 분석 분석에 그쳐서는 안 된다. 오히려 이를 뛰어넘어 서비스나 금융, 임금, 각종 국가납부금과 기타 공공 인프라에 대한 사용 비용으로 확대될 필요가 있다.

문제는 이들 각각의 시장가격은 그것의 형성 메커니즘과 발전 방식이 서로 매우 차별적이라는 것이다. 당연한 말이지만, 북한을 비롯한 모든 시장가격은 수요와 공급에 의해 결정된다. 그러나 이러한 수요와 공급이 각각의 상품, 서비스, 금융, 노동 등 거래되는 품목에 있어 나타나는 방식은 매우 다르며, 특히 이러한 현실은 현재 북한의 시장에서 더욱 두드러진다. 다만, 현재 북한의 시장가격에 있어서는 상품의 가격 형성 과정이 서비스의 그것보다 더욱 안정적이며 경쟁적이고, 나머지의 가격들에 있어서는 이러한 불확실성이 더욱 크다고 볼 수 있다. 이에 따라 외부세계의 북한 시장가격 분석은 우선 시장의 핵심을 이루는 상품가격에 대한 정밀한 분석에서부터 시작하여, 이후 서비스가격에 대한 분석 그리고 나아가 여타의 가격에 대한 데이터의 집적과 정보의 분석으로 확대하는 것이 바람직할 것이다.

둘째, 제3장에서는 북한 시장이 합법화된 후 상품가격이 어떻게 형성되고 변화해 왔는지, 그리고 국제가격 및 북한당국의 정책이 이를 어떻게 조정해 왔는지를 다룬다. 먼저 지역별로 평양, 신의주, 혜산 등의 시장에서 가격 차이가 존재하는 것으로 나타났다. 이는 물류 및 지리적 요인에서 비롯되는데, 2020년 코로나19로 인한 국경 봉쇄와 이동 제한은 지역 간 가격 격차를 심화시키는 결과를 초래했다. 이후 주요 상품의 시장가격은 중국 시장가격과 유사한 추세를 보이며, 환율 변화와 긴밀히 연결되어 있었다. 제3장에서는 이를 시계열 분석을 통해 증명하였다. 북한의 상품가격은 국제가격의 전이 현상이 뚜렷하며, 이는 시장의 대외 의존도를 반영한다. 다만, 코로나19 팬데믹 기간 동안 국경봉쇄와 대북제재 강화로 인해 국제가격과의 연계가 약화되었으며, 상품 공급 부족으로 물가가 상승하고 가격 변동성이 증가했다.

셋째, 제4장에서는 상품가격에 편중된 기존 연구를 보완하고, 북한 시장가격체계에 대한 종합적인 이해를 위해 비상품가격에 대한 조사와 분석을 시도했다. 북한 시장의 비상품가격은 서비스가격과 조세, 준조세로 구분하였으며, 평양, 신의주, 혜산 지역에서 2023년 9월~2024년 10월 거래된 55개 서비스가격과 40여 개 조세, 준조세에 대해 조사했다. 본 연구에서 발견한 비상품가격의 특징들은 다음과 같다. 우선, 서비스가격은 비공식성의 정도에 따라 가격 수준과 외화 거래 여부가 결정되는 것으로 관찰되었다. 전기, 수도와 같은 생산자 서비스는 국정가격정보가, 의료, 교육과 같은 사회서비스는 '무료'라는 결과 등이 취합된 데 반해, 비공식화 수준이 높은 음식, 미용 등의 개인서비스, 물류·운송 서비스의 경우는 시장가격 정보가 취합되었다. 또한 이미 시장가격으로 거래되는 서비스들도 불법성이 높을수록 가격 수준이 높고, 외화 거래 비중이 높은 것으로 확인되었다. 다음으로, 비상품가격의 지역별 격차는 품목별로 상이했으나, 개인서비스와 국가납부금의 규모는 평양이 신의주, 혜산에 비해 상대적으로 높은 것으로 나타났다. 반면, 공식부문의 사용료, 사금융시장의 이자율, 수수료는 지역별 편차가 크지 않은 것으로 관찰되었다. 마지막으로, 북한에는 매우 다양한 종류의 준조세가 존재하는 것으로 확인되었다. 본 연구에서 1년여간 조사한 준조세의 종류는 약 35~40개에 달하며, '농번기 농촌활동', '8.3 비용', '외화벌이'와 같은 보편적 준조세 이외에도 월평균 약 4개, 약 3만 4천원~5만원의 기타 준조세가 부과되는 것으로 관찰되었다. 개별 준조세의 강제성 수준과 부과 대상을 구체적으로 파악하기는 어렵지만, 북한의 낮은 소득 수준을 감안할 때 준조세 부담이 생계비에 미치는 영향이 상당할 것으로 예상된다. 북한의 비상품가격은 상품가격과 함께 북한 가계지출의 수준과 구성을 파악하는 데 중요하다는 점에서 앞으로도 조사, 연구가 지속될 필요가 있다.

넷째, 이상의 연구 결과는 북한 시장가격에 대한 이해 그 자체에 있어서도 중요하지만 한국을 비롯한 국제사회의 올바른 대북정책 수립에 있어서도 중요하다. 이제까지 한국을 비롯한 외부 세계에서는 1990년대 이후 북한의 시장은 어떤 국내외의 환경 변화에도 불구하고 지속적이고 단선적으로 발전하고 있다는 믿음이 강했다. 이러한 시장의 발전으로 결국 북한의 기존 사회주의 경제 시스템은 언젠가 시장경제 또는 이와 유사한 시스템으로 변모될 것이라는 믿음 역시 이에 부가되는 경향마저 있었다. 그리고 북한의 시장을 평가하는 방식 역시 단순하였다. 쌀과 옥수수 같은 식량 또는 그에 준하는 몇몇 재화의 가격 움직임을 보는 것이다. 외부세계의 정책 입안가들은 바로 이러한 믿음들이 팽배한 상황에서 북한의 시장현상을 바라보고 대북정책을 수립하였다. 물론 이러한 믿음들이 틀린 것은 아닐지도 모른다. 그러나 본고에서 보았듯이 적어도 현실의 북한 시장이 현재 외부세계가 가지고 있는 믿음들보다는 훨씬 더 복잡하게 움직이고 있다는 사실만큼은 분명해 보인다. 코로나19 사태를 전후하여 북한의 시장은 중대하고도 근원적인 변화의 계기에 직면했을지도 모르며, 현재 정작 북한주민들에게 중요한 것은 시장에서의 재화가 아니라 서비스를 비롯한 여타의 거래일지도 모르고, 북한 시장가격의 움직임 역시 이를 대표하는 쌀과 옥수수 같은 식량가격과 여타의 가격 사이에는 상당한 차이가 있을지도 모른다. 물론 이러한 사실들이 직접적으로 외부세계의 대북정책 입안에 있어 어떤 변화를 몰고 올지는 아직 불분명하다. 그럼에도 불구하고 적어도 외부세계가 올바른 대북정책을 수립하기 위해서는 북한 시장 및 시장가격에 대한 우리의 인식과 믿음이 지금보다 훨씬 더 정교해져야만 한다는 점은 분명해 보인다.

외부세계의 북한경제 연구가 본격화된 것은 1990년대 초반의 일이었다. 1980년대 후반 이후 소비에트 등 舊 사회주의권의 붕괴와 독일의 통일 등으로 마지막 남은 전통적 사회주의 경제인 북한에 대한 관심이 높아졌을 뿐만 아니라, 무엇보다 당시 북한경제가 처했던 어려움으로 인해 인도주의적 지원 등을 통한 북한경제의 정상화에 한국과 국제사회가 힘을 모으고 있었기 때문이다. 현재의 시점에서 보면 북한경제에 대한 외부세계의 연구가 30여 년에 달했다는 의미이다. 그런데 이러한 가성에서 외부세계가 주목했던 북한경제의 연구 분야는 시기별로 많은 차이를 보였다. 1990년대 중후반 북한이 경제위기를 겪으면서 기근까지 경험하게 되자 북한의 농업과 식량에 대한 관심이 폭발한 것을 시작으로, 이후 북한경제의 정상화를 위한 개혁과 개방의 가능성 그리고 무역 등 대외 협력의 중요성에 대한 논의를 거쳐, 2000년대 중반 이후 북한경제 전반이 점차적으로 호전되는 기미를 보이면서는 북한의 거시경제 총량과 이의 발전 방향에 대한 검토 역시 활발해졌다. 그리고 2016년 국제사회의 대북제재가 본격화된 이후에는 제재의 효과와 북한경제의 내구력 또한 새로운 주목의 대상이었다. 물론 최근의 코로나19 사태에 따른 영향 역시 여기에서 빼놓을 수 없는 주제일 것이다.

그런데 이러한 모든 과정에도 불구하고, 아니 이들 모든 과정 안에서 공통적으로 언제나 주목을 받는 연구 영역이 존재하였다. 바로 북한의 시장에 관한 연구였다. 사회주의 경제의 실패로 북한경제 내부에서 급속도로 성장하기 시작한 시장경제 활동이야말로 북한의 모든 중요 경제분야에 직접적인 영향을 미치는 것이었기 때문이다. 그리고 이러한 북한 시장에서의 가격변수들에 대한 관측치가 나타나기 시작하면서부터 북한의 시장가격 연구는 어느덧 외부세계의 북한경제 연구에서 가장 중요하고 신뢰성 있는 연구로 자리 잡았다. 외부세계의 북한경제 관찰자라면 누구나 같은 생각이겠지만, 이러한 북한의 시장 및 시장가격에 대한 연구 위상을 쉽게 허물어트려서는 안 된다. 이 경우 지난 30여 년간 많은 사람들이 함께 노력하여 이룩한 북한경제 연구의 전반적 위상 역시 함께 허물어질지 모르기 때문이다.

본 연구는 오래된 연구주제를 다루지만 새롭다. 여기에서 사용하는 데이터와 정보 그리고 태클하려는 주제가 이제까지와는 다르기 때문이다. 그러나 새롭다는 것이 언제나 좋은 것은 아니다. 새로운 만큼 실험적이며 모험적이어서, 갖가지 시행착오와 섣부른 결론에 부주의하게 다다를 위험이 있기 때문이다. 그러나 이러한 위험성에도 불구하고 우리가 앞에서와 같은 모험적인 시도를 지속할 수 있었던 이유는 단 한 가지이다. 앞으로 있을지도 모를, 더욱 진전된 북한 시장에 대한 본격적 연구에 본 연구가 자그마한 밑거름이 될 수도 있다는 희망 때문이다. 그런데 정말 다행스럽게도 본 연구를 미리 읽고 이에 대해 평가를 내려준 익명의 심사자가 본 연구와 관련하여 앞으로 북한 시장에 대한 연구가 어떻게 발전해야 하는지에 대해 여러 중요한 방향성을 제시해 주었다.

"본 연구가 가진 의미를 충분히 살리기 위해서는 추가적인 연구, 특히 국영 상점망과 종합시장, 그리고 암시장 등 사실상 분단이 되고 있는 유통 체계를 고려한 가격구조에 대한 추가적인 연구가 반드시 필요할 것이다 (추가적인 연구의 필요성) ... 본 연구의 북한 가계 수입지출 조사나 서비스가격 조사 등은 북한경제 분석을 위한 중요한 데이터가 될 것이지만, 이러한 데이터의 속성상 1회 조사 자료만으로는 활용도에 한계가 있을 수밖에 없기 때문에, 지속적인 데이터 수집 체계의 구축이 필요할 것이다 (지속적인 가격조사) ... 최근 조사기관에 따라 보고된 가격에 차이가 적지 않게 나타나고 있다. 절대적인 가격 수준만이 아니라, 추세까지 기관별로 업체 간 차이가 있다. 비공식적 분석을 통해서, 조사방법 및 조사기관별 가격정보의 신뢰성을 검토할 필요가 있다."[1]

본 연구는 이러한 방향성이야말로 앞으로 외부세계의 북한시장 연구가

1 이는 본 연구에 대한 익명의 레프리 B가 작성한 레프리 평가서의 마지막 부분을 최대한 그대로 인용하되, 문장이 이어지도록 각 문장에서 약간의 어미만을 수정한 것이다. 이러한 견해를 제시해 준 본 연구의 익명의 레프리 B에게 깊은 감사를 드린다.

나아가야 할 가장 기본적인 지향점이라고 판단한다. 앞으로 이러한 지향점을 가진 연구들이 하나둘 늘어남으로써 본 연구의 의미도 그만큼 더욱 커지기를 기대한다.

부 록

1. 부표 목록

2. 해설

상기 부표들은 본 연구의 진행 과정에서 북한전문조사기관이 북한의 시장가격 및 시장구조를 직·간접적인 방식으로 현지 실사한 결과를 일관된 데이터의 형식으로 정리한 것이다. 본 연구의 연구진들은 해당 부표의 데이터들을 학술적·정책적 목적으로 활용하는 데 지원·제공할 의향을 가지고 있다. 만일 위의 데이터가 필요하다면 본 연구의 PM에게 연락해 줄 것을 부탁한다.

■ ABSTRACT

Market Price System in North Korea: Policy Perspectives

Suk Lee, Jinwook Nam, and Ji Young Choi

This study revisits North Korea's market price system to (i) address recent doubts about the reliability of external price observations using a long-run commodity-price series and (ii) broaden analysis beyond staples to include services, labor, finance, and quasi-taxes. Based on an original field survey in Pyongyang, Sinuiju, and Hyesan from September 2023 to October 2024, it compiles a long-run commodity-price series, capturing 55 service prices and approximately 40 quasi-tax items. Econometric time-series analysis reveals linkages between key North Korean commodity prices, Chinese and international benchmark prices, and the market exchange rate (North Korean won/U.S. dollar), while descriptive statistics systematize the incidence and regional variation of non-commodity prices.

Three main findings emerge. First, despite well-known reliability issues in North Korean market price data, externally collected observations remain informative, as inconsistencies across sources reflect equilibrium features of thin, segmented markets rather than mere reporting errors. Second, commodity prices show a relatively stable, competitive formation with clear international pass-through effects before the 2020 border closure, whereas service fees, unofficial financial rates, and quasi-taxes show greater dispersion and stronger dependence on local market power and informality. Third, quasi-taxes impose a significant economic burden, with households facing a rolling menu of 35–40 compulsory contributions—averaging four items per month and totaling 34,000–50,000 North Korean won—consuming a notable share of disposable income.

These results underscore the need to integrate non-commodity prices into future assessments of household welfare, regional inequality, and the transmission of external shocks within North Korea's hybrid economy.

KDI 신간안내

RECENT KDI PUBLICATION

지역불평등 양상과 지역발전 전략에 관한 연구

김현석 · 한성민

연구보고서 | 154쪽 | 정가 6,000원

지역 간 격차와 지역 내 격차의 현황 및 주요 요인에 대해 파악하고, 지역발전 전략을 위한 정책적 시사점을 도출하고자 하였다. 실증분석을 통해 우리나라의 지역 간 격차 및 지역 내 소득불평등에 대한 이해를 높이고, 향후 지역의 발전을 추구하는 정책관계자들이 종합적 관점에서 염두에 두어야 할 시사점을 도출하고자 하였다.

통근거리의 초저출산에 대한 영향과 정책적 함의

김재훈

정책연구시리즈 | 119쪽 | 정가 5,000원

전 세계적 저출산이 도시인구집중과 깊은 관련이 있고, 이를 고려하면 선진국에서 도입했던 일-가정양립 정책은 출산율 상승효과가 없거나 오히려 그 반대의 효과를 가져올 가능성이 있음을 지적하였다. 더 나아가 임계점을 넘은 도시인구집중이 주거비용을 상승시켜 청년층을 통근시간이 긴 외곽으로 이주하도록 함으로써 그들의 혼인과 출산을 저해한다는 것을 한국의 자료를 이용하여 이론적 · 실증적으로 보였다.

디지털 시대의 자본흐름과 과제: 중앙은행 디지털 화폐를 중심으로

정대희

정책연구시리즈 | 71쪽 | 정가 4,000원

G20 내에서 CBDC에 대한 논의가 활성화되고 CBDC가 금융혁신, 통화정책 및 국제 자본이동에 미칠 수 있는 영향이 커짐에 따라, 이러한 국제 논의를 토대로 CBDC 발행이 통화정책 유효성, 금융산업 구조, 금융안정성 및 국제자본흐름에 미치는 영향을 종합적으로 검토하고 한국의 대응 전략을 제시하고자 하였다.

문화콘텐츠산업의 성장에 관한 실증적 고찰과 정책 방향

이진국

연구보고서 | 202쪽 | 정가 7,000원

국내 문화콘텐츠산업의 성장 추이와 구조적 특징을 실증적으로 분석하고 문화콘텐츠산업이 타 산업과 맺는 연관성과 국가 경제에 미치는 파급효과를 다각도로 살펴보았다. 특히 문화콘텐츠산업의 성장은 개별 기업의 발전을 통해 이루어지므로 기업 성장을 촉진하는 주요 요인을 규명하고, 문화체육관광부를 중심으로 한 정부의 기업 지원 정책을 체계적으로 진단하였다.

주택 양도소득세의 경제적 효과

문윤상

정책연구시리즈 | 69쪽 | 정가 4,000원

주택 양도소득세의 경제적 효과를 양도소득세가 중과된 2017년의 정책 변화를 이용하여 분석한 결과, 주택의 매매거래가 위축되는 동결효과를 확인하였다. 지난 주택시장 호황기의 양도소득세 변화로 인해 주택거래량은 감소하고 주택가격은 상승하였다. 이처럼 주택시장의 안정성이 저하된 원인으로 저자는 양도소득세에 대한 정책신뢰도를 지목하였다.

주택 보유과세의 귀착과 시사점

문윤상

정책연구시리즈 | 65쪽 | 정가 4,000원

보유세의 본질을 이론적으로 살펴보고, 실증적으로 규명하고자 하였다. 이를 위해 임대주택으로 사용되는 주택에 부과되는 보유세가 임대가격에 미치는 영향을 분석하고, 우리나라에서 신고되는 방대한 임대차거래 자료를 활용하여 종합부동산세 제도 변화의 효과를 분석하였다. 분석 결과, 주택 보유세는 임대가격에 전가되지 않아 주택 소유주가 부담하는 자본세의 성격을 갖는 것으로 나타났다.

인구감소 시대 인적자원의 효율적 활용을 위한 종합 연구

한요셉 · 김도헌 · 김민섭 · 이종관

연구보고서 | 253쪽 | 정가 8,000원

노동시장 전문가들의 연구와 논의를 통해 인구집단별로 기존의 노동시장 참여율이나 생산성이 낮았던 이유를 미시적으로 파악하고, 이를 토대로 인구감소가 시작되고 인구 고령화가 가속화되는 현시점에서 향후 초점을 맞추어야 할 정책 방향을 제시하였다.

연구보고서 2024-06

북한의 시장가격체계 분석과 정책적 시사점

인 쇄 2024년 12월 28일
발 행 2024년 12월 31일

저 자 이석 · 남진욱 · 최지영
발행인 조동철
발행처 한국개발연구원
등 록 1975년 5월 23일 제6-0004호
주 소 세종특별자치시 남세종로 263
전 화 (044) 550-4114
팩 스 (044) 550-4310

ISBN 979-11-5932-977-7

값 7,000원

* 잘못된 책은 바꿔드립니다.